埼玉学園大学研究叢書 第7巻

現代社会における組織と企業行動

The Behavior of Organizations
and Enterprises in Today's Society

奥山忠信・張英莉
OKUYAMA Tadanobu　　ZHANG Yingli

【編著】

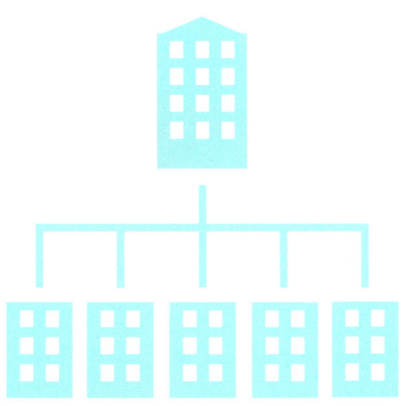

社会評論社

現代社会における組織と企業行動＊目次

はしがき　i

第1章　現代経済における通貨システムの役割　　　　　　　　奥山忠信
　　序　言　1
　　1. 巨大震災の中で進行していたもう一つの危機　2
　　2. 国債の安全神話　4
　　3. 通貨発行システムの考察　7
　　4. 通貨政策への提言　10
　　結　語　15

第2章　組織における「実践としての」戦略的意思
　　　　決定プロセスに関する考察　　　　　　　　　　　　　文　智彦
　　はじめに　16
　　1. 戦略的意思決定プロセスに関する分析視角　17
　　　　1-1　コンティンジェンシー・パースペクティブ　17
　　　　1-2　戦略的選択パースペクティブ　18
　　　　1-3　社会的相互作用パースペクティブ　19
　　　　1-4　アクティビティ・ベースト・パースペクティブ　23
　　2. 「実践としての」戦略的意思決定プロセス関する考察　25
　　　　2-1　「実践としての戦略」研究　25
　　　　2-2　実践としての戦略的意思決定プロセスにおける即興スキル　27
　　　　2-3　即興スキルの実践的活用のためのインプリケーション　29
　　結び――今後の課題　34

第3章　組織の分割と結合　　　　　　　　　　　　　　　　　磯山　優
　　はじめに　41
　　1. 組織概念の再検討　42
　　　　1-1　組織の境界　42
　　　　1-2　社会的関係としての組織　44
　　2. 新たな組織の形成　49

2-1　組織の分割　50
　　　2-2　組織の結合　53

　おわりに　54

第4章　中国の組織機構における権威と服従の様相　　　　　　　張　英莉

　はじめに　59

　1．先行研究の考察 ─ 権威論、組織行動論の観点から　60
　　　1-1　スタンレー・ミルグラムの服従実験（1）　60
　　　1-2　バーナード（Barnard, C. I.）の「権威の理論」　61
　　　1-3　三隅二不二のPM理論と凌文輇のCPM理論　63

　2．中国における伝統的権威・服従スタイル　65
　　　2-1　中国人は権威的パーソナリティー（Authoritarian Personality）
　　　　　を持っているか　65
　　　2-2　中国人（華人）社会における伝統的権威・服従スタイル　66

　3．中国の組織成員の権威観と権威・服従に関する考え方
　　　──アンケート調査の結果をふまえて　69
　　　3-1　調査対象企業・機関の概要　69
　　　3-2　アンケート回答者のパーソナリティー　71
　　　3-3　調査結果の検証　72

　おわりに　79

第5章　日本的流通システムの進化とチャネル関係の変容　　　　堂野崎衛

　はじめに　83

　1．流通チャネルにおけるパワー関係の変容　84
　　　1-1　大規模小売業への発展と上位企業への資本の集中・集積　84
　　　1-2　メーカーから小売業へのパワー・シフト　86
　　　1-3　流通系列化の動揺と崩壊　88
　　　1-4　大規模小売業への対応のための伝統的な取引制度の見直し　91

　2．対立的なチャネル関係からの脱却と新たなチャネル関係の形成　94
　　　2-1　製販提携の進展　94
　　　2-2　PB開発　96
　　　2-3　PBの共同開発にみる製販提携の本質　100

まとめにかえて　101

第6章　消費者金融業界における企業再編の動向に関する一考察
「改正貸金業法」施行に伴う動向を中心として────────相馬　敦

1. 「改正貸金業法」施行以前の消費者金融会社　105
2. 今回の「改正貸金業法」　107
3. 「改正貸金業法」施行後の消費者金融業界の状況　108
4. 現状の一考察　113
   - 4-1　消費者（借り手）側の現状　113
   - 4-2　貸金業者（貸し手）側の現状　116
5. 「改正貸金業法」施行後の「多重債務者」　118

第7章　経営学における因子分析の活用────────中村健太郎

1. 因子分析の概要　122
   - 1-1　因子分析とは　122
   - 1-2　因子分析の実際　123
2. 理論的背景　128
   - 2-1　因子負荷の初期解　128
   - 2-2　因子の回転　131
3. 経営学に有効な活用例　132
   - 3-1　尺度構成　132
   - 3-2　経済指標に対する適用　136

第8章　ケイ・シャトルワース『マンチェスターの綿製造業で雇用される労働者階級の道徳的および身体的状態』における工業労働者の窮状とその解決策について────────村田和博

はじめに　138

1. 工業地域で働く労働者の状態　139
2. 労働者階級が窮乏する原因とその改善策　143
   - 2-1　アイルランド人の移入　143
   - 2-2　救貧法　145

2-3　宗教心と家政の育成、および教育の付与　147
　　　2-4　制限のない交易　151

　おわりに　156

第9章　Bethlehem Steel Corp.の産業的蓄積
　　　　第1次大戦期〜戦後恐慌・回復期 ──────────三浦庸男

　はじめに　159

　1. Bethlehem Steel Corp.設立からの経緯　161
　　　1-1　設立 – 1910年　161
　　　1-2　1911 – 1917年　168

　2. 大戦時 – 1919年期間の Bethlehem Steel Corp.　173
　　　2-1　戦時期の市況　173
　　　2-2　1918年11月終戦 – 1919年の市況　178

　3. 戦後恐慌 – 回復期の Bethlehem Steel Corp.　181
　　　3-1　市況　181
　　　3-2　Bethelehem Steel Corp. – Lackawanna Steel Co.　187
　　　3-3　Bethlehem Steel Corp. – Midvale Steel & Ordnance Co.・
　　　　　 Cambria Steel Co.　192

　結びに代えて – Bethlehem Steel Corp.の蓄積行動　196

索　引　205

編著者・執筆者紹介　209

はしがき

　昨年、3月11日の東日本大震災は、わが国に甚大な被害をもたらすと共に、原発問題の処理の難しさに鑑みれば、わが国は、この大災害によって、長期にわたる重い課題を背負わされたことになる。もともと日本経済は、バブル崩壊後、20年を越える長期の不況にあった。そして、世界経済もまた、リーマンショック後の世界金融危機から立ち直れない状況であった。大震災の起きた時期は、日本経済にとっても最悪の時期であり、世界経済にとっても恐慌の引き金がどこでひかれても不思議ではない時期にあったのである。

　しかし、その後の世界経済の展開は、思わぬ方向に向かった。ユーロ圏の国債危機が表面化し、その深刻さが明らかになるにつれ、世界経済の問題の焦点は、震災と原発事故の処理にあえぐ日本ではなく、ギリシャ、ポルトガル、そしてスペイン、イタリアと続くユーロ圏の国債危機の連鎖に向けられたのである。奇妙な現象であった。日本経済は、大災害の衝撃に加え、昨年11月には海外進出の拠点となっていたタイの大洪水によって多くの日本工場が生産停止の事態に追い込まれていた。どん底に落ちても不思議ではない状態にあったのである。それにもかかわらず、日本の国債に買いが集まり、円高が長期にわたって続いた。ありえない事態であった。マーケットはバブル崩壊後の長期の不況、東日本大震災、そして追い討ちをかけるようなタイの大洪水という三重苦に喘ぐ日本経済よりも、欧州国債危機を深刻なものとして受け止めていたのである。

　現在の世界経済システムは、それだけ機能不全に陥っているといえる。その中心にある本質的な問題は、欧州国債危機というよりも、国際通貨ドルである。ブレトンウッズ体制とよばれる戦後の通貨体制は、アメリカが大量に保有する金とドルとの兌換のシステムによって成り立っていた。各国の通貨当局が、アメリカに兌換を求めれば、1トロイオンス=35ドルで、兌換が成立した

のである。各国通貨は、それ自身も装飾用や工業用の商品である金によって価値を裏付けられていたのである。

1971年8月のニクソン・ショックは、金とドルとの兌換を一方的に停止するものであった。ドルは価値を保証されない不換紙幣となり、世界にばらまかれた。これによって世界経済の景気循環における通貨金融の影響が強まり、バブルとその崩壊が繰り返されるようになった。そして、世界は、ドル体制に代替する安定的な国際通貨システムを構築できないでいる。現在もまた経済問題の解決は大量の通貨の供給に依存せざるを得ない状況にある。問題の解決が、問題の導火線に火をつけかねないのである。

日本経済と世界経済が不況を脱するためには、本来的には抜本的なシステムの改革が必要なのである。しかしながら、日本経済は、長引く不況のなかで、生産拠点を海外にシフトさせ、経済の空洞化を招いている。そして、国内においては日本企業が精神的に委縮し、大胆な魅力的な改革が遅れ、徐々に競争力を失いつつあることが指摘されてきている。アニマルスピリットや創造的破壊の精神が萎え、健全な企業家精神が失われつつあるのである。

今、日本経済の再生に求められているものは、経済システムの改革と企業システムの改革である。しかしながら1980年代から続いた市場主義に基づく自由競争の流れは、貧富の差の拡大と繰り返される金融危機によって反省の時期に入っている。規制緩和を唱えるだけでは問題の解決にはならないのである。時代を切り開く新しいシステムは何か。どのようなシステムの下で、経済と企業が健全な発展を遂げることができるのか、本書はこの問題関心の下に行われた研究の成果である。

資本主義経済がイギリスで開花した19世紀においては、1825年以降、ほぼ10年ごとに恐慌が発生し、このことが経済にダメージを与えつつも、他方では恐慌によって道徳的に摩損していた古い技術が破棄される。そして新しい技術を導入した企業が次の景気循環を牽引し、資本主義経済は力強く成長を遂げた。19世紀のような景気循環を通した経済成長のシステムは、現在は二重の意味で作動しない。鉄鋼業や化学工業、そして自動車産業や家電メーカーに代

表される大企業は、巨大な固定資本を抱えており、恐慌によって固定資本の価値破壊が起こったとすれば、それは企業に致命的な打撃を与える。また、1997年のアジア通貨危機の際に多くの国で政権が交代したように、現在の政治体制では、経済危機は政治危機と直結する。現在の政治経済のシステムは、恐慌に立ち向かうシステムにはなっていないのである。

そうであるとすれば、資本主義を牽引する企業家精神が十分に生かされるような経済システムと企業の経営システムが学問的な営みのよって模索される必要がある。従来の学問的なベースを掘り下げることによって、現在の閉塞状況を打開するような新しい方向性を切り開くことが今の経済学と経営学に求められている課題である。

本書は第Ⅰ部・組織編（第１章〜第４章）と第Ⅱ部・企業行動編（第５章〜第９章）の２部構成となっている。それぞれの章の内容は以下のように要約することができる。第１章の課題は、震災復興財源としての通貨発行政策を検討することにある。昨年３月11日に発生した東日本大震災は、災害の規模と深刻さにおいてわが国の歴史に残る事件であったが、その後の復興の過程で生じた混乱は、わが国の政治と行政に関する根深い不信感を国民に植え付けた。本章では、この間の政治的な混乱が日本国債を危機に陥れる可能性があったことを指摘し、わが国の抱える深刻な財政問題について、貨幣数量説を批判しつつ、日銀による国債の買い取り、さらには日銀の国有化による日銀券の政府紙幣化について論じたものである。

第２章では、組織における戦略的意思決定プロセスについて考察している。組織における意思決定主体の重要な役割は、意思決定をすることと意思決定プロセスを構築することである。本章では、後者の意思決定プロセスとりわけ「戦略」の形成のため意思決定プロセス（つまり戦略的意思決定プロセス）のあり方について考察するものである。特に、戦略的意思決定プロセスを形成する管理者の役割やアクション、スキルなどについて実践的側面から考察した諸文献を検討し、組織の発展のために組織メンバーがその知識と能力を効果的に結集しかつやりがいをもって活動するための戦略的意思決定プロセスを構築す

るためのインプリケーションを提示する。

　第3章では、M. Weber などの議論を踏まえて、「団体を維持・運営するための社会的関係」という観点から組織を捉え直し、企業グループに限らず複数の団体によって形成された団体においても、その団体を維持・運営するための社会的関係が形成されることによって組織が形成されることを明らかにする。また、団体の代表者間で団体を維持・運営するための社会的関係を形成することによって組織を形成することの可能性について論じながら、団体内部を分割することによって新たな組織を形成する方法と比較しつつ、団体同士を結合して新たな組織を形成する方法の特徴を明らかにする。

　第4章は現代中国の組織構成員が持つ権威観、権威と服従の関係についての考え方を考察したものである。従来、社会心理学分野からの研究や中国の伝統的権威スタイルに関する研究が行われているものの、現代中国の組織機構における権威と服従の様相、中国人の権威観については検討されてこなかった。第4章では筆者は独自の調査結果に基づいて分析し、中国人の「権威像」または「権威観」を提示しようと試みた。組織成員にとって理想とする権威者は権限や知識、能力以上に徳行が必要であること、権威者からの命令に対して、正しいと理解すれば権威者との個人的関係よりも高い優先順位で服従すること、リーダー像は「威厳型」より「温情型」の方が望まれていること、などの結論が得られた。

　第5章では前近代的と揶揄された日本的流通システムからの脱却がどのように実現されているのか、歴史的な変遷過程を踏まえながらその動態的変化を考察することが課題である。また、近年注目される製販提携とはメーカーと小売業との間のどのような活動を指し、製販提携の進展を現代の流通システムを捉える視座にどう位置づければいいのか。メーカーから小売りへのパワー・シフトを背景とした小売主導型流通に着目しながら、その具体的例証として PB 開発を念頭に置きながら日本の流通システムの変化の方向性を考察していく。

　第6章では、2010年6月18日から実施された「改正貸金業法」に関して考察している。この改正法の最終目的は「多重債務者」の数を減らすことにあ

る。「多重債務者」の数が 1 年経った今どのような状況になっているのか。またグレーゾーン金利の廃止に伴い、消費者金融会社は、消費者金融会社単体での生き残りをやめ、銀行の傘下に収まり経営を存続している。これらの会社の貸金業としての供与状況がどのようになったのか、さらには、銀行自体のローン供与額にどのような変化が起きたのか、そして「ヤミ金」に手を出さざるを得なくなった人々や「自己破産者」の数の推移を考察したものである。

第 7 章では、因子分析と呼ばれる手法の経営学における有効性を、具体的なデータの分析を通じて検討した。因子分析は、複数科目のテスト得点などのように観測可能な多数の情報から、直接観測できない知能といった特性を検討するために、元来は心理学の分野で発展した手法である。心理学に限らず社会科学の領域では、「政治的傾向」や「クオリティ・オブ・ライフ」、「顧客満足度」、あるいは「ブランド価値」といった、それ自体では直接測定できない概念を扱うことが多い。本章では、少ない因子で多数の観測情報の共通した変動を説明しようとする心理学由来の因子分析について、その理論的概要を確認し、経営学においても有効な活用の可能性を示した。

第 8 章では、ケイ・シャトルワース（James Phillips Kay-Shuttleworth）『マンチェスターの綿製造業で雇用される労働者階級の道徳的および身体的状態』に依拠しつつ、彼が目の当たりにした工業労働者の窮状について言及したのちに、その原因と改善策について、アイルランド人のイングランドへの移入、救貧法、宗教心と家政の育成、教育の付与、さらに制限のない交易の観点から論述し、最後にマンチェスターの工業労働者に付きまとう諸害悪は、政府が賢明な政策を実施するとともに、慈善的な資本家が労働者に適切な教育を与えれば、完全に除去されうると彼が考えていたことを明らかにした。

第 9 章はアメリカ鉄鋼業における第 1 次大戦と戦後恐慌期に機能喪失した単一基点価格制の機能回復と再建に貢献した Bethlehem Steel Corp の産業的蓄積を検討したものである。Bethlehem Steel Corp.は U.S. Steel Corp 初代社長 Schwab によって既存企業を買収して設立された後、組織改革と財務の自己金融化を基軸に大飛躍する。その発展過程は政府受注体質から脱し、民需受注体

質への転換のための組織形成にあった。Bethlehem Steel Corp.は戦時での高利益を基に東部市場の安定的利益と蓄積を確保するために、東部市場において機能喪失した単一基点価格制の機能の回復と制度再建に寄与した東部市場での企業合同とU.S. Steel Corp.と協調路線を進める蓄積行動を遂行した。本章は、その経緯を探究することでアメリカ鉄鋼業の管理価格制の役割と個別企業における産業蓄積の関係を明らかにすることを狙いとした。

　本書は埼玉学園大学の共同研究助成金による共同研究の成果である。ここに記して大学に深く感謝したい。また、本書の出版にあたり、出版状況の厳しいなか、快く出版を引き受けてくださった社会評論社の松田健二氏に衷心より御礼を申し上げたい。

著者を代表して
奥山忠信・張英莉

第1章　現代経済における通貨システムの役割

奥山　忠信

序　言

　2011年3月11日の東日本大震災は、日本の歴史に残る惨事であった。地震と津波による災害の規模もさることながら、これに続く原子力発電所の事故は、日本社会の未来に重くのしかかる。場合によっては未来永劫解決の見通しも立ちそうがない問題だからである。

　しかし、この災害のもたらした悲劇は自然災害にとどまらなかった。日本の統治能力そのものの絶望的なほどの劣化とモラルの低下が明るみに出たのである。被災した国民の驚嘆すべき倫理観の高さが世界の賞賛を浴びたのとは対照的に、日本の為政者集団の能力の低さとモラルの欠如は、被災地を絶望の淵に追いやり、国民を失望させた。

　地震と津波の規模が想定外なら、その後に続く不毛な政争はそれ以上に予想外の事態であった。これを象徴する出来事が、震災による混乱の真っ只中の5月20日に起きた。菅首相が突然国会休会宣言を出したのである。6月22日から8月末まで国会を休会する、と語ったのである。

　政治が全力を挙げて被災地を救うべき時に、立法府だけがその機能を停止させようとしたのである。国会の休会中は解任されることはないという、時の菅首相の判断にもとづく露骨な延命策であった。結局、多くの批判を浴びて実行されることはなく、今はたんなるハプニングとして忘れさられている。しかし、この出来事を含む一連の政争は、真の意味で日本の経済と社会を危機に陥れるものであった。震災と並ぶもう一つの危機が迫っていたのである。

１．巨大震災の中で進行していたもう一つの危機

　震災後の混乱の中で進行していたもう一つの危機とは、我が国の巨大な債務問題がもたらす危機である。債務問題を発火点とした国家危機が、目前に迫っていたのである。

　2011年12月現在で、日本の国債は、782兆1,753億円、借入金52兆6,743億円、他に政府短期証券が123兆7,889億円、合計958兆6,385億円である。さらに地方財政の借入金は合計で約200兆円といわれる。日本のGDPは名目、2011年（暦年）で468兆円であり、国債だけでも、GDPの1.67倍、借入金と政府短期証券まで含めると全体では名目GDPの約2倍である。

　今、世界の目はヨーロッパの国債問題に向けられている。しかし、我が国の財政状況は、ヨーロッパの中でも最悪の水準といわれるギリシャを超え、先進国の歴史に残る最悪の水準に達している。

　国債問題をめぐる震災前の政治状況は、以下のとおりである。平成23年度一般会計予算案が衆議院本会議で可決されたのは、3月1日未明。前日深夜の予算委員会を通過して直後のことだった。この時予算案は可決されたが、特例公債法案など国債発行に関する法案は可決されていなかった。我が国は一般会計予算の半分近くが、国債に依存している。国債に関する法案が成立しないということは、財源のないまま予算が成立したことを意味する。本来は許されない事態である。予算は成立しても、これが執行される保証はなかったのである。

　この予算では、40兆9,270億円の税収が見込まれていた。これに対して国債の発行による収入は、44兆2,980億円。税収よりも多い。言うまでもなく異常なことである。早晩破綻するしかない国家財政なのである。

　この予算では、国債費が21兆5,491億円見込まれ、償還費と利払いがそれぞれほぼ半分ずつである。要するに借金を返すための借金が借金の半分を占める。そして予算総額は92兆4,116億円であるから、予算の約48％が国債によ

ってまかなわれている。平成24年度では、これが49％になることが見込まれている。

ところで、一般会計予算案は、衆議院の議決後、参議院で30日間に議決されなければ自動成立するが、予算関連法案は、参議院で否決されれば衆議院で再審議され、議決には3分の2以上の賛成が必要となる。現在の衆参ねじれ国会の下では参議院で否決される可能性は高く、また衆議院で3分の2以上の賛成を得る可能性は低い。つまり、予算関連法案の通過は極めて困難な条件を抱えていたのである。

予算が執行できなければ、福祉も防衛も公務員の給与も執行できなくなるのである。何よりも21兆円に及ぶ国債費が執行できなければ、国債の償還も利払いも停止される。日本国債はそのまま元金も金利も不払いということになる。これはデフォルトそのものである。

財源の見通しがないままの国会の休会は、日本を破滅に導くことになるのである。しかし、永田町はこの事態に無頓着であった。菅首相の休会宣言は批判の渦の中で撤回されるが、国会は混迷に継ぐ混迷を深める。6月2日の鳩山前首相がペテン師とよんだ菅首相のいわゆる期限を示さない「辞意」表明があり、これが政局の混乱に拍車をかけ、最終的には8月26日、菅首相が明確に辞任を表明し、同日、予算関連法案が可決された。国会の政争がやっと終息したのである。

政争の当事者たちには、この政争が国債のデフォルトを招き、日本そのものを破綻させることになるという自覚はなかった。また、予算の執行停止が何をもたらすかについての報道はほとんど行われなかった。ここでもまた我が国の根拠のない「安全神話」が最悪の事態から目をそむけさせていたのである。

同様の事態は、同年8月、アメリカにも生じた。民主党と共和党の政争によって、予算案が暗礁に乗り上げたのである。この時、メディアは予算の執行停止が何をもたらすかを繰り返し報道していた。我が国との違いは明らかである。

２．国債の安全神話

　日本の国債については、その所有者が日本人であるということで、夫が妻から借金をしているようなものだ、という「安全神話」が広まっている。また、膨大に発行されている国債を金融のプロ集団の仕掛けによって意図的に値崩れさせることは不可能であるとも言われる。この場合には日本人の国債所有者は、国債を売らないと想定されている。「愛国心」があるから冷酷な経済原理は通用しない、ということであろうか。

　また、我が国は世界最大の債権国であり、平成22年末で、資産残高563兆円、負債残高312兆円、差引きで、純資産251兆円である。日本の国債がまだ大丈夫だ、と言うときの論拠の一つにこの点が上げられることがある。危機の際には海外の金融資産を日本国債に持ち替えるということであろうか。これも経済的合理性を越えた愛国心を日本人に期待した場合にはじめて言えることである。

　さらに、国債の所有者が日本人である以上、対外的にデフォルト宣言する意味は小さい、とも考えられている。実際、常に変動はあるものの日本国債の海外の保有者は5%強といわれており、9割以上が日本国民の保有ということになっている。しかし、このことは言い換えれば、海外の日本国債保有者に対する支払い停止は許されないが、国内の保有者に対する支払い停止は許されると聞こえる。

　実際には、現状では、日本国債は低金利で価格は安定している。特に現在はユーロ圏の国債危機によって、日本国債と米国債に対する需要は強い。こうしたことを受けて、日本の円もまた、大震災で経済が疲弊しているにも関わらず高い水準にある。これは日本経済に対する信頼の証であるとされ、日本国債に対する安全神話は、繰り返し報じられている。

　しかし、この安全神話は確実なものではない。第一に、日本国債が信頼される最大の理由は日本国債の保有者は日本人であるということだが、これが本当

に国債価格の安定性につながるかどうかである。国債の95％は日本人の保有であり、日本人は国債を安定資産として保有するだけで、国債の売買には積極的には参加しないと考えられている。この状況は、相反する2つの傾向を持つ。一般に言われているように国債が大量に売りに出されることはないということによる需給関係の安定性である。

しかし、このことはしばしば見落とされているが逆の面を持つ。それは価格を決定するのは売り買いに参加している市場参加者である、ということである。長期の保有を決め込んでいる人は、価格の形成には参加しないのである。貨幣をタンスの奥にしまい込んでいる人が、商品の需要者とはならないのと同じである。国債を保有するだけで売るつもりのない所有者は、国債の供給者ではなく、市場とは関わらないのである。

極端なケースで、日本人は国債は持つが市場に参加せず、外国人は国債を持つ比率は少ないが積極的に売り買いするとすれば、国債の価格は日本人ではなく外国人が決定することになる。大量の国債を持っているのが日本人であるという状況は、国債価格の安定性をもたらす傾向はあるが、価格決定を海外の保有者に委ねるという危険性と裏腹なのである。

日本国債は膨大に発行されているために巨大な市場となっていると思われているが、その内実は少人数の取引で価格が決定される市場であり、その残高ほどは大きくなかったということである。

そのことは、また別のメリットにもつながる。すなわち最終的には、市場の決定ではなく日銀や公的な金融機関による政策的な買いが国債の暴落を防ぐ可能性につながるからである。海外の保有者の比率が低いということの意味も、結局は、国債価格が政策的に対応可能である、ということにつきる。とはいえ、このことは、海外の保有者の比率が増えるにしたがって、政策的な対応の範囲は限られてくることを意味する。日本国債市場は市場の決定原理よりも市場対国家のせめぎ合いが事の成否を握っていると見た方がよさそうである。

国債価格が暴落したらどうなるか。民間の金融機関が経済合理性よりも愛国心で動くとは考えられない。仮に国債価格が暴落すれば、金融機関にとって

は、保有している国債価格の下落は資産価値の低下につながるので、国内の民間金融機関は経営的な視点から損失を避けるために国債を売りに出す。これが金融機関としての合理的な行動である。また、ゆうちょ銀行のように政策銀行としての性格の強い銀行が、政府の意を受けて、国債を保有し続けたとしても、価格が暴落すれば、時価での資産価値の減少と低金利の国債を長期に保有することにどこまで耐えられるかという問題が生じる。国策銀行として、経営の悪化に耐えて、日本国債を買いかつ保有し続ければ、いずれは国策銀行も経営破綻問題が生じることになる。

　他方、国は、国債価格が下落すれば、金利の高い国債を発行せざるを得なくなり、このことによって、国債の利払いのための費用は上昇する。既に国債費は20兆円を超えており、国債残額の1.6%が割り振られる償還費は、国債の残高が増えるに比例して増え、利払い費は、新規発行国債の金利が高くなれば、それにともなって増える。国債価格の暴落は、日本の財政に致命的な打撃を与えるのである。

　確かに、日本国債の価格の安定と低い金利は、日本の国債に対する信頼の証である、と考えられている。しかし、ユーロ圏の経済の低迷と国債危機が、日米の国債に需要が流れる原因である。ほとんどゼロ金利であるにもかかわらず「まだましである」という「究極の選択」が働いて買いが集まっているだけである。あるいは日米の国債市場は巨大で、この意味で流動性の高い資産という消極的な利点を持っているだけである。日本国債や米国債の国家財政問題というリスクが減ったわけではない。

　周知のように、バブルの崩壊以降、長引く不況の中で、日銀は1999年2月以降、一時的な解除期間を除いて実質的にはゼロ金利政策を取っている。低い金利は借り手にとっては一般的には魅力的であるが、貸し手にとっては魅力はない。特に金融機関からの融資を必要とする中小企業に対しては、経済の低迷する中で、借り手に対する信用調査費やリスクの方が高くつく。積極的な意味での貸し手のない資金が、最悪の選択として日本国債に需要が向けられるのである。いいかえれば、日本の不況がゼロ金利という異常な状態を長期化させ、

これが国債の需要を支えている。皮肉なことに、不況から脱出できない絶望的な状況が、日本の財政を支えているのである。

　このことは、景気が回復して金利が上昇すれば、国債の需要が減少することを意味し、国債価格の低下と金利の上昇が、財政を圧迫することを意味している。不況からの回復が日本の財政を破綻の危機に追い込む可能性があり、不況から回復しないことが日本財政破綻を免れさせている。ダブルバインドの状態なのである。とはいえ、もちろん不況から脱出しないままで、日本国債が見放された場合には、国家財政そして国家そのものの破綻につながる。

3．通貨発行システムの考察

　ユーロ圏の国債危機が、世界恐慌の前触れのように取りざたされている。すでにギリシャ国債が満額償還されることは不可能となり、債務の53％の減額が合意された。(2012年2月21日)。これは、見方によっては実質的なデフォルト状態である。目下の焦点は、この危機がスペインやオランダに及ぶかどうかにある。

　しかし、この問題の根幹は、現在の国際通貨システムそのものにある。現在の国際通貨は実質的にはアメリカ・ドルである。この国際通貨ドルは、1971年8月のニクソン・ショックを境に変質している。戦後の国際通貨体制は、1944年アメリカニューハンプシャー州ブレトンウッズでの連合国の会議によって枠組みが作られたため、これをブレトンウッズ体制と呼ぶ。IMF（国際通貨基金）は、この会議をうけて、1945年に設立された。

　第二次世界大戦後、世界の金の3分の2はアメリカに集まったといわれ、戦後の通貨システムは、ドルと金との体制として確立する。すなわち、各国の通貨はアメリカ・ドルと固定レートでリンクし、各国の通貨当局がアメリカに対して兌換を求めた場合には、1トロイオンス＝35ドルで兌換する体制として成立した。

1トロイオンス（troy ounce）は 31.103 4768 グラムであり、常用オンス 28.349 523 125 グラムよりも重い。この重量単位を基礎に民間に対してではなく国家間でドル紙幣は金とリンクし兌換されたのである。これは、国内に金貨が流通し、紙幣を持つ人はいつでも金と兌換できる本来の金本位制ではない。各国の通貨当局だけが米ドル紙幣を持っていれば金と兌換できるシステムである。しかし、このことで各国の通貨は間接的にその価値が金によって保証されていたのである。

　この場合、ドルは金に時価で兌換されるのではなく、金の重量で兌換される。金の時価での兌換であれば、金価値の投機的な変動とともに貨幣価値も変動せざるを得ない。時価で兌換する金本位制には貨幣価値を安定させるという金本位制本来の意味はない。むしろ金が騰貴の対象となり、貨幣価値を騰貴にさらすことで、貨幣価値の安定を目指す本来の金本位制の意義に逆行する。これに対し、金の重量と兌換されるシステムでは、貨幣価値は一定の安定性を得ることができる。ただし、これと引き換えに兌換が殺到した場合には、兌換不能に陥る。金の量が経済活動そのものの制約となって現れるのである。

　ニクソン・ショックは、アメリカからの金流出の結果として生じた。その原因はベトナム戦争、日本や西ドイツの戦後復興によるアメリカの相対的な地位の低下など、さまざま指摘される。しかし、ソ連との深刻な東西冷戦を抱える情勢の中で、大量の金の流出はアメリカの危機であった。戦時には金だけが有効な国際通貨となるからである。それ自身価値を持たない紙幣は、有事には国内はともかく国際的にはその素材であるただの紙に戻る。何の価値もない。これを避けるには、広域的な経済ブロック圏を作り、その範囲で紙幣の流通を可能にすることになる。これは第二次世界大戦前夜の政治的経済的軍事的状況への回帰である。

　ニクソン・ショックによって、金とドルとの兌換が停止され、変動相場制へと移行する。1971 年 12 月のスミソニアン体制のもとで一時的に固定相場制は復活するが、結局、1973 年には先進国は変動相場制に移る。ここに不換紙幣ドルが国際通貨となり、変動相場制をとる現在の通貨システムができ上がる。

変動相場制は、通貨の価値に市場原理を導入したとして、市場を礼賛する論者からは高く評価される。しかし、日本が円高で苦しんだように、生産性を上げて輸出競争力をつけた国には、通貨が高くなり輸出条件が悪化するというペナルティを課すシステムである。生産性の向上に向けた努力を正当に評価しない点で、変動相場制は実体経済にとってけっしてフェアなシステムではない。日本の産業の空洞化も、変動相場制のシステムの中で生じた問題である。

　また、不換紙幣としてのドルは、米国債を担保にFRBによって発行される。国債は国民の税金で支払われることになるとはいえ、このシステムは、アメリカ財政の赤字が国際通貨ドルの供給を支えるシステムである。ドルは金の歯止めを失ったのである。ニクソン・ショック時の1971年8月、684億ドルであったドルの発行量は、2011年3月には、2兆5621億ドルになっていた。40年で、37.45倍である。2008年8月、リーマン・ショック直前には、8437億ドルだったので、3年半で3倍、である。アメリカ・ドルの半分は海外で保有されているといわれているので、アメリカはドルのゼロに等しい印刷費で海外の商品を買っていることになる。シニョレッジ（貨幣発行益）と呼ばれる巨大な利益を得る有利な立場にあるのである。

　この溢れ出たドルが、健全な商品取引には使われずに、金融市場を徘徊し、バブルとその崩壊を繰り返した制度的な原因といえる。あるいは、商品の売買に使用されていたら世界中がハイパーインフレーションになっていた可能性もある。それがマネーゲームの対象となる多様な金融市場がつくられたために、金融市場で使用され、このために実物市場の混乱が避けられたと見ることもできる。金融市場の暴走によって生じた貧富の格差の拡大や資本主義のモラルの崩壊については、周知の通りである。

　リーマン・ショック後、金融機関、金融市場への規制が叫ばれてきているが、この問題の根底には、国際通貨システムそのものの問題がある。国際通貨ドルの発行に歯止めがかかっていないのである。

　各国は、原油等々の取引のためには米ドルを必要とする一方で、利子を生まない米ドルよりも、利子を生みいつでも米ドルに換金することのできる米国債

を保有する。米ドルも米国債も、供給をカバーする需要を生み出す仕組みができあがっていたといえる。ドルの国際通貨としての地位が、ドルと米国債を支えているのである。

4．通貨政策への提言

　国際通貨金融システムの不安定性と我が国の膨大な財政赤字は、抜本的な解決策のない状況にあり、現状は、危機がいつ現実のものとなっても不思議ではない状況にある。このことを踏まえて、本稿では、危機に際しての、あるいは危機の予防ための提言を行う。

　今、消費税の増税が叫ばれている。財政赤字の問題を増税によって解決するのは正当な手法であり、このこと自体は間違ってはいない。しかし、この増税案に明るい見通しはない。「社会保障と税の一体改革」と呼ばれている増税は、消費税を上げて社会保障を減らすという絶望的な内容だからである。「一体」という美名からすれば、一方のプラスが一方のマイナスになるというイメージを抱きやすいが、今回の提案は違う。国民に増税を強いて福祉を減らすというマイナス＋マイナス以外の何物でもない「一体改革」である。しかもこの増税によって問題が解決される見通しはどこにもない。

　増税によって年金などの社会保障が改善されるのなら経済刺激効果はあるが、増税と年金の減額を同時に行うのが目的なので、もし実行に移せば国民の消費が減るのは確実である。年金の減額は確実に達成されるし、消費税も増大する。しかし、その増大幅が期待通りになるとは考えられない。消費税の増税と年金の減額で景気が停滞することが予想され、景気の停滞によって全体としての税収が落ち込むことさえ考えられるからである。国会は、消費税の増税が景気に及ぼす予測を示さずに増税論議を行っている。

　そもそも毎年40兆円を超える赤字財政と累積800兆円の国債残高は、増税によって解決できる範囲を超えている。この意味で、今は、既に非常時と考え

るべきなのである。

　もちろん、思わぬ形で問題が解決することもある。経済の混乱の末の激しいインフレーションによる債務負担の減少、さらにはハイパーインフレーションによる市場経済の機能不全による債務の消滅（1兆倍のインフレは債務負担を1兆分の1にする。現在の800兆円の国債は800円の負債と同じになる）や政治的な「革命」による債務の放棄などの歴史的事件が日本経済を救う可能性はないわけではない。しかし、こうしたことは予期して生じることではない。

　本稿で考察する政策提言の第一のステップは、日銀による国債の買取りである。これまでも日銀は国債の買取りを行っている。言うまでもなく日銀引き受けによる国債の発行は、財政法5条によって禁止されている。しかし、禁止されているのは日銀が政府から直接に引き受けるかたちで政府が国債を発行するケースであり、いったん市中に流れた国債を日銀が購入することは禁止されていない、と解釈されている。したがって、既に発行された国債は購入可能であり、現に行われている。

　とはいえ日銀は、日銀券の発行残高を長期国債の買い入れ高を限度とする、という日銀としてのルールをもっている。このルールに従えば、800兆円の国債のすべてを買うことはできないことになる。しかし、このルールは、法的に決められているわけでない。このルールは、何よりも通貨発行のルールを自らに課すことに意味がある。ルールを明確にすることで、日銀券に対する信認を得ることが目的である。信認を得るための儀式と考えるべきであろう。

　日本銀行にとっての日銀券は消えることのない「債務」である。この「債務」は返還する必要はない。いうまでもないが現行制度では兌換制度は放棄されており、日銀券は不換の信用貨幣である。日銀券が政府紙幣ではなく信用貨幣である限り、「債務」としての形式は維持される。債務には、バランスシート上、何らかの資産が対応しなければならない。長期国債は償還期限が長いことで、債権としての安定性があると見なされる。いわばイメージの問題として日銀券が日銀の「根雪」なら長期債券は政府の「根雪」になる。似たものどうしを対応させることで、日銀券への信頼が獲得できる、ということである。

このルールを変更して、日銀が国債を購入した場合どうなるか。話を単純化して、800兆円の国債を日銀が購入したとする。一般的に危惧されるのはインフレであろう。現在の通貨の発行残高は約84兆円、マネタリーサプライとなって市中に出ている通貨は、76兆円、おおむね80兆円とすると、80兆円の紙幣の10倍を超える通貨が発行されることへの懸念である。

　とはいえ、この場合に注意する必要があるのは、マネタリーベースの通貨が増えるだけで、お札が800兆円印刷されるわけでない、ということである。日銀による金融機関からの国債の買いは、金融機関が保有する日銀の当座預金の口座に800兆円が追加され、日銀に800兆円の国債が移されるだけである。現実に日銀券が発行される訳ではない。この膨大に膨れ上がった日銀口座預金が貸し出しに回るかどうかは、金融機関の行動次第となる。そしてそれは経済状態に依存する。現在、金融機関は低利の国債を抱え込み、貸し出しを行っていない。経済がこれ以上の通貨を必要としていないのである。

　一般論としては、日銀の当座預金は利子を生まないため、金融機関はこれをそのままにすることはなく民間企業への貸し出しにまわすと考えられている。しかし、現実にはこれまでにもこのような行動は取られていない。現在の低金利の中では、貸し出しのリスクは大きく、また貸し出しのための信用調査や人件費などの方が高くなりかねない。

　ここで問題になるのは、貨幣数量説との関係である

　一般的に、貨幣数量説を取る場合にはヘリコプター貨幣を連想する。貨幣が増えるということは、ヘリコプターから貨幣をばら撒くようなイメージなのである。たとえば、この説の信奉者であるFRBのベンジャミン・シャローム"ベン"バーナンキ（Benjamin Shalom "Ben" Bernanke）議長が「ヘリコプター・ベン」といわれているのもこのイメージによる。仮にまんべんなく人々がヘリコプターからバラ撒かれた紙幣を手にすれば、自分の所得が増えたと思い込む。そして、予定外のボーナスをもらった時のように支出を増やす。このことが経済活動を活性化させる。貨幣数量説は、貨幣がまんべんなく浸透すれば、物価が上昇するだけなので、経済効果は最終的にはないと考えて、これを

貨幣錯覚と呼ぶ。ヘリコプター貨幣の散布による所得の増加が発端になっても、ただちに物価が上昇するわけではないので、このタイムラグから経済活動は活性化するが、最終的には物価が上昇する、と考える。

　しかし、これは所得が増加した場合である。金融機関の日銀口座預金の増加は、所得の増加ではなく、貸出しのための資金の増加である。これが市中に出回るかどうかは、金融機関の行動に依存する。彼らは貨幣錯覚に陥ることはない。もともと運用先がなくて国債として保有していた資金が、もどってきただけである。日銀の国債買取りによる莫大な当座預金の増加は、国債で死蔵するか貨幣で死蔵するかの差にすぎない。

　2007年11月の時点で見ると、マネタリーベースが87兆1633億円、内、日銀券の発行残高は75兆1580億円、当座預金口座は7兆1580億円、である。4年後の2011年11月で見るとマネタリーベースは、118兆4978兆円、ほぼ40％の伸びであり、日銀券の発行残高は、78兆9721億円で5％の伸びである。これに対し、当座預金残高は35兆151億円、4.68倍である。マネタリーベースの増加は、市中への通貨流通量の増加量には結びつかなかったのである。

　この膨大な当座預金は、日本銀行の管理下に置くことが可能である。管理の方法は多様に考えられるが、かつて行われていたように窓口で貸し出しを規制するのはひとつの方法であろう。経済の状況に応じて、金利ではなく、通貨量そのもので対応する金融政策を実行する。さらに、支払準備率を大幅に引き上げることで対応することも可能である。ゼロ金利の下では支払準備率は意味をなさなかったが、我が国の支払準備率が0.01％なのに対して中国の支払準備率は21％である。膨大な当座預金に対しては、高い支払準備率を設定することは意味を持つ。支払準備率を変更すれば、1991年10月以来の変更ということになる。

　そしてこの段階で、政府が日銀を国有化すれば、国債は消滅することになり、日銀券は政府紙幣となり、国有銀行としての日銀が貨幣量の管理を軸に金融政策を担っていくことになる。日本銀行の国有化問題は、一時的なものか恒常的なものいずれのケースも考えられるが、非常時にはありうることである。

日銀が、金融機関の国債のすべてを買取り、その後で、政府が日銀を国有化すれば国の債務はすべて消えることになる。同時に80兆円弱の通貨はそのまま流通する。市中銀行は、国有化された日本銀行に膨大な当座預金を持つことになるが、これが貸し出されるかどうかは経済の状況如何である。不要な通貨であれば、そのまま保蔵され、需要があれば貸し出される。

　日銀の中に預金されたまま、使用されない金融機関の通貨は、退蔵された通貨であり、退蔵された通貨は、需要とは結びつかない通貨なので、商品の価格形成には関わらない。すなわち、どれだけ増えようが物価の上昇にはつながらない。

　政府紙幣と銀行券とは異なる。銀行券は、本来は手形を個別の銀行が割り引く際に発行した証書であり、この流通範囲は銀行の取引が及ぶ範囲に限られていた。中央銀行が銀行券を集中的に発行することで、流通範囲は国内に広がった。この場合にも、本来は金との兌換によって、銀行券の価値は保証されていった。いずれにせよ手形割引という信用制度の上に成立し、兌換性によってその価値が保証されているのが本来の銀行券である。現在、兌換は行われてはいないが、貨幣の発行に見合った資産に応じて貨幣が発行される。現在通貨関係の統計上は、日銀券を「通貨」、政府の発行する鋳貨を「貨幣」と呼んでいるが、本稿ではこの区別はしない。

　政府紙幣はこれとは別である。信用を基礎とせずに成立している。政府紙幣の発行に際して、これに見合った資産の保有が義務付けられる訳ではない。貨幣あるいは物価の管理ができていれば発行量に制限はない。かつて、著名な経済学者デイヴィッド・リカードウ（David Ricardo, 1772-1823）は、晩年の著作の中で、イングランド銀行の廃止と国立銀行の設置を唱え、イングランド銀行券の発行量を、5人の賢人に任せることを提案した。政府紙幣の発行は、それだけモラルハザードを起こしやすい。不換の政府紙幣であれば、発行量はそのままシニョレッジになり、政府の収入を潤す。この誘惑を断ち切るには、政府紙幣には発行のルールが必要である。そしておそらくは人類が最もなじんできた金が、その歯止めのひとつとなるのではなかろうか。すなわち、政府紙幣

と金の重量をリンクし、政府紙幣の発行量の例えば10%は金を保有するというルールをもうけることである。古びた制度に感じられるが、そもそも人間の貨幣管理能力が問われている以上、金という物に支配されたルールが次善の策として有効であろう。

結　語

　以上、貨幣論の観点から現状を打開するための提言を試みてきた。しかし、日本の財政赤字は、本来貨幣論の問題ではない。選挙目当てに財源のないまま福祉国家を謳ってきた政治の貧困の問題であり、どのような解決策を用いても現在の財政支出の構造を変えない限り同じ過ちは繰り返される。政治への失望感がこれほど広がったことはない。国民が政治に幻滅している今ほど、政治の改革が必要な時期はないのである。

　世界経済が低迷する中で、その対策として欧米では大量の通貨が供給されている。通貨の供給だけが唯一の明るい話題となっている。しかし、この通貨の過剰供給は、低迷しきった経済情勢においては需要の増加につながっていない。長期的には新たな金融の暴走と通貨不信による経済混乱という潜在的な危機を深める要因となる。健全な国際通貨システムの構築という根本的な問題は何一つ解決していないのである。

参考文献

Ricardo David [2004], Note on 'Plan for a National Bank', *Works and Correspondence of David Ricardo*, vol.4, ed. by Piero Sraffa, Liberty Fund, London, pp.271-300.（「国立銀行設立試案」、『リカードウ全集第4巻』、325-362頁、雄松堂、1970）
富田俊基［2006］、『国債の歴史』、東洋経済新報社。

第2章 組織における「実践としての」戦略的意思決定プロセスに関する考察

文　智彦

はじめに

　組織における意思決定主体の重要な役割は、意思決定をすることと意思決定プロセスを構築することである。本研究では、後者の意思決定プロセスとりわけ「戦略」の形成のため意思決定プロセスのあり方について考察するものである。そして組織の発展のために組織メンバーがその知識と能力を結集しかつやりがいをもって活動するための戦略的意思決定プロセスの仕組みを明らかにするための基盤を提供することを目的とする

　本研究ではまず、①コンティンジェンシー・パースペクティブ、②戦略的選択パースペクティブ、③社会的相互作用パースペクティブ、④アクティビティ・ベースト・パースペクティブという戦略的意思決定プロセスに関する四つの分析視角について検討する。

　コンティンジェンシー・パースペクティブは、環境要因が戦略的意思決定プロセスを規定するととらえている環境決定論である。戦略的選択パースペクティブでは、構造を決定する上で（環境ではなく）意思決定者の主体性や創造をデザインする上での諸要素間のフィットとしてのコンフィギュレーションを明らかにされている一方で、どのようなプロセスによって戦略的意思決定プロセスが創造されるかについて詳細に述べられているわけではない。社会的相互作用パースペクティブでは、戦略的意思決定プロセスの構造は、意思決定者の間あるいはグループ間の相互作用によって創出されるものであり、それゆえそこには多様なパターンが創造される可能性が多分にあるということが示されている。このような見解は他方で、このプロセスの創出における意思決定主体の役

割は取り扱われておらず、戦略的意思決定プロセスがどのようにしてデザインされるべきであるかということを明らかにするためには、このプロセスをどのように組織化するかが問われなければならないと考える。

　それゆえ本研究ではつぎに、「実践としての戦略」に関わるアクティビティ・ベースト・パースペクティブにもとづき、戦略的意思決定プロセスを解明するために必要な諸要素を検討し、適切に意思決定プロセスを構築するためのインプリケーションを検討する。

　このパースペクティブは、戦略化と組織化という作業は実際にはどのようにいつなされているのか、誰が戦略化と組織化のフォーマルな作業を行い、それらはどのように成し遂げられるのか、戦略化と組織化の作業に求められるスキルは何であり、それらはどのように獲得されるのか、戦略化と組織化の作業の共通するツールやテクニックは何であり、それらはどのように活用されるのか、戦略化と組織化の作業はそれ自体どのように組織化されるのか、つまり組織において制度化・慣習化、スキル、ツール・テクニック、組織化・設計、伝達、等々がどのように実践されているのかに関心をもつものである。

　このような視点から、本研究では、戦略的意思決定プロセスにおける意思決定者のアクションおよびテクニック、スキルについて考察しつつ、適切に意思決定プロセスを構築するためのインプリケーションを明らかにする。

1.　戦略的意思決定プロセスに関する分析視角

1-1　コンティンジェンシー・パースペクティブ

　コンティンジェンシー・パースペクティブは、環境の不確実性の程度により適切なプロセス選択すべきであり、環境に適合するプロセスを選択できなかった場合、経済的損失を被るということを示唆するパースペクティブである。

　このパースペクティブにおける諸研究は、戦略的意思決定プロセスの多様な「モデル」(研究者により「タイプ」、「モード」など表現は異なる。) を明ら

かにしようとする一方で、これらの多様なモデルを合理的・公式的・分析的な計画型モデルと非合理的・非公式的・行動的な創発型モデルとに二分し、それぞれのモデルと環境との適合問題を明らかにしようとしている。そこでは量的研究において多くの概念が明示され仮説が提示され検証されており、その中で、Fredricksonを中心に「計画型モデルと安定した環境の適合」および「創発型モデルと不安定な環境の適合」という仮説や、Miller & Friesen、Eisenhardtをはじめとする諸研究者が提示した「計画型モデルと不安定な環境の適合」および「創発型モデルと安定した環境の適合」という仮説など矛盾する仮説が提示されそれらに関連した論争が展開されているが[1]、これらの研究では実行の問題が捨象されていると同時に、よりミクロな諸要素および諸要素間の相互作用や、より実践的なツール・テクニックについて深く論じられていないという問題点を持つ。より本質的には、このパースペクティブは環境決定論であるがゆえに意思決定者の役割を環境分析に限定するという限界を持つことを指摘できる。

1-2 戦略的選択パースペクティブ

戦略的選択パースペクティブは、組織のあり方が環境条件に依存するのではなく、戦略的選択が同じ環境下でも多様な組織構造の存在を可能するととらえ、戦略的選択が組織の重要な変種（variation）に直接的な影響を及ぼすことを示唆するパースペクティブである。

Child（1972）よれば、戦略的選択という視点においてはまず、資源提供者に何が期待されているのか、環境のトレンドは何か、組織の現在のパフォーマンスはどうか、現在の内的コンフィギュレーションの適応性はどうか、等々に関する評価のステップがあり、この評価から目的や目標の選択が導かれ、そしてこの目的などが「戦略的アクション」に影響を及ぼすととらえられている。ここでいう戦略的アクションとは、外部変数とのかかわりでみれば望まれる需要や対応に努め安定にするために活動する市場や領域に退出あるいは参入する動きであり、内部変数とのかかわりでみれば内的に一貫性がありかつ計画され

たオペレーションの規模や性質と一致する人員や技術、構造上の配置（arrangement）などのコンフィギュレーションを構築することである。このように戦略的選択とは構造上の配置と組織デザインの探索を含むものであるとChildはとらえているのである。

このような指摘は、コンティンジェンシー要因と戦略的意思決定プロセスとの適合関係を解明しようとする諸研究に対してもあてはめることができる。つまり戦略的意思決定プロセスはコンティンジェンシー要因との一義的な適合関係によって決定されるものではなく、どのようなプロセスを採用するのかという戦略的選択の問題である。さらに、たとえば、組織構造の戦略的選択よりも戦略的意思決定プロセスの選択問題はより流動性、一過性、即時性、一時性、多様性が高いということを指摘しておきたい。なぜなら、組織構造にくらべ意思決定プロセスに多様なパターンが認められており、一般的に非常に変動的また選択の余地があると考えることができるからである。それゆえ唯一最善のプロセスがないだけでなく環境によって一義的に採用されるプロセスもなく、意思決定者による選択の裁量範囲は非常に広いと考えられる。

以上のような戦略的選択およびコンフィギュレーションにかんする研究は、構造を決定する上で（環境ではなく）意思決定者の主体性や創造をデザインする上での諸要素間のフィットとしてのコンフィギュレーションを明らかにしている一方で、どのようなプロセスによって戦略的意思決定プロセスの変動については比較的静的にとらえていることが指摘できる。以下では、戦略的意思決定プロセスを社会的相互作用プロセスととらえ、構造の生成について論じた諸研究について考察することとする。

1-3　社会的相互作用パースペクティブ

社会的相互作用パースペクティブにおける諸研究は、戦略的意思決定プロセスが組織構成員の相互作用ないし相互行為によって生成されているととらえている。

意思決定プロセスをいくつかの局面からなるステージであるととらえる以下

のような見解がある。Simon（1977）によれば、意思決定は情報活動（意思決定が必要となる条件を見極めるための環境の探索）、設計活動（可能な行為の代替案を発見し開発し分析すること）、選択活動（利用可能な代替案のうちからある特定のものを選択すること）、再検討活動（過去の選択を再検討すること）の四つの局面からなる（pp.40-41、訳55-56ページ）。さらに『経営行動』(1997）において、「意思決定過程をアジェンダ設定、問題の表現、代替的選択肢の発見、代替的選択肢の選択といった副次的過程に分割」（p.127、訳198ページ）している。Hofer & Schendel（1978）によれば、戦略的意思決定プロセスは、戦略の識別、環境分析、資源分析、ギャップ分析、戦略代替案、戦略評価、戦略選択、という七つのプロセスからなる。

Langley（1991）によれば、このような諸ステージにかんする見解は、「概念的に明確に構造化され戦略的意思決定プロセスの性質について何らかの価値ある洞察を含むが、意思決定の実質的な情報的局面にほとんど排他的に焦点を当てており、社会的相互作用の局面には注意を払って…」（p.84）いない。彼はまた「問題の識別のステージから最終選択のステージまで連続的に収斂する限定された合理的プロセスとして意思決定をとらえている」（Langley, et al. [1995]、p.262）として批判的にとらえる一方で、意思決定プロセスを「社会的相互作用プロセス」としてとらえる必要性を論じている。

Langley, et al.（1995）によれば、連続するステージを通じたプロセスと社会的相互作用のプロセスとを結合させる研究としてMintzberg, et al.（1976）の研究を位置づけることができる。彼らは、25の戦略的意思決定を調査し、識別（identification）フェーズ、開発（development）フェーズ、選択（selection）フェーズからなる三つの主要なフェーズとそこに含まれるサポート・ルーティンのセットを明らかにし、「ダイナミックな要因」による社会的相互作用のプロセスについて記述している。ダイナミックな要因（p.263）には、環境諸力に起因する「中断（interrupts）」、意思決定者により影響を受ける「スケジュールの遅れ（scheduling delays）」、「タイミングの遅れとスピードアップ（timing delays and speedups）」、意思決定自体に付随する「フィー

ドバックの遅れ（feedback delays）」、「包括化サイクル（comprehension cycles）」、「失敗のリサイクル（failure recycles）」などの六つの要因があり、さまざまな形で相互作用しながら戦略的意思決定プロセスに影響するのである。

　Langley, et al.（1995）は、連続（sequential）モデル、無秩序（anarchical）モデル、反復（iterative）モデル、収斂（convergence）モデル、洞察（insightful）モデル、織り合わせ（intertwoven）モデル、など六つのモデルを提示している。連続モデルは、問題の識別のステージから最終選択のステージまで連続的に収斂する限定された合理的プロセスとして意思決定をとらえ、無秩序モデルは、組織の諸部分の相互作用のプロセスとしてとらえ、反復モデルは、前二者両方の特徴を併せ持ったモデルである。

　これらの前三つのモデルは、具体性（reification）、非人間化（dehumanization）、分離（isolation）などの限界をもつ（Langley, et al.［1995］、p.264）。具体性という限界は、意思決定は存在し、明確に識別されうるし、選択の瞬間があるととらえていることである。しかし意思決定は構成（a construct）である。非人間化という限界は、個々人の相違を忘れそして人間の感情や想像力を切り離していることである。しかし意思決定者は創造者、行為者、キャリアなどの役割を果たし、組織的意思決定は集団的に行為する意思決定者の情緒や洞察、インスピレーションの諸力によってしばしば営まれる。分離という限界は、別々のプロセスが識別され特定の選択へとさかのぼることができるとされ、それらが組織コンテクストから独立して記述されていることである。しかし戦略的意思決定プロセスは相互関連やつながりによって特徴づけられるのである。

　収斂モデルは、ある時点で生じるある意思決定のかわりに、意思決定は何らかの最終行為のイメージへと徐々に収斂する全般的な軌跡にしたがうと仮定している。適切なメタファーは生物化学における発酵である。ここでは意思決定を一連のステップとしてみるのではなく、より統合的な方法での問題の構成としてみる。洞察モデルは、意思決定は刺激を受けさらに刺激を与えるその時々の洞察を通じて進展し収斂するものであると仮定している。適切なメタファー

は過飽和した液体の突然の凍結である。ここでは洞察、インスピレーション、感化、記憶などの重要な役割が強調される。織り合わせモデルは、意思決定を多少堅く結びついた全体的な多数のリンケージを含む諸問題の複雑なネットワークとしてみる。適切なメタファーは風の動きである。ここでのリンケージには、連続的（sequential）リンケージ、水平的（lateral）リンケージ、先行的（precursive）リンケージがある。連続リンケージは同じ問題についての意思決定が時間をかけて相互に関連することであり、包括（nesting）的なもの、雪ダルマ（snowballing）式のもの、くり返し（recurrence）のもの、などがある。水平的なリンケージは資源やコンテクストを共有する異なった意思決定間の結びつきであり、資源を取り合ったり、同じコンテクストの中にあるため結びつくのである。先行的リンケージは一つの問題に関する先行する意思決定がほかの問題に対する将来の意思決定に影響する結びつきであり、可能にすること（enabling）、喚起すること（evoking）、先取りすること（preempting）、重なり合うこと（cascading）、吸収すること（merging）、学習すること（learning）などの結びつきがある。

　以上社会的相互作用として戦略的意思決定プロセスをとらえる諸研究を考察したが、そこから明らかになることは、戦略的意思決定プロセスの構造は、意思決定者の間あるいはグループ間の相互作用によって創出されるものであり、それゆえそこには多様なパターンが創造される可能性が多分にあるということである。このような見解は他方で、このプロセスの創出における意思決定主体の役割は取り扱われていない。戦略的意思決定プロセスがどのようにしてデザインされるべきであるかということを明らかにするためには、このプロセスをどのように組織化するかが問われなければならないと考える。以下では、組織におけるプロセスの形成において目標志向の活動およびトップマネジメントの諸活動について焦点を当てた「実践としての戦略」のアクティビティ・ベースト・パースペクティブにおける諸研究を考察する。

1-4　アクティビティ・ベースト・パースペクティブ

　前述の相互作用パースペクティブと同様に構成員の相互作用に注目しつつ、そこでの目標志向の活動を追求するという目的を持つ意図的な行為者としてのトップマネジメントを視点に組み入れた「戦略開発」について取り扱うJarzabkowski（2005）による「実践としての戦略」におけるアクティビティにもとづく見解（an activity-based view）がある。

　この見解においては、戦略を企業が持つ何かとしてだけではなく、企業や諸行為者が行う何かとしてとらえており、つまり「戦略を行うこと」－いいかえれば「戦略化」－を問題とする。そして、「マネジャーの戦略化の実践がいかにして戦略を組織の活動として戦略を造り上げるのか」（Jarzabkowski：2005：p.1）ということを探求しようとしている。「戦略家はいかに考え、話し、内省し、活動し、相互作用し、感情を出し、潤色し、政治化するのか、どんなツールやテクノロジーを活用するのか、そして組織の活動として戦略を戦略化するさまざまな形式の示唆すること」（p.3）を明らかにしようするものである。そこでは、組織内で拡散したアクティビティを集合的な目標へと形づけるためにトップマネジメントは構成員のコミットメントと集合的なアクティビティを作り上げなければならないととらえている。

　Jarzabkowski（2005）によれば、トップマネジメントは、戦略の流れを作り上げるために、公式的な経営管理上の手順とフェイス・トゥ・フェイスの相互作用という実践を行うのである。

　「手順による戦略化は公式の経営管理上の実践の活用として定義され」（p.82）、「相互作用による戦略化は戦略の流れを作り上げるためにトップマネジメントと組織の他のメンバーとの目的志向のフェイス・トゥ・フェイスの相互作用として定義される」（p.92）。前者は構造上の妥当性を、後者は解釈上の妥当性をそれぞれ提供する。彼は、構造上の妥当性と解釈上の妥当性のさまざまなコンビネーションからなる戦略化の四つのタイプをみいだしている（図表2-1）。

事前に活発化した戦略化（pre-active strategizing）は（pp.160-1）、解釈上及び構造上の妥当性と関連しない。組織には特定のグループにとって適切である状況化されたアクティビティがあるが、これらは持続可能にする一連の公式的な実践および主要な戦略に挿入されうる比較的共通する意味を十分には構築できていない。この戦略化は、典型的には、組織の末端で追求されているが組織レベルの戦略として是認されていない創発的なボトムアップのアクティビティであり、またトップマネジメントに是認されてはいるが組織内で広く推進されていない論争や抵抗を引き起こす可能性のあるアクティビティも含む。

　手順による戦略化（procedural strategizing）は（p.161）、組織の公式的な経営管理上の実践に埋め込まれることにより高い構造上の妥当性を構築したアクティビティである。持続性を持つがそれゆえ戦略の慣性へとつながるため定期的に再構成される必要がある。

　相互作用による戦略化（interactive strategizing）は（pp.161-2）、組織内のコミュニティのメンバーとトップマネジメントのフェイス・トゥ・フェイスの相互作用を通じて解釈上の妥当性を持つアクティビティである。抵抗があり十分な解釈上の妥当性を生むことが必要な新しい戦略の導入にとって重要であ

図表2-1：戦略化のマトリックス

解釈上の妥当性（縦軸：低〜高）／構造上の妥当性（横軸：低〜高）

	低	高
高	相互作用による戦略化：フェイス・トゥ・フェイスの相互作用の高度な活用	統合的戦略化：高度のフェイス・トゥ・フェイスの相互作用と高度な経営管理上の実践との繰り返しのリンク
低	事前活動による戦略化：不十分に共有された実践	手順による戦略化：公式的な経営管理上の実践の高度な活用

（Jarzabkowski [2005], p.161 より）

るが、継続性があるわけではないので継続的に再構成されなければならない。
　統合的戦略化（integrative strategizing）は（p.162）、高い構造上及び解釈上の妥当性を持つアクティビティである。統合的戦略化は、持続的に相互作用し解釈上の妥当性を構成し続けることが可能である。そしてこれらの解釈を埋め込むことと同様に構造的妥当性に含まれる慣性に対抗することができる。この戦略化は現在の戦略の継続的なリニューアルと実現化を意味する。
　このパースペクティブは社会的相互作用パースペクティブと同様に意思決定プロセスは相互作用により形成されるものととらえる一方で、その形成における意思決定主体の実践的なアクションや相互作用について焦点を当てたパースペクティブである。

2.「実践としての」戦略的意思決定プロセス関する考察

2-1 「実践としての戦略」研究

　一言でいえば、「実践としての戦略の研究アジェンダは、多様なアクターのアクションや相互作用を通じて構成される状況的で社会的に遂行される活動としての戦略とかかわる」(Jarzabkowski［2005］、p.7) ものであり、アクティビティ・ベースの見方では、「組織生活の日々の諸活動からなり戦略的な結果と関連する詳細なプロセスや実践にかんする強調を求め、…それゆえしばしば伝統的戦略研究においてはみえないが、それにもかかわらす組織やそこで働く人々にたいして重要な結果となりうるミクロな諸活動」(Johnson, et al［2003］、p.3) へ焦点が当てられている。「アクティビティ・ベース」ないし「実践としての戦略（Strategy as Practice）」研究の動向は、ミクロレベルで組織や戦略に関わる諸活動を考察しようとする試みであり、そこでは「戦略の構成やエナクトメントにおける人間的エージェンシーを理解するためには、戦略実践者のアクションや相互作用に関する研究に再び焦点を当てることが必要である」

(Jarzabkowski, et al.［2007］, p.6) とされている。このような研究は、たとえば、戦略とは何か、戦略家とはだれなのか、戦略家は何をしているのか、戦略家の分析とそれを行うことは何を説明するのか、既存の組織や社会の理論は実践としての戦略の分析にいかにして知識をもたらすのか、などについて伝統的な戦略論よりも深くミクロな事柄を問うのである（Jarzabkowski,et al.［2007］, p.7)。

Jarzabkowski, et al.（2007）よれば、この研究動向において戦略は、「状況化され社会的に成し遂げられた活動として概念化され」(p.7)、戦略化は「行為者のアクションや相互作用、交渉および、行為者が活動を成し遂げる際にもたらしたある状態の実践からなる」(p.7-8) ものと定義づけられている。

またWittington（2003）は、「実践パースペクティブは位置づけられた具体的な活動に関心がある」(p.119) という観点から考察している戦略化と組織化という研究領域に関連して、以下のような六つの研究問題を提示している。

戦略化と組織化という作業は実際にはどのようにいつなされているのか、誰が戦略化と組織化のフォーマルな作業を行い、それらはどのように成し遂げられるのか、戦略化と組織化の作業に求められるスキルは何であり、それらはどのように獲得されるのか、戦略化と組織化の作業の共通するツールやテクニックは何であり、それらはどのように活用されるのか、戦略化と組織化の作業はそれ自体どのように組織化されるのか、戦略化と組織化の産物はどのように伝達され費消されるのか、などである（pp.119-121)。

つまり組織において制度化・慣習化、スキル、ツール・テクニック、組織化・設計、伝達、等々がどのように実践されているのかに関心をもつものである。

以下では、「実践としての戦略」および「アクティビティ・ベース」の視点から、戦略的意思決定プロセスにおける意思決定主体のスキルおよびテクニックについて考察する。

2-2　実践としての戦略的意思決定プロセスにおける即興スキル

「シニアエグゼクティブは戦略的意思決定プロセスにおける意思決定者や行為者であるだけでなくこれらの意思決定やアクションを形作る組織コンテクストの設計者であり管理者である」Chacravarthy & White（2002）（p.198）ことを想定するならば、戦略的意思決定プロセスは、意思決定主体によって選択・創造されるものであり、それらはまた意思決定主体と組織の他の行為者との相互作用プロセスによって生成されるものであるととらえることができる。この点をふまえ、戦略的意思決定プロセスを実践的に構築するスキルとしての即興（improvisation）という概念を取り上げる。

即興スキルの考え方は、これまでみてきた「実践としての戦略（strategy as practice）」、「戦略化（strategizing）」、ないし「アクティビティ・ベースト・ビュー（activity-based view）」などとよばれる新しい理論ベースの見解と関連するものである。たとえば、Wittington（2003）は、戦略化および組織化に用いられる手段やテクニックに関連して、「われわれは、戦略的組織的テクノロジーの『活用』について一層知る必要があり、そしてそれらがその使用者が位置づける要請についておよび実践においてなされるうまい即興の範囲について評価する必要がある」（p.121）と指摘している

Mangham & Pye（1991）は、解釈学的パースペクティブの視点から、「マネージングを行うこと」あるいは「組織化」は、即興を通して継続しているプロセスとしてとらえている。彼らは、経営管理プロセスのマネージングを調整された努力を促進し維持することを求めるプロセスととらえ（p.4）、秩序が即興によるもので、この即興はパフォーマーによって影響されあう価値や信念の周辺にあるとしている（p.2）。つまり、「マネジャーが設定し維持している構造や手順は世界についての理解の反映であり対応をコントロールし流そうとする試みである」（p.36）ととらえている。日々の相互作用において、マネジャーは、鑑識眼のあるシステムを維持しあるいは、組織化を行うこと（doing of organizing）について受け取ったアイデアに影響されそして影響するようであ

る価値と信念を反映した心構えを即興化していると、かれらは仮定しているのである（p.36）。そしてかれらは、経営管理者をルールの学習者および追随者としてとらえるとともに、ルールの創造者および新奇で価値のある芸術品の創造者としてとらえているのである（p.78）。

さらに Brown & Eisenhardt（1998）によれば、戦略的意思決定プロセスにおける「即興とは、行為者が適応的に革新的であることと効率的に指揮することの両方を行うやり方で組織化することである」（p.255）。つまり即興は、たとえば音楽演奏などにおいてみられる行為であり、一見複数の演奏者が自由奔放に楽器を演奏しているように感じるものであるが、しかしそこでは、演奏者はリアルタイムでお互いに多くのコミュニケーションをとっており、またごくわずかな特定のルールに従っているのである。奏でられる音楽に適応しながら全体的に統制がとれているのである。このことはこれらの演奏者の非常に高いスキルを必要としている。戦略的意思決定もまた非常に高いスキルをもつ組織メンバーによってなされるものであり、柔軟な適応と堅実な統制両方をブレンドすることが求められている。それゆえ「即興は戦略的選択についての思考に対する有用な新しいメタファーであるかもしれない」（p.257）のである。

Weick（1988）は、高い即興能力をもつグループの特性として以下のような能力を提示している（p.552）。

(1) リアルタイムの行為（acting）の利益になるよう計画（planning）と再検討（rehearing）をこころよく先行すること
(2) 内部資源や手にある資料の十分に開発された理解
(3) 青写真や診断をともなわない熟練
(4) 潤色（embellishing）のための最小構造を明確にし合意することを可能にすること
(5) ルーティンの再構成と変更にオープンであること
(6) 継続する一連のアクションを引き出す豊富で意味のあるテーマ、断片あるいはフレーズのセット
(7) 現在の新奇性にこれまでの経験の部分的関連性を認識するよう仕向けるこ

と
(8) 非ルーティン的な事柄をあつかうスキルへの高い信頼
(9) なされた即興的なことへコミットして適任である同僚の存在
(10) 他者のパフォーマンスへ注意を払うことと、相互作用を維持し続けるためまた他の人々へ興味を持つ可能性を設定するためにこの注意を構築することに熟練すること
(11) 他者が即席で話す（extemporizing）ペースとテンポの維持を可能にすること
(12) 今ここで調整に焦点をあて記憶や予想によって注意散漫にならないこと
(13) 構造よりもプロセスを好み快適に感じること

以上のように、意思決定主体の戦略的意思決定プロセスの形成におけるアクティビティにおいて即興スキルを重視するならば、さらにこの即興スキルの具体的な実践について明らかにする必要がある。以下、このような即興スキルの実践的活用に関するインプリケーションを提示する。

2-3　即興スキルの実践的活用のためのインプリケーション

ここでは二つの点で即興スキルの実践的活用のためのインプリケーションを提示する。

一つは、意思決定主体はどのような意思決定プロセスの戦略化のテクニックをいかにして活用するのかについての理解であり、もう一つは、それぞれの戦略化のテクニックの実践のために活用されている諸行為についての理解である。

まず、意思決定プロセスの戦略化のテクニックについてであるが、この点に関してJarzabkowski（2005）は上述した戦略化の四つのタイプ（事前に活発化した戦略化、手順による戦略化、相互作用による戦略化、統合的戦略化）が実践において活用される分散したアクティビティの導入（introducing localized activity）、慣性的なアクティビティ（inertial activity）、アクティビテ

ィの変化の造形（shaping change in activity）、安定したアクティビティ（stabilizing activity）、解決されていないアクティビティ（unresolved activity）、という五つのパターンについて経験的なデータから明らかにしている。

　分散したアクティビティの導入は、事前に活発化した戦略化が主流戦略へ導入されるパターンであり、意図されたパターンと意図せざるパターンという二つのサブパターンがある（pp.163-4）。前者は、事前に活発化した戦略化から相互作用による戦略化への移行であり、アクティビティがトップマネジメントによって意図されそのスポンサーシップを獲得する場合に起きる可能性が最も高い。後者は、事前に活発化した戦略化から手順による戦略化への移行であり、このアクティビティは経営管理上の実践の意図せざる結果として創発する。

　慣性的なアクティビティは、手順による戦略化の継続によって造形されるものであり、このアクティビティは構造上の妥当性を持ち経営管理上の実践に埋め込まれている（p.165）。それゆえ継続的で緩和されない手順による戦略化が慣性を生む。

　アクティビティの変化の造形は、古いアクティビティを新しいアクティビティに取り換えるというよりは、アクティビティの現在のパターンの変化を造形することであり、リフレーミング（reframing）、再埋め込み（re-embedding）、慢性的な再構成（chronic reconstructing）という三つのサブパターンがある（pp.165-7）。リフレーミングというパターンは、高度の構造上の妥当性を持ちそれと関連して慣性的な影響を受けている手順による戦略化から相互作用による戦略化へのシフトを意味する。アクティビティの意味づけをリフレーミングするには相互作用による戦略化が重要であり、それに続き新しい公式的な実践を開発するために統合的戦略化が導かれる。再埋め込みは、リフレーミングと同様に、手順による戦略化から相互作用による戦略化への移行であり、第二の移行として手順による戦略化へ戻り、修正された公式的な経営管理上の実践の変化した解釈を再び埋め込む。慢性的再構成というパターンは、継続な統合的戦略化から生じるパターンであり、繰り返すがゆえに「慢性的」と

よばれる。このパターンは、経営管理上の実践に意味のフレームかとその再埋め込みの継続的な再解釈を通じたインクリメンタルな変化を意味する。

　安定したアクティビティは、継続的な統合的な戦略化によって造形されるパターンである（p.167）。アクティビティが長期的に続き、慣性を避けようするなら、継続的に再構成される必要があり、この再構成により経営管理上の実践がアクティビティの目標に継続して結び付けられることを可能にする。このパターンは現在の戦略を実現することと関わる。

　解決されていないアクティビティは、継続的な相互作用による戦略化の問題であるアクティビティである（p.167）。これは、相互作用による戦略化の問題であり続けながら、構造上の妥当性をもたらす手順が構築されることを可能にするのに十分な解釈上の妥当性をうることができずに試験的な状態のままでいる解決されていないパターンである。

　Jarzabkowski（2005）は、これらの戦略化のタイプやアクティビティのパターンの関係として、諸アクティビティの多様な流れ間の関係を明らかにし、実践におけるインプリケーションを示している（pp.169-71）。

　例えば、組織の中核のアクティビティは、手順による戦略化によって造形されそれは構造的に埋め込まれるために慣性的アクティビティを生むが、これを変えるために相互作用による戦略化があり、それを長期にわたって行うことが意味のリフレーミングにとって重要になる。また組織内コミュニティは他のアクティビティを中核的アクティビティにとって脅威とみなしうるので、中核的アクティビティと他のアクティビティとの間の関係構築が必要となるが、これは高度な相互作用による戦略化を通じてなされる。そして、やがてアクティビティ間のリンクは構造上の実態を必要とし、解釈上の及び構造上の妥当性のリンクを創出するために統合的戦略化へとシフトする。

　これらの見解は、「様々な戦略化のタイプとアクティビティのパターンが、アクティビティは組織において中核的アクティビティなのかあるいは中核的アクティビティの脅威であると認識されるのかに依存しながら、適用される可能性がある」（p.172）というインプリケーションを示唆するものである。

以上のように、Jarzabkowski（2005）は、戦略の造形に関する諸概念とそれらの適用に影響するであろう「状況化されたコンティンジェンシー」（p.171）を導きだし、目標志向のアクティビティの流れの中でパターンとしての戦略が時間をかけていかに造形されるのかを説明する戦略化のフレームワークを提示しているのである。
　次に、それぞれの戦略化のテクニックの実践のために意思決定主体により活用されている諸行為を提示する。
　Jarzabkowski（2005）は、手順による戦略化には、計画、予算、トレンド分析、委員会、手続きなどの公式的な経営管理上の実践が関わり、相互作用による戦略化には、トップマネジメントと他の行為者との間の直接的で目的志向のフェイス・トゥ・フェイスの相互作用が関わるとしている（p.51）。前者は、たとえば、戦略計画、予算サイクル、計画会議ないし委員会などや、また内部パフォーマンスを測定しモニターするターゲットや予測の作成、戦略の方向性などを明示化した文書の作成などが含まれる（p.51）。後者には、たとえば、人々が考える方法、スピーチの形式、グループの相互作用、広い組織文化をエナクト（enact）としたシンボル、規範などの活用、などが含まれる（p.55）。
　Rajagopalan, et al（1997）によれば、経営者のアクションは、内外の監視、情報収集・分析、等々の合理的アクションと選択された代替案への内外の準備を形成する政治／権力アクションからなる。合理的アクション（内外の監視、情報収集・分析、等々）とは多様な情報源活用、代替案の同時的検討、迅速な社内合意形成、意思決定のためのタスクフォースの形成などのことであり、政治／権力アクション（選択された代替案への内外の準備を形成）とは交渉、連携構築、主要な人員の再配置などのことである。またPettigrew（1973）によって、具体的な政治行動としては、連携の形成、ロビー活動、選任、議題の保留、議題のコントロール、情報の戦略的活用、外部の専門家の雇用などのアクションが指摘されている。
　意思決定者の合理的アクションとかかわる実践として、Gray（1986）は、

計画プロセスにラインマネジャーを参加させること、事業単位を正しく定義すること、詳細に行動ステップを描くこと、戦略計画と他の組織コントロール・システムを統合すること、など指摘し、またWilson（1994）は、計画を継続的な組織学習の問題とし、そして権限委譲による迅速で柔軟な変化への対応、企業文化の変質、計画スタッフの信頼性の維持、質的職務にもとめられる管理者によるコミットメントの時間枠の維持、全社戦略と事業戦略の各役割の明確化、スキャニングおよびモニタリングシステムの改善、戦略計画とオペレーション計画間の連結強化などを指摘し、さらにGrant（2003）は、戦略計画プロセスの分権化や戦略計画システムの役割の変更、トップマネジメントが戦略実行により深くかかわるかたちでの役割変更などを指摘している。

　さらに具体的な実践におけるよりミクロなアクションとして、議論の場の改善、権限と責任の明確化、決定ルールの設定、意思決定支援ツールの活用等々が指摘されている。議論の場（たとえば会議）の改善について、Mankins & Steele（2006）は、世界の主要企業156社の調査により、経営委員会（CEO、COO、CTO、人事担当執行役員等）と、事業部門や職能部門のマネジャーとの戦略立案会議は、定期的なプレゼンテーションの場であったが、ほとんど意思決定プロセスとして機能していなかった述べ、「戦略立案プロセスと意思決定プロセスの一体化」のための改革について明らかにしている。たとえば提出する戦略関連資料の制限、一週間前まで資料提出、会議の構成変更、「検討（発表）と承認（説教）」から「議論と決定」などの改革などが明らかにされている。権限と責任（あるいは決定権）の改善に関して、Rojers & Blenko（2006）は、グローバル対ローカル間、本社対事業部門間、部門間、社外対社内間などの関係において、最終権限が誰にあるのかはっきりしない、提案への拒否権を持つ人が多すぎる、助言者が多すぎる、等々、意思決定プロセスで発生しがちな問題があるとし、グローバル対ローカル、本社対事業部、部門対部門、社内対社外パートナーなどにおいて発生する権限と責任の問題についての改善案を明らかにしている。決定ルールに関して、Eisenhardt & Sull（2006）は、「変動が激しい市場にあっては、柔軟に構えてチャンスをつかまなければならない。

ただし柔軟な中にも規律が必要である」(100 頁) として、「その分野でチャンスを追求するためのガイドライン」としての以下のようなシンプル・ルールを明らかにしている。ハウ・トゥ型ルール－追求するチャンスと、対象から外すべきチャンスとの選別に集中することを目的とする。優先順位のルール－遭遇したチャンスと速度を合わせ、また会社の多部門とも足並みをそろえることを目的とする。タイミングのルール－過去のものとなったチャンスからいつ撤退すべきかを決めることを目的とする。意思決定支援ツールの構築に関して、Schwenk（1988）は、天の邪鬼（＝悪魔の代弁者：devil's advocacy）による構造的コンフリクトの活用について考察している。「基本的な天の邪鬼という方法の手続きは、一人かそれ以上の人々が有力な戦略に対して異論をもちだしたり、戦略の前提となっている仮定に挑戦したり、可能ならば対案を指摘するために用いられる手続きである」(p.95、訳 93 ページ)。かれは諸研究のサーベイを通じて、この方法は、一定の規則に従うならば、戦略的意思決定を改善できると指摘し、天の邪鬼は特定の代替戦略と一体化した「批判のための批判」というよりも、プロセス・コンサルタントや有力な戦略の客観的批判の役割を演じるべきであり、それが介入すべきポイントやその演ずる特定の役割は、考慮される決定の特徴（たとえば、良構造か悪構造か等々）によって決まり、さらに意思決定集団における人々が天の邪鬼過程への真剣なコミットメントを行うときにのみ活用すべきであると結論づけている（p.106、訳 105 ページ）。

結び――今後の課題

　本研究において、戦略的意思決定プロセス研究をコンティンジェンシー・パースペクティブ、戦略的選択パースペクティブ、社会的相互作用パースペクティブ、およびアクティビティ・ベースト・パースペクティブの四つのパースペクティブに分類し、前三者の限界を指摘しつつ、最後のパースペクティブの可能性を探求しながら、戦略的意思決定プロセスのあり方について検討した。
　そして「実践としての戦略」にかんする諸研究を考察し、戦略的意思決定プロ

セスをミクロレベルでとらえ、意思決定者のアクションや相互作用に焦点を当て、とくに、プロセスの即興的側面に注目し、戦略的意思決定プロセスを即興的に構築する際の意思決定者のアクションおよびテクニックなどを考察し、意思決定のパターンおよび諸アクションの認識とそれらの即興的活用が重要であることを指摘した。言い換えれば、これらが意思決定主体の役割である。

このような観点から、本研究で検討した以外にも多様な意思決定のパターンおよび諸アクションがありそれらをより体系的に理解すること、およびこれらを活用する際の即興スキルをより精緻化することが今後の課題である。

この課題と関連していくつかの視点を指摘しておきたい。

Hickson, Butler, Cray, Mallory, & Wilson（1986）および、Papadakis, Lioukas, & Chambers（1998）、Rajagopalan, Rasheed, Datta, & Spreitzer（1997）、等々が指摘している意思決定特殊要因に応じた戦略的意思決定プロセスの選択という視点や、Chakravarthy & White（2002）が指摘している追求する戦略ダイナミックに応じた選択という視点である[2]。これらのことが意味するのは、意思決定主体はその洞察力により意思決定の特殊要因を認識あるいは定義し、また戦略目標・志向を示し、それにもとづき活用される意思決定プロセスを構築する役割を担っているということである。

それゆえ意思決定特殊要因を明示することが意思決定主体の重要な役割の一つであることを付け加えておきたい。

[註]
(1) これらの論争の代表的なものとして、たとえば Mintzberg（1991）と Ansoff（1991）の間または Mintzberg（1991）と Goold（1996）の間での論争がある。詳しくは文（2009b）参照のこと。
(2) Papadakis, Lioukas & Chambers（1998）の統合的モデルおよび Rajagopalan, Rasheed、Datta & Spreitzer（1997）の包括的モデルは、環境要因と組織要因、経営者の特性などよりも、戦略的意思決定の特質（決定すべき事柄の性質）が強い影響を与えていることを指摘し、意思決定の特質は経営者の解釈や認識から免れられないことを示している。Hickson, et al.（1986）は「決定すべきトピック（たとえば、再組織化、立地…等々）」などを複雑性と政治性という次元にもと

づいて類型化し、それぞれの特性をもつトピックごとに散発的プロセス、流動的プロセス、制約的プロセスなど意思決定のあり方との関係を示している。

　Chakravarthy & White（2002）は、戦略成果（strategy outcome）として企業が追求する戦略ダイナミック（改善化／模倣化：improving/imitating、移動化：migrating、強化：consolidating、革新化：innovatingなどがある。）と戦略的意思決定プロセスのあり方との関係について論じ、「意思決定に参加する特性タイプと取られるアクションは追求される一般的戦略により変化するだろう」（p.187）として意思決定プロセスと追求される戦略との関係について示唆している。そして求められる戦略成果が革新化や移動化である場合、多くの自由裁量を必要とし本質的にプロセスはボトムアップになり、改善化／模倣化や強化が求められる場合、プロセスはトップダウンになると述べている

　これらのことをふまえ、戦略的意思決定の特質や意思決定者の解釈や認識などの洞察力の問題、さらにそれらとの関連でいかに意思決定プロセスを選択・設計するかの問題が重要な課題であるとらえることができる。

参考文献

Ansoff, H. I.（1991）'Critique of Henry Mintzberg's The Design School: Reconsidering The Basic Premises of Strategic Management', *Strategic Management Journal*, Vol.12, pp.449-461.

Ansoff, H. I.（1991）'Critique of Henry Mintzberg's The Design School: Reconsidering The Basic Premises of Strategic Management', *Strategic Management Journal*, Vol.12, pp.449-461.

Bourgeois, L. J. & K. M. Eisenhardt（1988）'Strategic Decision Processes in High Verocity Environments: Four Cases in the Microcomputer' Industry, *Management Science*, Vol.34, No.7, pp.816-835.

Brown, S. L. & K. L. Eisenhardt（1998）*Competing on the Edge: Strategy as Structured Chaos*, Harvard Business School Press.（佐藤洋一監訳『変化に勝つ経営：コンピーティング・オン・ザ・エッジ戦略とは？』、トッパン、1999年。）

文智彦（2004）「組織における戦略形成プロセス」、権泰吉・高橋正泰編著『組織と戦略』文眞堂、第2章、pp.16-40。

文智彦（2005）「戦略的意思決定プロセスにかんする諸研究の検討」、『埼玉学園大学紀要経営学部篇』（第5号）、pp.37-49。

文智彦（2006）「公式的戦略計画システムの進化の検討」『埼玉学園大学紀要経営学部篇』（第6号）、pp.1-13。

文智彦（2009a）「戦略的意思決定プロセスの包括的モデル－戦略的意思決定における基本プロセス・認知・アクション」の相互作用モデル、『現代社会の課題と経営学のアプローチ』八千代出版、第1章、pp.3-28。

文智彦（2009b）「戦略的意思決定プロセス研究における二分法とその統合可能性」、『埼玉学園大学紀要経営学部篇』（第9号）、pp.15-27。

Burgelman, R. A. (1988) 'Strategy Making as a Social Learning Process: The Case of Internal Corporate Venturing' *Interfaces*, 18: 3, May-June, pp.74-85.

Burgelman, R. A. (2002) *Strategy Is Destiny: How Strategy-Making Shapes a Company's Future*", The Free Press.（石橋善一郎・宇田理訳『インテルの戦略』ダイヤモンド社、2006年。）

Child, J. (1972) 'Organizational Structure, Environment and Performance: the Role of Strategic Choice' *Sociology*, 6, pp.1-22.

Eisenhardt, K. M. (1989) 'Making Fast Strategic Decisions in High-Velocity Environments', *Academy of Management Journal*, Vol.32, No.3, pp.543-576.

Eisenhardt, K. M. & M. J. Zbaracki (1992) 'Strategic Decision Making', *Strategic Management Journal*, Vol.13, 17-37.

Eisenhardt, K. M. & D. N. Sull (2001) 'Strategy as Simple Rules', *Harvard business Review*, Jan.79 (1), pp.106-116.（スコフィールド素子訳「シンプル・ルール戦略」『ハーバードビジネスレビュー』2006年4月、94-109ページ。）

Fredrickson, J. W. (1983) 'Strategic Process Research: Question and Recommendations', *Academy of Management Review*, Vol.8, pp.565-575.

Fredrickson, J. W. & T. R. Mitchell (1984) 'Strategic Processes: Comprehensiveness and Performance in an Industry with an Unstable Environment', *Academy of Management Journal*, 27, 2, June, pp.399-423.

Fredrickson, J. W. (1986) 'The Strategic Decision Process and Organizational Structure', *Academy of Management Review*, Vol.11, No.2, pp.280-297.

Goold, M. (1992) 'Research Notes and Communications Design, Learning and Planning: A Further Observation on the Design School Debate', *Strategic Management Journal*, Vol.13, pp.169-170.

Goold, M. (1996) 'Learning, Planning, and Strategy: Extra Time', *California Management Review*, Vol.38, No.4, Summer, pp.100-102.

Grant, R. M. (2003) 'Strategic Planning in a Turbulent Environment', *Strategic Management Journal*, 24, pp.491-517.

Gray, D. H. (1986) 'Uses and Misuses of Strategic Planning', *Harvard Business Review*, January-February, pp.89-97.

Hickson, D. J., R. J. Butler, D. Cray, G. R. Mallory & D. C. Wilson (1986) *Top

Decisions: Strategic Decision-Making in Organizations, Jossey-Bass Publishers.

Hofer, C. W. & D. Schendel（1978）*Stratregy Formulation: Analytical Concepts*, WEST PUBLISHING CO.（奥村昭博・榊原清則・野中郁次郎共訳『戦略策定－その理論と手法－』千倉書房、1981年）

Jarzabkowski, p.（2005）*Strategy as Practice:An Activity-based Approach*, SAGE publications.

Jarzabkowski, P., J. Balogun & D. Seidl（2007）'Strategizing: The Challenges of a Practice Perspective', *Human Relations*, vol. 60（1）pp.5-27.

Johnson, G., A. Langley, L. Melin & R. Whittington（2007）'Introducing the Strategy as Practice Perspective', *Strategy as Practice:Research Directions and Resources*, CAMBRIDGE UNIVERSITY PRESS, pp.3-29.

Langley, A., H. Mintzberg, P. Pitcher, E. Posada & J. Saint-Macary（1995）'Opening up Decision Making: the View from the Black Stool', *Organization Science*, Vol.6, No.3, May-June, pp.260-279.

Lawrence, P. R. & J. W. Lorsch（1967）*Organization and Environment: Managing Differentiation and Integration*, Harvard University Press.（吉田博訳『組織の条件適応理論』、産業能率短期大学出版部、1977年。）

Mangham, I. L. & A. Pye（1991）*The Doing of Managing*, BLACKWELL.

Mankins, M. C. & R. Steel（2006）'Stop Making Plans:Start Making Decisions', *Harvard business Review*, Jan. 84（1）, pp.76-84.（マクドナルド京子訳「戦略立案と意思決定の断絶」『ハーバードビジネスレビュー』2006年4月、pp.128-139。）

Miller, D. & P. H. Friesen（1983）'Strategy-Making and Environment: The third Link', *Strategic Management Journal*, vol.4, pp.221-235.

Miles, R. E. & C. C. Snow（1978）*Organizational Strategy, Structure, and Process*, Mc-Graw-Hill Book Company.

Mintzberg, H.（1973）'Strategy-Making in Three Modes', *California Management Review*, 16, 2, Winter, pp.44-53.

Mintzberg, H., D. Raisinghani, & A. Theoret（1976）'The Structure of "Unstructured" Decision Processes', *Administrative Science Quarterly*, Vol.21, June, pp.246-275.

Mintzberg, H.（1978）'Patterns in Strategy Formation', *Management Science*, 24, 9, pp.934-948.

Mintzberg, H.（1979）'An Emerging Strategy of "Direct" Research', Administrative Science Quarterly, Vol.24, December, pp.582-589.

Mintzberg, H. & J. A. Waters（1985）'Of Strategies, Deliberate and Emergent', *Strate-

gic Management Journal, 6, pp.257-272.

Mintzberg, H.（1990）'The Design School: Reconsidering the Basic Premises of Strategic Management', *Strategic Management Journal*, Vol.11, pp.171-195

Mintzberg, H.（1991）'Research Notes and Communications Learning 1, Planning 0 Reply to Igor Ansoff', *Strategic Management Journal*, Vol.12, pp.463-466.

Mintzberg, H.（1996）Reply to Michael Goold, *California Management Review*, Vol.38, No.4, Summer, pp.96-99.

Papadakis, V., S. Lioukas, & D. Chambers（1998）'Strategic decision-making processes: The Role of Management and Context', *Strategic Management Journal*, Vol.19, pp.115-147.

Pettigrew, A. M.（1973）*The Politics of Organizational Decision-Making*, LONDON: TAVISTOCK.

Rajagopalan, N., A. Rasheed, D. K. Datta, & G. M. Spreitzer（1997）'A Multi-Theoretic Model of Strategic Decision Making Processes', Papadakis, V & P. Barwise（ed）, *In Strategic Decisions*, Kluwer Academic Publishers, pp.229-249.

Rojers, P. & M. Blenko（2006）'Who has the D? How Decision Roles Enhance Organizational Performance', *Harvard business Review*, Jan. 84（1）, pp.52-61.（酒井泰介訳「意思決定のRAPIDモデル」『ハーバードビジネスレビュー』2006年4月号、pp.116-126。）

Schwenk, C. R.（1988）'The Cognitive Perspective on Strategic Decision Making', *Journal of Management Studies*, 25: 1, pp.41-55.

Schwenk, C. R.（1988）*The Essence of Strategic Decision Making*, D. C. Heath and Company.（山倉健嗣訳『戦略決定の本質』文眞堂、1998年。）

Shrivastava, P. & J. H. Grant（1985）'Empirically Derived Models of Strategic Decision-Making Processes', *Strategic Management Journal*, Vol. 1, No.1, Jan./Mar., pp.97-113.

Simon, H. A.（1977）*The Science of Management Decision, revised edition*, Prentice-Hall,Inc.（稲葉元吉・倉井武夫共訳『意思決定の科学』産業能率大学出版部、1979年。）

Simon, H. A.（1997）*Administrative Behavior-A Study of Decision-Making Processes in Administrative Organizations*, 4th edition, THE FREE PRESS.（二村敏子・桑田耕太郎ほか共訳『「新版」経営行動－経営組織における意思決定過程の研究』、ダイヤモンド社、2009年。）

Stubbart, C. I.（1989）'Managerial Cognition: A Missing Link in Strategic Management Research', *Journal of Management Studies*, 26: 4, July, pp.325-347.

Weick, K. E.（1998）'Improvisation as a Mindset', *Organization Science*, Vol.9, No.5,

September-October, pp.543-555.

Whittington, R. (2003) 'The Work of Strategizing and Organazing: for a Practice Perspective', *Strategic Organization*, Vol.1 (1), pp.117-125.

Wilson, I. (1994) 'Strategic Planning Isn't Dead-It Changed', *Long Range Planning*, Vol.27, No.4, pp.12-24.

第3章　組織の分割と結合

磯山　優

はじめに

　一般に、組織論（organization theory）において議論される組織というのは、「個別の組織」であるということが暗黙のうちに前提とされている。そのため、いくつかの団体の集合体や、団体と団体の関係については組織間関係論（inter-organizational theory）で議論されてきた。しかし、このような「暗黙の前提」を置くことには、少なくとも二つの問題点が見いだされる。

　第一の問題点は、「個別の組織」の範囲が明確にされていない、ということである。本章でのちに議論するように、多くの論者はBarnardの組織の定義を踏襲しているため、組織の境界をどこに定めるのか曖昧なままにするか、もしくはこの問題には触れない。そのため、組織の中にある組織、たとえば、ある企業が事業部制組織を採用している場合、その事業部の内部の組織はどのようになっているのかについては触れていなかったり、場合によっては事業部の内部に組織はないかのように扱っていることさえある。具体的には、ある事業部がいくつかの課で構成され、さらにその課もいくつかの係で構成されている場合、課や係は組織とはみなされないのだろうか、という疑問が生まれてくる[1]。

　第二の問題点は、第一の問題点と関連して、複数の団体の集合体における関係については組織とみなしてこなかった、ということである。具体的には、戦前の財閥や戦後の六大企業集団、さらに、親子会社型企業グループを始めとする企業グループを組織とはみなしてこなかった。特に大企業では、法的には互いに独立した存在であっても、人的結合や取引の面で強固な関係を築いており、連結財務諸表の作成が一般化している今日において、企業グループ全体を

一つの組織とみる方が妥当であろう。また、企業と同様に複数の団体間で関係を強化する現象は、他の領域においても頻繁にみられるようになっている。そのため、複数の団体の集合体における関係を組織ととらえ分析する今日的意味は非常に高いと考えられる。

このような問題の根底には、組織をどのようにとらえるか、組織の定義の問題があると考えられる。さらに、これまでは組織を形成する際の方法、すなわち、既存の組織を分割することで新たな組織を形成する方法と、既存の組織同士を結合することで新たな組織を形成する方法が峻別されておらず、両者の違いを区別せずに議論してきたためにこのような問題が起きたのではないかと考えられる。

そこで本章は、WeberやWeberの議論を踏まえた沢田並びに中條の議論を踏まえて、組織の定義を再検討しつつ、特にWeberが主張している「団体の中に団体が形成される」ことを重視しながら、個別組織の範囲について考察する。次に、この議論を踏まえて企業グループを始めとする複数の団体の集合体を団体・組織と捉えることの妥当性を検討する。そして、分割によって組織を形成する方法と、結合によって組織を形成する方法の違いについて考察していく。

1. 組織概念の再検討

1-1　組織の境界

組織は抽象的な概念であり、実態として目に見えるものでもないので、組織について論じる際には、組織をどのように定義するかが重要である。Barnardの登場以降、組織をどう定義するかはBarnardの定義が一般的に定着している。Barnardは、「…少なくとも一つの明確な目的のために二人以上の人々が協働することによって、特殊の体系的関係にある物的、生物的、個人的、社会的構成要素の複合体[2]」を協働体系と呼び、具体的には教会、政党、友愛団体、

政府、軍隊、企業、学校、家庭などに分類されるとしている。そして、このような協働体系すべてに共通する特定の側面を「組織」と呼び、「…意識的に調整された人間の活動や諸力の体系[3]」と定義している。

　Barnardのこのような定義は、誰が組織のメンバーで誰が組織のメンバーでないかを明確にできず、組織の境界を明確にすることが困難である。なぜならばこの定義の場合、「意識的に調整される」範囲がどこまで及ぶのかが定義からは明確にならないからである[4]。

　このように、組織の境界を明確にできない定義を用いている限り、個別の組織を規定することは困難である。そのため、さらに奇妙な事態を引き起こすことになる。たとえば、組織の分析レベルについて、Daftはシステム理論に依拠しつつ、「システムはシステムの中に宿り、中心的な焦点として分析のレベルを一つ選ばなければならない[5]」とし、分析レベルとして4つあげている。第一に「個人」レベルであり、「…個々の人間が組織を築く基本的なブロックのレベル[6]」としている。第二に「個人」レベルの一つ上のレベルとして「グループまたは部門」があり、このレベルは「…個人の集団であり、一緒に仕事をしてグループのタスクを遂行する[7]」レベルである。第三に「グループまたは部門」の一つ上のレベルが「組織そのもの」であり、「組織はグループや部門が集まって全体の組織を組み上げている[8]」としている。そして第四に「組織自体をグループにまとめてさらに高い分析レベルとすることもでき、それが組織間関係としてのある種の共同体である[9]」と述べている。

　Daftの見解を素直に読めば、グループや部門は組織ではない、ということになる。そして、組織はグループや部門が集まって形成されることになるという。それでは、グループや部門はどのような存在であるのか。Daftはそれを明確には示していない。また、どの程度グループや部門が集まると組織になるのか、それも明確に示されていない[10]。さらに、Daftは上で述べたようにシステム論に依拠していることから、組織は様々なパーツとしてのサブシステムから構成されているとしている。しかし、組織のパーツとしてのサブシステムが組織であるかどうかは明らかにされていない。

1-2 社会的関係としての組織

　上で述べたような問題の根底には、議論の対象とする組織をどのようにとらえるか、すなわち、組織の定義の問題にあると考えられる。そこで本章では、別の角度から組織をとらえて定義することとし、そのためにWeberや、Weberの議論を踏まえた沢田や中條の定義を検討する。

　Weber及び沢田や中條の定義の特徴は、組織を一律に定義するのではなく、社会的行為→社会的関係→閉鎖的社会的関係→団体→組織と、条件を付加して対象を限定しながら定義していく点にある。そこでまず、Weberが定義した順番に沿ってみていこう。

　Weberによると、まず社会的行為（Sozialen Handeln）とは、人間が行う行為のうち、「…他人が過去、現在にとった行動、あるいは将来とると期待される行動に方向づけられることがあろう[11]」行為を指す。他人の行動に方向づけられることで初めて社会的行為となるのだから、必ず行為する当事者に加えて、他者が存在することになる。ただし、自分以外の誰かが存在していても、そこで行われる行為が社会的行為とは限らない。

　次に社会的関係（Soziale Beziehung）について、Weberは「…その意味内容に照らしてたがいに相手の出方に注目し、かつそれによって方向づけられた、比較的多数の人々の行動[12]」と定義し、この社会的関係の実質は、「ひとえにただ、ある（意味的に）それとわかる仕方で社会的行為がいとなまれる見込みのうちにこそある[13]」としている。そのため、社会的関係は「…双方がたがいに他に対して引き続き行為するという関係が最小限度はなければならない[14]」のであり、行為の継続性が重視されている。

　この社会的関係への参加の制限の有無によって、Weberは開放的（offene）社会的関係と閉鎖的（geschlossene）社会的関係に分類している。このうち、開放的社会的関係は「…この社会的行為への参加が、社会関係を律する現行秩序に照らし合わせると、じっさいに参加できる状態にありかつ参加したがっている者ならだれにでも許されている…[15]」関係である。これに対して閉鎖的

社会的関係は、「…社会関係の意味内容またはその現行秩序からみて、参加が禁じられるか制限され、あるいは条件付きで許される…[16]」関係を指している。「閉鎖」は外部に対してはもちろん、内部に対しても向けられることから、社会的関係への参加だけではなく、離脱に関しても制限が加えられることがある。

そして、Weberは「団体というのは、もっぱら秩序をじっさいに維持することを目指す特定の人間の行動によって、社会関係を律する秩序の維持が保証されているときに、外部にたいし規制によって制限されるか閉鎖された社会的関係[17]」であると定義した。また、団体は「…ゲマインシャフト関係なのか、それともゲゼルシャフト関係なのかということは［団体］概念にとってはさしあたりまったく同じことである。団体秩序の実施をめざして行為する「指導者」、つまり家長、結社の幹部、支配人、君主、大統領、教会の長が存在することで充分だとしておこう。というのは、社会学的にみて、閉鎖的な「社会関係」という事態に実際上重要な意味を持つ新たな表記をつけくわえるのは、この特殊な行為、すなわち、ただたんに秩序に方向づけられているばかりでなく、秩序を強制することを目指す行為にほかならない…[18]」であることをWeberは指摘している。

このように他の閉鎖的社会的関係との差異を団体の秩序に求めるのであるならば、秩序を定めるのは誰なのか、そして、その秩序を定める人間を選ぶのは誰なのか、ということが重要になる。なぜならば、この二つによって団体のありようが変化してくるからである。このうち、誰が秩序を定めるのかという点についてWeberは、「自律性（autonom）・他律性（heteronom）」という概念で区別している。すなわち、「自律性というのは、他律性のばあいのように、団体の秩序が局外者によって制定されるのではなく、団体成員によって、また、団体成員の資格としての資格にもとづいて制定される[19]」としている。また、秩序を定める人間を選ぶのは誰なのかという点については、「自首制（autokepfel）・他首制（heterokepfel）」という概念で区別している。すなわち、「自首制とは、他首制のばあいのように、指導者や団体のスタッフが局外者に

よって任命されるのではなく、団体の固有の秩序にもとづいて任命される[20]」としている。

Weberは、組織という用語を全く用いていないわけではないものの、沢田によると「…一貫して団体内で行政幹部が実施する支配と、それにともなう命令権力の配分のシステムという意味…[21]」で用いられており、組織の特徴をつかんでいるとは言い難い。そのため、Weberの概念を踏まえて組織の概念を定義するには、他の論者の概念規定を検討する必要がある。そこで本章では、沢田と中條の議論を検討しよう。

沢田は、組織現象を、服従を確保するプロセスとしてとらえる「支配の組織理論」と、協働のプロセスととらえる「協働の組織理論」の二つの観点から整理し、「組織とは閉鎖的社会関係におけるフォーマルな手続き（文書によって明示された手続き）を前提とした秩序形成と秩序維持のシステム[22]」と定義している。このように定義された組織は、さらに「秩序維持のために、成員の間に何らかのフォーマルな地位－役割体系とこれにともなう権限と責任の体系をつくりだす…組織がつくりだす秩序が一元的であるとは限らない…組織成員はなんらかの組織目標にしたがって行為しているとはかぎらない[23]」という三つの特徴が付随するという。

沢田の組織の定義は「暫定的に使用したい[24]」という断りはあるものの、Weberの団体の定義を踏まえつつ、組織の境界を明らかにし得る定義として評価できる。しかし、沢田の定義には二つ難点がある。一つは、「フォーマルな手続き（文書によって明示された手続き）」を組織の前提としている点である。「フォーマルな手続き」が存在しなくても、沢田が考えているような「閉鎖的社会関係における秩序形成と秩序維持」は可能である。まして、沢田があげている「協働の組織理論」による組織というのは、このような前提を置かなくても組織化することが可能だからこそ、「支配の組織理論」による組織と対比させるために提出されているのではないだろうか。

もう一つの沢田の定義の難点は、組織を「秩序形成と秩序維持のシステム」ととらえているため、団体と組織の関係が明確ではない、という点である。

Weberによれば、閉鎖的社会的関係においてその秩序を維持しようとする特定の人間が存在することが、単なる閉鎖的社会的関係と団体を区別する条件となっている。これを踏まえると、団体はその秩序を維持しようとする人間が、閉鎖的社会的関係の内部において、他の団体の構成員との間に団体と呼ばれる社会的関係を構築することになる。しかし、沢田が述べているように組織を「システム」ととらえると、非人格的な要素[25]によって秩序形成と秩序維持が可能である、ということになる。そのため、一つの閉鎖的社会的関係内において、団体という社会的関係を前提にすることなく、組織が並立することも可能になってしまう。

これに対して、中條も沢田同様にWeberの理論を踏まえつつ、組織を定義しているが、中條の組織の定義は、沢田の定義からさらに踏み込んで、社会的関係の一つとして組織を定義している点に特徴がある。さらに、中條の定義では団体の中に組織が存在するととらえている。

中條は、団体を運営するという側面からとらえた社会的関係が組織であるという。すなわち、「組織とは団体の運営にかかわる社会的関係であり、それは具体的には団体の維持と団体目的の達成のための社会的関係[26]」であるとしている。中條は組織をこのように定義し、組織を社会的関係の一つの次元ととらえつつ関係の濃淡に注目している[27]。そのため、団体そのものが組織であるという見解を退け[28]、団体を前提としつつも団体それ自体の社会的関係とは別に組織という社会的関係は存在するとし、「…団体の類型によっては、同じ団体に属する人間であっても、運営にかかわる側と運営の対象となるが側ができる場合もある。この2つ異なる社会的関係は論理上分離しうるものである[29]」とし、団体と組織という社会的関係は二重に形成される可能性があることを指摘している。すなわち、団体という社会的関係のメンバーは必ずしも組織という社会的関係のメンバーであるとは限らないが、組織のメンバーは必ず団体のメンバーである、ということになる。中條の議論は、閉鎖的社会的関係に「指導者や管理スタッフの付加」といった条件が加わって団体になり、さらに、団体において「その団体を維持・運営する」という条件が加わった社会的関係を

図表 3-1

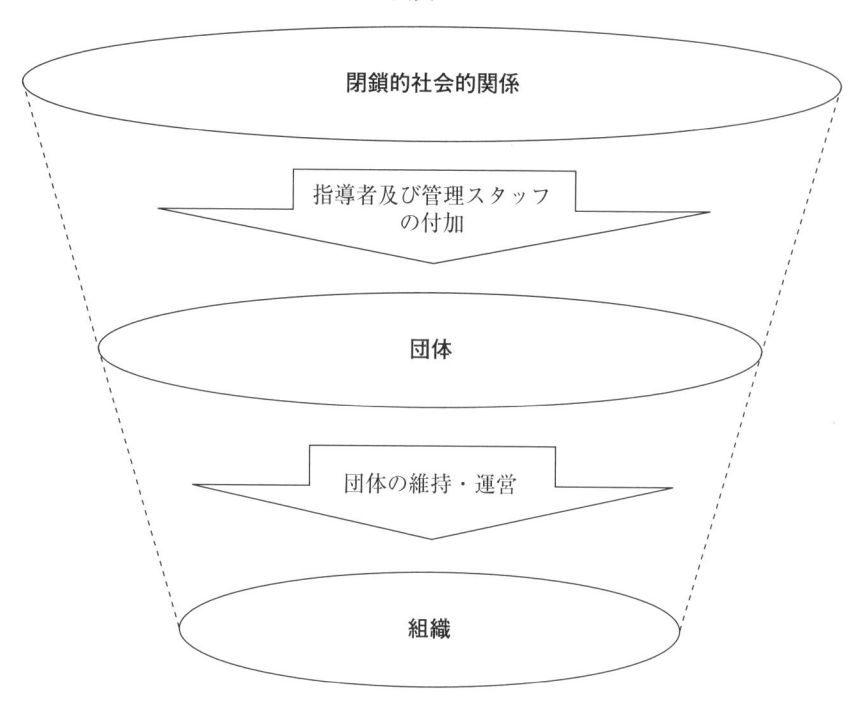

```
    閉鎖的社会的関係
         ↓
  指導者及び管理スタッフ
       の付加
         ↓
         団体
         ↓
    団体の維持・運営
         ↓
         組織
```

組織とする、ということになる。これを図式化すると図表3-1のようになろう。

また、中條は「…複数の団体間でも組織という現象は可能であるいうことがわかる。参加条件や運営の責任単位を明確化して、団体間関係を維持するという運営上の機能を果たすような枠組みを作ればそれは組織である[30]」ということを指摘している。このことを敷衍していくと、Weberが例に挙げている「…完全に他首的であると同時に他律的な団体は、通例、(いうなれば、兵団内部の「連隊」のように) より包括的な団体の「部分」…[31]」であっても、団体として参加条件が明確化されその団体の秩序を維持しようとする人間が存在していれば、他の団体と組織としての社会的関係を形成することが可能であるということである。本章では、このように複数の団体によって形成される組織

を団体群組織と呼ぼう[32]。

　ただし、ここで注意しなければならないのは、複数の団体間で組織としての社会的関係を形成する場合、必ずしも組織のメンバー全員が他の団体との組織としての社会的関係を形成する必要はない、ということである。この場合、団体間関係を維持するような新たな団体を形成し、そこにおける組織としての社会的関係に参加しなければならないのは、団体の秩序を維持する人間（指導者もしくはスタッフ）で十分である。すなわち、団体の秩序を維持する人間は、他の団体のメンバーの代理として団体間関係を維持する団体の組織に所属することで、団体に影響を与えることができるからである[33]。同時に、団体間関係を維持する団体における組織で行われる行為は、個別の団体の秩序を維持する人間を通じて、間接的に他のメンバーにも影響を与えることになる[34]。

　以上のことを踏まえると、これまで組織としてとらえられてこなかった財閥や六大企業集団、さらに親子会社型企業グループも組織としてとらえることが妥当であることが理解される。すなわち、財閥は、財閥家族を中心とする財閥本社が頂点に立って財閥を構成する各社とで財閥という団体が形成され、そこに財閥を維持・運営するための組織が形成されていた。また、六大企業集団は、各社の社長が集まって形成した社長会が団体に該当し、社長会において組織が形成され、その社長会の組織が各企業集団を維持・運営する組織としても機能していた。最後に親子会社型企業グループの場合、スピンアウトやM&Aなどによって設立された各子会社と親会社との間で親子会社型企業グループという団体が形成され、それを維持・運営する組織が形成されている[35]。

2. 新たな組織の形成

　組織が成長するには、既存の組織の内部でメンバーを増やし規模を拡大しつつ分割して新たな組織を形成する方法と、外部に存在する他の団体・組織を結合しそこに新たな組織を形成して規模を拡大する方法の二つがある。以下では、この二つの方法の特徴について検討していく。

2-1　組織の分割

組織は、内部でメンバーを増やすことで規模を拡大し成長するに伴い、管理上の困難を抱えるようになることが知られている。Fayol を始めとする管理過程学派は、この問題を「統制の幅（span of control）」としてとらえ、Simon は、人間の合理性の問題、すなわち人間の合理性が「限定された合理性（bounded rationality）」であることに起因するととらえていた。いずれにしても、組織のメンバーの増加により、組織は何らかの工夫をすることで、管理上に問題を回避しようとする。Greiner は、組織は誕生時から成長するにあたって、段階ごとに成長の原動力が異なると同時に[36]、次の段階に移行するには、乗り越えなければならない危機があり、危機の内容が段階ごとに異なっていることから、有効な組織も段階ごとに異なることを指摘している[37]。そのため、次の段階に移行する際には組織を大きく変更する必要があり、この変更に失敗すると、組織全体が消滅する危険が存在する[38]。

そして、このような危機を乗り越える際の工夫として頻繁に用いられるのが組織の分割、すなわち、部門の形成であろう。ただし、部門の形成は単に既存の組織を分割するだけでなく、分割したメンバーを再度まとめ直す、すなわち、再組織化が必要である。

そのため、組織を分割して部門を形成する際には、どのような基準を用いて部門化するのかが重要になる。通常は、以下に述べるような基準を用いて部門化される。

① 職能（職能部制組織）

有機的職能、すなわち、目的を達成するうえで必要不可欠な職能の水平的分化を基準にして部門化する。企業の場合、有機的職能は業種などによって異なる。たとえば製造業の場合、調達、開発、製造、販売が主な有機的職能と考えられているが、販売業の場合は調達と販売が有機的職能であり、サービス業の場合は販売のみが有機的職能である場合もある[39]。

職能を基準にして部門化する場合、部門ごとに必要とされる専門的な知識や

能力が異なる。また、部門ごとに扱う有機的職能が異なるため、部門ごとに業績評価の基準が異なる場合がある。このことは、部門ごとに目標が異なる、ということにもつながる。例えば、調達部門、製造部門、販売部門から構成されている企業を考えてみる。調達部門は、必要な資材や原材料を適切な時に必要な量をできるだけ安い価格で調達することが目標となる。製造部門は、納期に間に合うように製品を生産することが目標となる。そして販売部門は、製品を利益が出るような適切な価格で販売することが目標となる。企業全体ではより多くの利益を得ることが目標となるが、その目標を達成するために部門ごとにそれぞれ異なる目標を掲げることになる。そのため、トップマネジメントを始めとする上位の組織に管理権限を集権化し的確に統合しないと、各部門は部門ごとの目標を達成することに終始することになり、他の部門との連携が円滑に行われず、企業全体の目標達成が損なわれる場合がある。また、責任が分散し無責任な状況が発生しやすくなる[40]。

② **事業（事業部制組織）**

生産している製品や提供しているサービスの内容、または事業を行っている地域を基準として部門を編成する。通常、それぞれの部門ごとに必要な有機的職能を持った組織を内包して自己充足できるようにするため[41]、企業の場合ならばそれぞれの部門が利益計算単位（profit center）となる。

事業を基準にして部門化する場合、各部門内に必要な有機的職能をすべて配置するため、部門ごとに同一の業績評価基準を設け、同じ目標を持つことが可能になる。ただし、これは事業を基準としたレベルの部門、すなわち事業部では可能になるというだけである。事業部は、上で見た職能を基準とした組織（＝職能部制組織）を内包しているので、事業部内では同じ問題に直面することになる。

③ **複数の基準の組み合わせ（マトリックス組織）**

職能や製品、地域といった一つの基準を用いて部門を形成するのではなく、複数の基準を組み合わせて部門を形成することもある。多くの場合、職能と製品、製品と地域など二つの基準を組み合わせて部門を形成するが、さらに多く

の基準を組み合わせて部門を形成した例も存在する。複数の基準を組み合わせて部門を形成すると、一つの部門において複数の評価基準が同時に存在することになり、混乱を招きやすい。そのため、このような例として知られているのがマトリックス組織の場合、ツーボス（two bosses）制を導入することで命令系統の混乱を回避しようとしている[42]。

　上の①、②、③のいずれの場合においても共通しているのは、一つの組織において用いられるのは一つの基準であり、基準が混在することはない、ということである。たとえば、一つの企業の内部である部門は職能によって部門化され、ある部門は地域によって部門化される、ということは通常はない。マトリックス組織のように複数の基準を組み合わせて部門を形成する場合でも、ある部門は「職能と地域の組み合わせ」、ある部門は「事業と地域の組み合わせ」というように、別々の基準を適用して部門を形成することはない。

　組織を分割して新たな組織を形成する場合、既存の組織との関係があるため、既存の組織を形成した時の基準を用いて新しい組織が形成される。もし、新たな基準を用いて分割する場合は、既存の組織を形成した時の基準を見直す必要が出てきて、既存の組織全体を再編成する必要が出てくる。

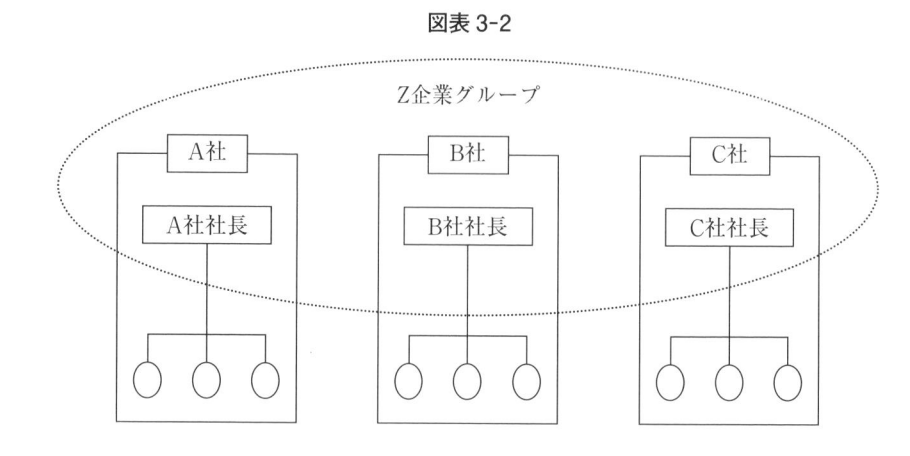

図表3-2

2-2　組織の結合

　組織が規模を拡大し成長する二つ目の方法として、既存の他の団体・組織を結合する方法がある。この方法の大きな特徴は、既存の組織を分割する方法とは異なり、組織ごとに異なる基準によって組織を形成することが可能である、ということである。なぜならば、先にみたように、代表者間で新たな社会的関係を形成するからである。そのため、組織を分割する方法とは異なり、新たな基準を導入したりする場合でも、既存の組織を再編成する必要がない。

　図表3-2を例にとると、A社、B社、C社はそれぞれ法的には独立した会社とする。これら三社が集まって新たに企業グループを形成する場合、それぞれの社長が新たに団体としての社会的関係を作り、その団体を維持・運営する社会的関係が形成されれば、それがA社、B社、C社による新たな団体間の組織となる。この場合、三社とも既に存在する自社の内部の組織については、それまで行ってきた維持・運営方法を変更せずにすむ。

　このような方法は、本来ならば団体を分割してそのまま団体内部にとどめておくことが可能な場合でも、企業グループにおけるスピンアウトのように、内部の部門とするのではなく、外部に独立させる場合にも用いられる。一見すると、この方法は手間がかかり効率が悪いように見えるかもしれないが、あえてこのような方法をとるのは、内部で部門にしておくよりも有利な点があるからである。

　第一に外部に出すことで団体の自律性が高まり、組織が果たすべき団体の維持・運営の自由度が高まる、ということである。組織はあくまで団体の維持・運営のための社会的関係であるから、その団体の自律性が高ければ、組織の自律性も高くなる。第二に、既存の団体の内部にいると、既存の団体そのものの秩序や団体内の他の団体の秩序の影響を受けやすくなる。しかし、外部に存在していれば、このような影響を軽減することができ、既存の団体とは異なる規則や参加条件などを導入できるようになる。すなわち、既存の組織や他の組織とは異なる維持・運営の方法をとることが容易になるのである。第三に、代表

者同士で再度社会的関係を形成し、再結合することによって、上で見たように各組織の自律性をお互いに維持しつつも、代表者を通じて独立させた組織の内部にも影響力を行使できるようになり、一体となって維持・運営されることが可能になる。

すなわち、そのまま直接内部で部門として分割せず、また、外部に独立させたままにしないというのは、双方の長所を同時に生かすことが可能だからである。

おわりに

本章では、閉鎖的社会的関係や団体といった概念を踏まえて組織概念を再検討し、個別の団体が集合して形成された団体における新たな組織の形成について検討した。そして、組織が成長する際に、部門として分割しながら成長していく方法と、既存の組織を結合しながら成長する方法の違いについて検討した。これにより、組織を結合して成長する方法は、代表者間で新たな団体を形成することで、それぞれの組織が異なる規則や参加条件を用いつつ、一体となって維持・運営されることが可能になることを明らかにした。

組織の形成は、職能分化の観点など、これまで分割することから検討されることが多かった。しかし、今後は結合することの観点からさらに検討することが必要である。特に、親子会社型企業グループや持株会社の問題は、これまでは組織間関係の問題ととらえられていたが、今後は組織の問題として再検討する必要がある。

また、本章で見たような組織の概念は、企業だけでなく他の団体、たとえば学校法人や医療法人の組織にも適用できる。これまで企業（＝営利法人）の組織の分析と比較して、学校法人や医療法人の組織の分析は平板な分析が多かったが、その原因の一つは本章で見てきたような組織のとらえ方がなされてこなかったからではないかとも考えられる。成長機会の制約や制度的な制約などから、外部の組織を結合する機会が多いこれらの組織を分析するうえで、このよ

うな組織の概念は特に有効なのではないかと考えられる。

[註]
(1) この問題は、組織をシステムとしてとらえるという立場を採用しても同様である。すなわち、事業部などの部門は企業全体の組織（＝システム）を構成するサブシステムととらえられ、さらにその部門を構成するサブシステムが存在し、さらにそのサブシステムを構成するサブシステムが存在する…するという説明がなされたりする。しかし、たとえ企業組織全体をシステムととらえ、企業組織を構成する部門をサブシステムととらえたとしても、最終的に個人にまで還元されるだけである。
(2) バーナード訳書、67ページ。
(3) 同上。
(4) Simonの議論も同様である。Simonは、組織を「…人間の集団内部でのコミュニケーションその他の関係の複雑なパターンをさす。このパターンは、集団のメンバーに、その意思決定に影響を与える情報、過程、目的、態度のほとんどを提供するし、また、集団の他のメンバーが何をしようとしており、自分の言動に対して彼がどのように反応するかについての、安定した、理解できる期待を彼に与えるのである」と述べている。

  しかし、このような定義には矛盾が含まれていると考えられる。すなわち、「集団内部」と呼んだ場合、何らかの基準があって、初めてそれに基づいて内部と外部が峻別できるのであり、集団の「内部」にいるからこそ、その「組織」のコミュニケーションに参加することが可能になるのではないだろうか。

  また、Simonは組織のメンバーを分類する基準として組織に参加する誘因による分類を上げ、その一例として、金銭あるいは他の中立的なサービスを誘因として組織に参加する「顧客」をメンバーとして挙げている。しかし、これもBarnardと同じ問題を抱えているといわざるを得ない。顧客を組織のメンバーとするならば、顧客は集団内部においてコミュニケーションしていることになるからである。
(5) Daft（2001）、訳書25ページ。
(6) 同上。
(7) 同上書、26ページ
(8) 同上。
(9) 同上。
(10) Daftは、組織を以下のように定義している。「組織とは①社会的な存在で、②目標によって駆動され、③意図的に構成され、調整される活動システムであり、か

つ④外部の環境と結びついている」。Daft（2001）、同訳書、8 ページ。Daft の
このような定義には、Barnard の定義の影響がみられることは明らかであり、
Barnard の定義と同様の問題が見て取れる。
(11) Weber,訳書、111 ページ。
(12) 同上書、118 ページ。
(13) 同上。
(14) 同上。
(15) 同上書、146～147 ページ。
(16) 同上書、147 ページ。
(17) 同上書、154 ページ。
(18) 同上。
(19) 同上書、156 ページ。
(20) 同上。
(21) 沢田（1997）、226 ページ。
(22) 同上書、217 ページ
(23) 同上書、227～228 ページ
(24) 同上書、227 ページ。
(25) 沢田が示しているような「フォーマルな手続き（文書によって明示された手続き）」がその典型的な例である。
(26) 中條（1998）、193 ページ。
(27) 同上書、178 ページ。
(28) 同上書、189-192 ページ参照。
(29) 同上書、197 ページ。
(30) 同上書、198 ページ。
(31) Weber、157 ページ
(32) 団体群組織の特徴については、磯山（2009）を参照。
(33) Weber, 前掲書、153 ページ。
(34) この点について、Likert の「連結ピン（linking pin）」の概念との類似点が見いだせるかもしれない。Likert は、管理者は効率的な集団を作り上げ、そのメンバーを様々な集団に重複的に所属させることで、一つの組織へと統合する努力が必要であるとし、このように形成された組織を重複的組織と呼んでいる。この組織の特徴は、ある集団における上司はその上位の集団においては部下であり、このような管理者を「連結ピン」と呼んでいる。Likert（1961）、訳書142～152 ページ参照。
　Likert の主張と本章の主張の異なる点は、Likert は個人としての管理者を対象としているのに対して、本章では団体を念頭に置いており、団体と団体で関係

を形成することを考えている点である。
(35) 詳細については、磯山（2009）を参照。
(36) Greiner（1972）、p40-44。Greinerによると、第一段階は創造性（creativity）による成長、第二段階は方向づけ（direction）による成長、第三段階は統制（control）による成長、第四段階は調整（coordination）による成長、第五段階は協調（collaboration）による成長であるという。
(37) ibid.
(38) Daft（2007）、磯山（2009）を参照。磯山は、有機的構造から機械的構造に転換しなければならない第一段階から第二段階への移行が特に困難であることを指摘している。
(39) 職能の分類については、磯山（2009）を参照。
(40) 無責任の問題については、磯山（2006）を参照。
(41) ただし、日本企業の事業部制組織の場合、販売職能を事業部内に統合していない場合がある。加護野（1993）を参照。
(42) マトリックス組織の特徴については、Goggin（1974）を参照。

引用・参考文献

Barnard, Chester I., 1938, The *Functions of the Executive*, Harvard University Press.（山本安次郎・田杉競・飯野春樹訳『新訳経営者の役割』ダイヤモンド社1968年）

中條秀治, 1998,『組織の概念』, 文眞堂.

Daft, Richard L., 2001, *Organization Theory and Design, 2nd Edition*, Thomson Corporation.（高木晴夫訳『組織の経営学』、ダイヤモンド社、2002年）

Fayol, Henri, 1916, *Adminisration Industrielle et Generale*, Bulletin de la Societe de l'Industrie Minerale.（山本安次郎訳,『産業ならびに一般の管理』, ダイヤモンド社, 1985年。）

Goggin, William, 1974,「How the Multi-dimensional Structure Works at Dow-Corning」, *Harvard Business Review* 52.（西潟真澄訳,「ダウコーニング社の多次元組織成功への条件」,『DIAMONDハーバード・ビジネス』, 1981年）

Greiner, Larry E., 1972,「Evolution and Revolution as Organizations Grow」, *Harvard Business Review*.

磯山優, 2006,「組織における「無責任」に関する一考察」、埼玉学園大学紀要経営学部篇第6号.

磯山優, 2009,『現代組織の構造と戦略』、創成社.

加護野忠男, 1993,「職能別事業部制と内部市場」,『国民経済雑誌』, 第167巻第2

号。

Likert, Rensis, 1961, *New Patterns of Management*, McGraw-Hill. （三隅二不二訳,『経営の行動科学－新しいマネジメントの探究－』，ダイヤモンド社，1964 年）

沢田善太郎, 1997,『組織の社会学－官僚制・アソシエーション・合議制－』，ミネルヴァ書房。

Simon, H.A., 1946, *Administrative Behavior*.

Weber, Max, 1922a, *Wirtschaft und Gesellschaft: Grundriß der verstehenden Soziologie*（4. Afugabe 1956），（世良晃志郎訳,『支配の諸類型』，創文社，1970 年）

——— 1922b, *Wirtschaft und Gesellschaft : Grundriß der verstehenden Soziologie*（5. Aufgabe 1972），（浜島朗訳「社会学の基礎概念」,『社会学論集』所収，青木書店，1971 年）

第4章　中国の組織機構における権威と服従の様相

張　英莉

はじめに

　本章の目的は、先行研究の理論的枠組みをサーベイするうえで、独自の調査結果に基づき、中国の組織構成員が持つ権威観、権威・服従関係についての考え方を明らかにすることである。従来、社会心理学分野における中国人（華人）の権威観に関する研究、および中国人社会における伝統的権威スタイル――家父長的リーダーシップに関する研究が行われているものの、現代中国の組織機構における権威と服従の様相、中国人の権威観については、ほとんど検討されてこなかった。しかし、中国人の組織観や組織における行動パターン、中国スタイルのリーダーシップ・フォロワーシップなどを理解するためには、組織内の権威・服従関係の研究が欠かせないものと考える。筆者が特に注目したいのは次の二点である。第一に、中国人にとって権威・権威者とは何か、彼らは権威・権威者をどう理解し、評価しているのか、そして権威の必要性や存在感をどのように認識しているのか。これらの問題を検証することによって、中国人の権威像または権威観を提示したい。第二に、組織の一員としての中国人は組織階層、あるいは上司と部下との命令・服従関係をどう理解し、対処している（または対処しようとしている）のかを明らかにしたい。こうした検証は、中国の組織機構における権威と服従のメカニズムを探る一つの手がかりになると考える。

1. 先行研究の考察 ― 権威論、組織行動論の観点から

1-1 スタンレー・ミルグラムの服従実験[1]

(1) 実験の目的と結果

1960年から63年にかけて、米国エール大学教授のスタンレー・ミルグラム（Milgram, S.）を中心とする心理学研究室によって、「人はいかに権威に服従するか」を示す一連の実験が行われた。この実験はナチスのユダヤ人絶滅作戦におけるアイヒマンたちの行動を連想させるため、「アイヒマン実験」とも呼ばれている。ミルグラムは、むしろ平凡で普通の職務についている人々は誰でも権威の命令に従い、アイヒマンたちと同じ行動をとるのではないかと考え、この実験で証明しようとしたのである。実験は応募してきた参加者（被験者）が必ず実行者（「先生役」）になる仕組みとなっており、「生徒役」はサクラである。「生徒」が誤った答えをすると、「先生」は実験者の指示に従って電気ショックを与えるというルールで進められた。実験の結果、人間は「個人としての内面倫理による自由意志によれば、高い電圧ショックの攻撃は行われなかった」にもかかわらず、「権威ある指示のもとで人間は個人としての内面倫理の自由意志を容易に権威への服従の倫理にすりかえて、まことに身軽に最高限度の電圧ショックで他人を攻撃しつづけるようになってしまうのである」（津田 1977, p.17）という事実が明らかになり、人々が権威への服従の強さを提示した衝撃的な結果となった。ミルグラムはこうした服従の本質を、「人が自分を別の人間の願望実行の道具として考えるようになり、したがって自分の行動に責任をとらなくていいと考えるようになる点にある」と定義づけた（Milgram 1974, 邦訳 p.8）。

(2) 「代理状態」と「代理人」

個人が自分の意志で行動している状態を自主性や自律状態というが、社会の階層としての組織に組み込まれると、個人が自律状態から全く違う場面、すなわちより高い権威の統制に服従しなければならない社会的場面におかれるので

ある。この状態をミルグラムは「エージェント状態＝代理状態」（agentic state）と名付けた。そして、「権威システムに参加する人物は、もはや自分が独自の目的に従って行動しているとは考えず、他人の願望を実行するエージェント（代理人）として考えるようになる」のである。「代理状態」になると、個人は自分の行動に責任があるとは考えなくなり、他人の願望を実行する道具にすぎないと自分を定義するようになる。また、「エージェント状態に移行する傾向はきわめて強力になるし、いったんその推移が起こったら、それは自由に元に戻せるものではない」とミルグラムは論じた（Milgram 1974, 邦訳 pp.180-181）。

(3) 実験への評価

ミルグラム実験は世界に衝撃を与え、大きな反響を呼んだ。実験の有効性を疑問視する声や被験者たちへの同情から実験を非難する声が少なくなかった（Milgram1974, 邦訳「訳者あとがき」）が、実験の結果から導き出された「代理状態」の理論に基づく人間組織と管理のモデルは、組織内個人の行動原理を解明したものとして、マックス・ウェーバーの官僚制理論やアンリ・フェイヨル、フレデリック・テイラーの企業経営組織・管理の理論を補完し、「組織内で行動する基礎単位としての個人の行動の源泉に進み、そこから行動原理を解いていこうとするこころみの中で人間の深部に最も直接に立ちいったもの」であると高く評価されている（津田 1977, p.37）。

1-2 バーナード（Barnard, C. I.）の「権威の理論」

(1) 権威の定義

権威とは何か。バーナードは「権威とは、公式組織における伝達（命令）の性格であって、それによって、組織の貢献者ないし『構成員』が、伝達を、自己の貢献する行為を支配するものとして、すなわち、組織に関してその人がなすこと、あるいはなすべからざることを支配し、あるいは決定するものとして、受容するのである」と権威を定義している。そして、権威には二つの側面があり、一つは主観的、人格的なものであり、命令を権威あるものとして受容

する側面と、もう一つは客観的側面、つまり命令そのものの性格である（Barnard 1938, 邦訳 pp.170-171）。

(2) バーナードの権威受容説（acceptance theory of authority）

バーナードの権威論において最も注目されている論点は権威受容説である。「もし命令的な伝達がその受令者に受け入れられるならば、その人に対する伝達の権威が確認あるいは確定される。それは行為の基礎と認められる。かかる伝達の不服従は、彼に対する伝達の権威の否定である。それゆえこの定義では、一つの命令が権威をもつかどうかの意思決定は受令者の側にあり、『権威者』すなわち発令者の側にあるのではない」（Barnard 1938, 邦訳 p.171）。言い換えれば、権威は命令を発する側とそれを受け入れる側の二者関係の中に存在し、一方的なものではない。権威の源泉はそれを受け入れる側にあり、命令が受容されたとき権威はあり、受容されなければ権威は成り立たないという考えである。

(3) 権威受容の条件

このように、バーナードによれば、権威は個人の受容または同意に基づいたものであり、個人に対する権威を確立するためには、どうしてもその個人の同意が必要と指摘した上に、人を満足させ、権威を認めてもらうための4つの条件を挙げた。すなわち(a)命令が理解でき、また実際に理解すること（理解できない命令は権威をもちえない）、(b)命令が組織目的と矛盾しないと信じること（受令者が考えている組織目的と両立しない命令は受容されない）、(c)命令が個人的利害と両立しうると信じること（命令が個人的利害と対立すると思われれば、個人を組織へ貢献させる誘因は消失する）、(d)受令者は精神的にも肉体的にも命令に従うことができること（泳げない人に川を泳いで渡れと命じても、実行不可能である）（Barnard 1938, 邦訳 pp.173-174）。さらに、バーナードは権威と組織の存続との関係について、「組織が失敗するのは、権威を維持しえないからである」と権威を維持する重要性を説いた。

1-3 三隅二不二のPM理論と凌文輇のCPM理論

(1) 三隅二不二のPM理論

　権威と服従の関係に類似する仕組みをもっているのはリーダーシップとフォロワーシップの関係である。リーダーは上司であり、権威者または発令者であるのに対して、フォロワーは権威者が発する命令を受け入れる側である。また、権威は命令を発する側とそれを受容する側の二者関係の中に存在するのと同じように、リーダーシップもフォロワーとの相互関係の中に成立しているので、フォロワーがいなければ、リーダーは存在できないのである。したがって、フォロワーがリーダーの存在を認めることにより、はじめてリーダーシップが成り立つのである。

　PM理論は、三隅二不二がオハイオ州立大学におけるリーダーシップ研究（組織目標を達成するための「構造づくり、initiating structure」と人間関係における「配慮、consideration」）をもとに、「目標達成機能」と「集団維持機能」を基本として、リーダーシップを類型化する考え方である。前者のPはパフォーマンス（Performance）の頭文字であり、「集団や組織体における目標達成に志向したリーダーの働きを意味」し、生産中心的・仕事中心的なリーダー行動がこれに当たる。これに対して後者のMはメンテナンス（Maintenance）の頭文字であり、「集団や組織体の過程を維持、強化する働きを意味」し、人間中心的・部下中心的なリーダー行動がこれに当たる（三隅、1966）。すなわち、この理論は組織には生産効率面と人間関係面という二つの機能があると考え、リーダーがこれら2つの機能においてどの程度有効なリーダーシップを発揮できるかを測定するものである。具体的には、リーダー（直属上司である監督者）の行動に対してフォロワーが評価し、評価対象全員のP得点とM得点の平均値を求め、その平均点に基づいてリーダーシップを4つの類型に分類する方法を用いた（図表4-1）。特定のリーダーの得点がその平均値以上であれば強、平均値以下であれば弱とする。したがって、リーダーのP得点とM得点がともに全体の平均値以上ならPM型（集団の生産性と部下の満

図表 4-1　PM 理論によるリーダーシップの分類

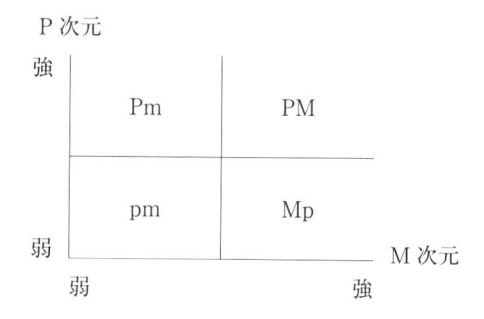

	M次元弱	M次元強
P次元強	Pm	PM
P次元弱	pm	Mp

足度・モラールは相対的に最高である）、ともに平均値以下なら pm 型（生産性もモラールも低い）、P 得点が平均値以上、M 得点が平均値以下の場合は Pm 型（生産性では PM 型に次ぐが、モラールは低い）、逆に P 得点が平均値以下で M 得点が平均値以上なら Mp 型（モラールは P 型より高いが、生産性は低い）となっている。さらに、P 機能と M 機能の関係について、「実際の集団行動や組織体の行動は、つねに全一的なもので、P と M の要素をともに含んでいるもの」なので、厳密には P、M という表現より Pm、Mp を使うべきだと三隅は考えている（三隅、1966, pp.128-129）。三隅は、実験室における理論的研究の結果が炭鉱、鉄工所、金融機関、新聞社などの企業の現場で実証されたと述べ、この研究によって提唱されるリーダーシップ論が、期待される指導者の個人的人間像や人物論ではなく、職務の条件、組織体の構造、社会的環境などの違いによって変化するものこそ望ましい指導者像であり、指導者の人物、性格の条件がこれらの諸要因の一つにすぎないと結論付けた。

(2)　凌文輇の CPM 理論

　三隅の PM 理論は中国のリーダーシップ研究においても導入され、凌文輇を中心とする中国人研究者らはこの PM 理論に基づいて、中国のリーダーシップ行動モデル（「中国領導行為模式」）を提出した。中国版 PM 理論は、パフォーマンスの P 因子、メンテナンスの M 因子のほかに、キャラクターとモラール（Character and Moral）の C を加え、CPM 理論とした。これは中国人の根

強い人物重視に対応するものであり、中国人がリーダーに対する期待には、能力のほかに、あるいは能力以上に「徳行」、すなわち人格的に優れていることが含まれており、リーダーがどのように「公」と「私」の関係（公平性や政治的倫理観）を処理するかについて、フォロワーが常に強い関心を寄せていることを根拠としている（凌文輇他1987、1991）。また、凌らは10,000人に上るサンプル調査の結果に基づいて、CPM理論が中国の伝統文化、社会的理念（歴史的には指導者の人格を重視する伝統があり、人格高潔のリーダーを「清官」＝清廉な役人と称え、道徳心のない者を「貪官汚吏」＝賄賂を貪る悪役人と蔑称していた）、現在の中国の国情（法体制の不健全や人々の法意識の低さが原因で、ある程度指導者の徳行や人望が社会の公平性を保つ重要な要素となっている）にマッチするものだと指摘し、仕事との関係（P）、組織成員との関係（M）、自分との関係（C）の三つを正しく理解し、対処することがリーダーシップを発揮する前提であり、特にCのキャラクターに関連するリーダーの人物像やパーソナリティーが中国では不可欠な要素であると主張した[2]。

2．中国における伝統的権威・服従スタイル

2-1　中国人は権威的パーソナリティー（Authoritarian Personality）を持っているか

中国人（中国大陸以外の国・地域に暮らす華人・華僑を含む）は伝統的・文化的に権威的パーソナリティー（権威的人格や個性）を持っているのだろうか。まずはこれについて、楊中芳の研究をベースに考察しよう。

1970年代から、心理学者を中心とする一部の学者によって、中国人の人格的特徴の一つに権威的パーソナリティーがあり、中国人が権威的リーダーシップを好み、権威者の命令に服従する傾向があると指摘されている[3]。では、権威的パーソナリティーとは何か。アドモ（Adorno, T. W.）らは次のように

定義している。すなわち（1）伝統を重んじる、（2）権威者の命令にきわめて従順的である、（3）自分より下位である権威のない者を激しく攻撃する、（4）迷信、固執、自分の意見を堅持する、（5）権威を崇拝し、権威者から何らかのメリットを得ようと考える、（6）悲観的人生観、（7）疑い深い、（8）保守的、（9）反省せず、いつも自分が正しいと思っている、などである[4]。アドモらの研究のきっかけは、第二次世界大戦中にユダヤ人を虐殺したナチス戦犯の心理状態や殺戮の動機を分析するためであるといわれているが、そのためか、定義の内容はほとんどすべてがマイナス的なものであった。さらに、アドモらは、こうした権威的人格の形成は、当該国・地域の文化的・社会的背景、経済発展水準、宗教などと関係しているのがもちろんのこと、そのほかに家庭内での教育方法とも大きく関連していると強調した。

　一方、楊中芳によれば、中国の歴史・文化、中国の伝統、社会という大環境に関していえば、ドイツ文化と多くの面では類似点を持っている。例えば、権威への服従を重視すること、教育に関しては従順を強調し、体罰のようなペナルティー手段を多用することなどである。このような環境に育った個人は、少なくとも表面上では権威に服従する行動をとろうとしている特性があるといえる。しかし、これを根拠に、中国人が権威的人格を有すると論じるのは短絡的であり、たとえ中国人は文化的、伝統的には権威を重んじる考え方、または思考様式をもっているとしても、それは実際に権威者に服従することとは別問題だと楊は反論している[5]。

2-2　中国人（華人）社会における伝統的権威・服従スタイル

　1960年代より、経営学、社会心理学のアプローチから華人系企業の階層的組織、権威・服従スタイル、中国式リーダーシップなどについて、主に調査・インタビューに基づく実証研究が行われていた。その中では、最も早く華人社会の経営組織に注目し、その組織に欧米とは異なった独特な権威・服従関係、リーダーシップ・スタイルが存在していると指摘したのはシーリン（Silin, R. H.）である。シーリンは1960年代に1年間にわたって台湾のある民間大手企

業を調査し、トップ経営者、中間管理者および一般従業員に100時間以上におよぶインタビューを実施した。その結果、シーリンは台湾の大企業には数多くの教諭型、徳行型リーダーが存在していること、中央集権的意思決定がなされていること、リーダーとフォロワーとの間に距離があること、権威者が部下に対して強くコントロールしていることなど、いくつかの明確な特徴があると指摘した。そして、このような組織の中で、フォロワーへのコントロールの有効性を保つために、権威者に対するフォロワーの高い信頼感と尊敬心、および強い帰属意識が常に求められていると説いた[6]。シーリンの研究を皮切りに、華人経営者の企業組織における「家父長的リーダーシップモデル」（paternalistic leadership model、「家長式領導模式」）に対する関心が高まった。

シーリンに続いて、レディング（Redding, S. G.）は1970〜80年代にビジネスを成功させた香港、シンガポール、台湾およびインドネシアの華人企業家を検証するため、これら企業の経営・管理システムに対して独自の調査を始めた。レディングは70人以上の華人経営者を訪問し、そのインタビューを分析した結果、華人企業の経営管理組織には「父親的な温情主義」（paternalism）的要素が存在しているとの結論を導き出し、「中国式資本主義」（Chinese capitalism）と名付けた[7]。レディングは、このような企業組織において、威厳・徳行・仁慈を兼ね備えるリーダーシップと、権威者に対して服従、信頼、尊敬、忠誠ができるフォロワーシップが求められると同時に、権威者があたかも父親のように「ご恩を施し」、部下の面倒を見ることも強く期待されている。だが、こうした上下関係のもとでは、「人治主義」の風潮が組織に定着し、権威者が集団の意思決定に対して絶えず影響を与えるなど、マイナス要素も無視できないとレディングが指摘している[8]。

中国人研究者の成果としては、1980年代から数多くの台湾私営企業を調査し、「家父長的リーダーシップ」に関する研究を進め、いわゆる「三要素モデル」を提出した鄭伯壎らが挙げられよう。鄭らは「家父長的リーダーシップ」とは、人治主義的雰囲気と厳正な規律の下で、リーダーが父親のような仁慈と清廉潔白さを持ってリーダーシップを発揮することであると定義し、三要素の

キーワードは「威厳」、「仁慈」、「徳行」であると強調した。このうちの「徳行」とは公私を混同せず、身をもって範を垂れることとされている。しかし、こうした家父長的リーダーシップは、人治主義的要素がきわめて強く、権威者が従業員を「自己人」(身内の人間、in-group members) と「外人」(外部の人間、out-group members) にグループ分けし、「自己人」には優しく (仁慈)、「外人」には厳しく (威厳) 対応しているため、従業員の間では強い不公平感が生まれる可能性が高い。「自己人」と「外人」を見分ける基準は、「グワンシ＝关系、人と人のつながりや関係」(部下と指導者とは親族かどうか、出身地、出身校が同じかどうかなどの血縁・地縁関係、学歴、キャリア、専門、趣味、価値観などが同じかどうかの社会関係)、「忠誠」(指導者に従い、そのために個人の利益を犠牲にしても惜しまない気持ちがあるかどうか)、「能力」(上司の指示・命令を実行する動機と能力があるかどうか) の三つにあるとされるが、この中で特に「グワンシ」と「忠誠」が重要であり、「能力」への重視度は相対的に低い。こうしたリーダーシップに対応するフォロワーは、畏敬と従順を示し、権威者の「ご恩」に報いようと考えなければならない。リーダーとフォロワーがそれぞれ自分の役割や立場を自覚し、フォロワーシップがスムーズに運ばれることが家父長的リーダーシップを維持する前提となっている[9]。

　以上では、中国人の権威観、組織内における権威者とフォロワーとの関係について、いくつかの代表的研究を概観してきたが、これらの研究から中国の伝統的権威・服従スタイルを次のようにまとめることができよう。すなわち、伝統的中国の組織においては、権威・服従関係が成立する前提として、まず権威者は人格者であり、フォロワーに尊敬されることが必要不可欠な条件である。そして、権威者は威厳、仁慈と徳行を兼ね備える存在でなければならず、フォロワーに対して生活面を含めて世話をし、その過ちや失敗に対して寛容な態度を示すことが期待されている。一方では、フォロワーは権威者のご恩に感謝し、報いようと考え、強い忠誠心と帰属意識を持つことが要求される。権威者とフォロワーを結びつけるキーワードは「威厳」、「寛容」、「報恩」であり、そうした権威・服従関係が理想とされている。こうした中国人社会の伝統的家父

長型リーダーシップは、家族経営型私営企業の強い結束力と高効率を通じて、強力な指導力を発揮し、企業の急成長をもたらしたが、さまざまな問題点が存在しているのも事実である。例えば、人治主義、意思決定への個人の強い影響とプロセスの不透明さ、昇進や情報の共有における不公平さなどが挙げられる。そして、このような組織においては、高学歴で優秀な人材であるほど馴染まない可能性が高いと考えられる。

3. 中国の組織成員の権威観と権威・服従に関する考え方 ── アンケート調査の結果をふまえて

3-1　調査対象企業・機関の概要

　筆者は現代中国の組織構成員の権威観、権威・服従関係に関する考え方を調査するために、2011年7月、生命保険会社（以下ではA社と称す）と政府法律機関（以下ではB機関と称す）にアンケート用紙を送付し、9月初めにA社から30人（有効サンプル30）、B機関から35人（有効サンプル35）の回答が得られた。以下では、調査対象企業・機関の属性を概観したうえで、アンケート調査の結果を明らかにしながら、検証・分析を進めていきたい。なお、B機関は政府法律機関の「人民法院」（裁判所）であり、筆者の中国調査経験の中では初めての試みであった。

(1)　A社の概要

　A社は2009年6月に設立された大手生命保険会社である。大連に本社を構え、北京、湖北、河北、遼寧などに8つの支社を置いて営業活動を展開している（2011年1月現在）。今後5年以内に全国20の省・市に支社を設立する予定である。登録資本金は11億1,000万元、15の法人株主から出資を受けているが、筆頭株主は同額出資する8つの有力大企業であり、持ち株割合はそれぞれ9.01％を占めている。筆頭株主には国有金融企業、電力系企業グループ、港湾運営会社、大手小売チェーン、地方政府財政局出資の金融会社などが含まれており、国有系企業や地方政府と強いつながりを持っている民間企業といえよ

う。A社は保険業界に新規参入したため、市場を開拓し、シェアを獲得する手段としては、銀行のブランド力とネットワークを利用する銀行代理保険業務に力を入れている。企業文化について、企業のコアバリューは「誠実」、「創新」、「穏健」、「進取」、「配慮」、「調和」であり、経営理念は「以人為本」（人を以って根本とする）、「大局為重」（全体のことを重んじる）、「上下同心」（身分に関わらず心を一つにして事に当る）、「科学決策」（科学的な戦略と決断）、「貫徹執行」（徹底的に実行する）を提唱している。

　A社のガバナンス体制としては、株主総会を頂点とし、取締役会、監査役会、戦略企画委員会、リスク管理委員会など6つの専門委員会、総裁および副総裁、総裁代理で構成されている。この体制によって、コーポレートガバナンスが有効に機能し、法人管理機構、権力機構、戦略決定機構、監査機構のバランスを保ち、安定的な経営メカニズムの構築が可能であると考えられている。総裁は最高経営責任者（CEO）であり、企画部、投資部、ブランド部、人的資源部、情報技術部、財務会計部など18の部が総裁に直属されている。それぞれの部には総経理（ジェネラル・マネージャー）がトップに立ち、その下に課長（セクション・マネージャー）が3名置かれ、課長にはそれぞれ3〜10人のフォロワーが従属している。A社は設立してから著しい成長を遂げ、市場シェアランキングでは、2009年60位、2010年40位、2011年30位という躍進ぶりであった（以上はA社資料による）。

(2) B機関の概要

　B機関は中国内陸部・陝西省西安市の某区級人民法院で、日本の地方裁判所に相当する司法機関である。同法院には裁判官80人、司法警察30人、一般職50人、計160人が所属しており、年間の訴訟案件受理件数は平均5,000件という。中国の裁判制度は基本的には裁判官個人が行うものではなく、裁判所全体で行うものだという考え方を持っているため、同人民法院にも院長1人、副院長4人、副院長クラス3人が任命されており、「集団指導体制」をとっている。

　B機関は1950年代半ばに市人民政府の決定により設立され、当初では院長1人、秘書1人、裁判官3人、書記1人、司法警察2人、一般職6人というシ

図表 4-2

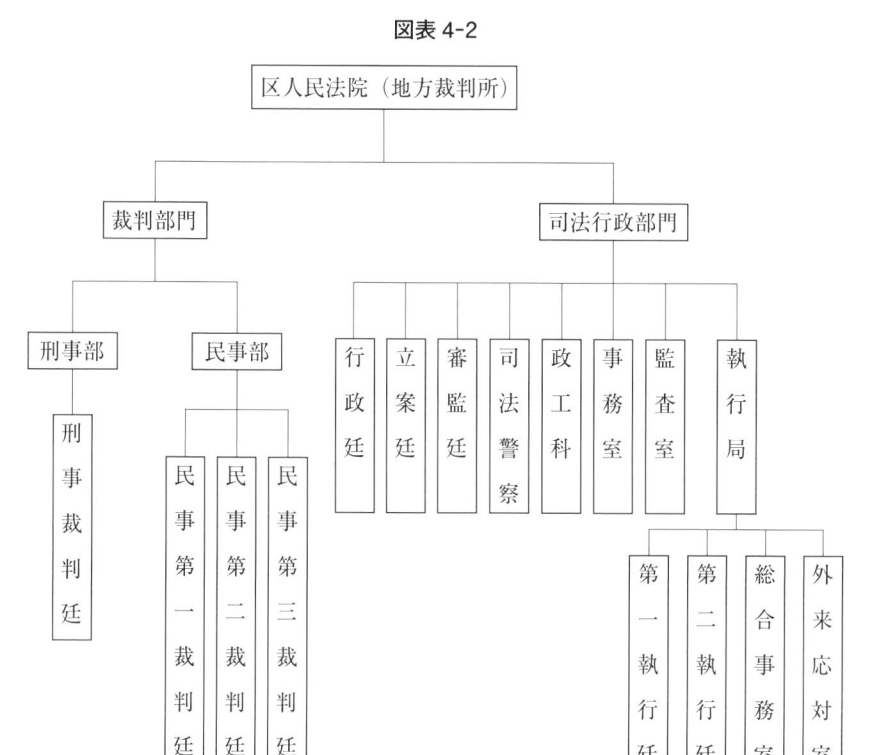

```
                    区人民法院（地方裁判所）
                    ┌──────┴──────┐
                  裁判部門        司法行政部門
                ┌───┴───┐    ┌──┬──┬──┬──┬──┬──┬──┐
              刑事部   民事部  行 立 審 司 政 事 監 執
                │    ┌─┼─┐   政 案 監 法 工 務 察 行
              刑事   民 民 民  廷 廷 廷 警 科 室 室 局
              裁判   事 事 事           察              │
                廷   第 第 第                      ┌──┬──┬──┐
                     一 二 三                      第 第 総 外
                     裁 裁 裁                      一 二 合 来
                     判 判 判                      執 執 事 応
                     廷 廷 廷                      行 行 務 対
                                                  廷 廷 室 室
```

注：B機関資料より作成。なお、「審監廷」は裁判の監督、「政工科」は幹部の任命・昇格の審査、「監察室」は幹部の倫理管理に当たる部署である。

ンプルな組織だったが、約60年の歴史の中で部署・人員の拡充強化が図られ、現在の機構となっている（以上はB機関資料による）。なお、2011年9月現在のB機関の組織図は図表4-2のとおりである。

3-2　アンケート回答者のパーソナリティー

(1) A社

今回の調査対象者は無作為に抽出した北京支社勤務の従業員30人であり、回収した有効サンプル数は30である。回答者の年齢層は20代17人（57%）、30代12人（40%）、50代1人（3%）、男女別では50%ずつである。最終学

歴は中卒1人（3%）、短大卒2人（7%）、大卒23人（77%）、大学院修士3人（10%）、大学院博士1人（3%）となっており、大卒以上は9割を占めている。言い換えれば、回答者の大半が現代中国のエリート層に属する若者である。勤続年数は、会社が設立して間もないこともあって、全員1～3年であるが、同社に転属するまでキャリアを持っている者が多い。職位については回答者30人のうち、一般従業員は23人（77%）、管理職は7人（23%）であり、管理職の内訳はジェネラル・マネージャー1人、ミドル・マネージャー5人、ジュニア・マネージャー1人となっている。

(2) B機関

今回の調査対象者数は無作為に抽出した裁判官、一般職計35人であり、回収した有効サンプル数は35である。回答者の年齢層は20代11人（31%）、30代6人（17%）、40代15人（43%）、50代3人（9%）であり、性別では男性17人（49%）、女性18人（51%）となっている。最終学歴は中卒1人（3%）、高卒2人（6%）、短大卒4人（11%）、大卒22人（63%）、大学院修士5人（14%）、博士1人（3%）となっており、大卒以上は80%を占めている。なお、回答者の平均勤続年数は15年6ヶ月である。

3-3　調査結果の検証

まず、現代中国の組織機構成員が権威・権威者をどう定義し、どうとらえているかを確認しよう。それに関連する質問項目および回答は図表4-3に示している。回答ポイント数は、中位数3を下回るなら否定的な考えを示し、3以上であれば肯定的に考えているとみてよかろう。

バーナードによれば、組織内には「職位の権威」と「リーダーシップの権威」があるが、職位の権威は「かなりの程度まで、その職位にある人の個人的能力とは別のものである。その人個人としては限られた能力しかもたないが、たんに職位が高いためにその人の発言がすぐれていると認められることがよくある」。これに対してリーダーシップの権威は、職位とは無関係にその人が持っている優れた知識と能力によって尊敬を受け、その人の発する言葉に権威が

図表4-3　中国人の権威・権威者イメージ

あなたにとって権威・権威者とは何か。	A社 管理職（7人）	A社 一般従業員（23人）	B機関 管理職（7人）	B機関 一般職（28人）
① 権威者はすなわち上司のことである	2.29	2.57	2.43	2.50
② 権威者は他人にない知識や技術を持っている	3.57	**4.09**	**4.43**	3.86
③ 権威者は人に尊敬されなければならない	**4.14**	**4.43**	**4.57**	**4.21**
④ 権威者は指揮命令権を持っている	3.29	3.39	3.71	3.29
⑤ 権威者には必ずしも権力または権限を持つ必要はない	**4.14**	3.74	3.86	**4.11**
⑥ 皆に認められる人が権威者だ	3.43	3.78	4.00	3.64
⑦ 権威は努力によって勝ち取るものではない	2.29	3.09	2.00	2.39

注：調査方法は5段階選択質問の回答ポイント数を集計し、「当てはまらない」を1pt、「あまり当てはまらない」を2pt、「どちらともいえない」を3pt、「やや当てはまる」を4pt、「当てはまる」を5ptとし、回答者の平均をとった（以下同）。

生じるのである。そして、バーナードは、リーダーシップの権威が職位の権威と組み合わされると、組織成員は一般にその権威を認め、権威からの命令を受け入れるようになる。こうした信頼関係が生まれれば、「命令への服従それ自体が一つの誘因にさえなるであろう」と指摘している（Barnard 1938, 邦訳 p.182）。

　上述のバーナードの権威理論を用いて、中国人組織構成員の権威・権威者イメージを考察しよう。アンケート調査では、まず「職位の権威」と「リーダーシップの権威」に関連する質問をしたが、その結果は図表4-3のとおりである。これを見れば分かるように、調査先企業・機関の中国人の権威・権威者イメージは、バーナードが提起した「職位の権威」と「リーダーシップの権威」の考え方に照らせば、リーダーシップの権威をより重視していることが明らかである。質問項目のうち、②、③、⑤の内容が人格（尊敬）、能力に結び付いたものであり、「リーダーシップの権威」を問う内容であるが、興味深いのは、「権威者は人に尊敬されなければならない」項目のポイントが、A社、B機関

を問わず、かつ管理者・一般職に共通して最高だったことである。この結果を裏付けるものとして、「ある人を評価するとき、その人の能力や人柄が重要であり、どのポストにいるかは重要ではない」との質問項目を設けたが、回答結果は「そう思う」と「基本的にそう思う」が合わせてA社78%、B機関86%に上っている。こうした回答結果から次のことがうかがえよう。

すなわち、権威者になりうる最も重要な条件は「尊敬されていること」であり、「他人にない知識や技術を持つこと」も重要と考えられ、相対的に高いポイントが得られているが、それにも増して優れた人格・人柄が権威者にとって必要不可欠な条件とみなされている。ただし、「権威者には必ずしも権力または権限を持つ必要がない」については、A社は管理職（4.14）、B機関は一般職（4.11）が肯定的に考えている。権威者と上司との関係については、「権威者はすなわち上司のことである」とのとらえ方に対して、管理者、一般従業員のどちらも否定的であった（A社、B機関のいずれも3.0pt未満）。このように、中国の組織機構において、権威者は尊敬され、さらに他人にない知識や技術を持っていなければ、たとえ職位に就き、指示・命令の権限を持っていても、権威の獲得が難しいことが調査結果によって示唆されている。

「一つの組織（職場、集団、チームなど）には権威・権威者が必要と思うか」との質問に対して、「必要」と回答した割合はきわめて高かった（A社83%、B機関86%）。「必要である」理由は以下のとおりである（アンケート調査票コメントより、以下同）。「肝心な時に重要な役割を果たせるから、権威的人物が必要だ」、「軍隊には司令官があるように、組織・集団にも核心的人物が必要だ」、「権威者は凝集力を高めるシンボルとして、常に進むべき方向を示してくれている。万一、その方向が間違っていても、組織成員の歩調は一致しているので、修正も早いはず」、「権威者は皆を同じ方向へ引っ張っていくことができれば、仕事の効率も上がる」、「優れる集団には必ず核心人物、指導者、あるいは戦略決定者が存在するが、その指導者にとって権威は必要不可欠である」、「権威者がいなければ、組織は前進する方向を失う」（以上A社）、「権威者がいなければ、組織は凝集力を失う」、「尊敬する権威者がいれば、職場には協調的

な雰囲気を醸成しやすい」、「権威者は責任を背負ってくれる」、「権威がなければ、組織成員への制約ができないし、集団行動力も生まれない」、「核心人物（権威者）のいない組織は考えられない」、「意見が不一致のときに、権威者の最終決定が必要だ」（以上 B 機関）。

また、少数だが「必要ではない」と回答した者も理由を挙げている。例えば、「組織に必要なのは権威ではなく、協力と助け合いである」、「権威はある個人に限定されたものではなく、各人にそれぞれ権威を発揮する場があるはずだ」（以上 A 社）、「権威者は独裁的になりやすい」、「組織に必要なのは協力であり、権威ではない」、「権威の存在は組織の進歩を阻むと同時に、権威者への盲目的崇拝が創造力の喪失を招きかねない」（以上 B 機関）などである。

権威・権威者存在の必要性に次いで、「あなたの組織には権威が存在しているか」との質問に対して、「存在している」は A 社 27％、B 機関 29％にとどまり、「存在していない」は A 社、B 機関ともに 40％、「分からない」はそれぞれ 33％、31％であった。既述のように、組織には権威・権威者が「必要」と答えた者は 80％を超えているにもかかわらず、実際に自分の組織には権威者が存在していると思う人の割合は低く、A 社、B 機関ともに 30％未満であった。すなわち、権威・権威者の必要性が認識されていながらも、現実では権威・権威者の存在があまり感じられていないことが浮き彫りになっている。

さらに、組織における権威への服従の必要性については、「どんな場合でも権威に服従すべきだ」は A 社 17％、B 機関 14％、「権威が正しいときに服従すべきだ」は A 社 80％、B 機関 83％、「権威に服従する必要はない」はどちらも 3％となっており、権威者の指示・命令の正しさが強く求められている。

では、「権威が正しいかどうかを判断する基準は何か」について 5 段階選択させた結果、自分と権威者との個人的関係（身内かどうか）や多くの人が支持しているかどうかに比べ、指示・命令の内容が最優先されていることが分かる（図表 4-4）。この問いを裏付けるものとして、「あなたは仕事の中で、権威者との人間関係と、権威者の指示・命令の内容のどちらを優先するか」との質問に対して、「権威との人間関係」は A 社 10％、B 機関 11％、「指示・命令の内

容」はA社90％、B機関89％という回答が得られた。この結果は、よく論じられている、中国人の組織には「グワンシ」(関係)、「ミエンズ」(面子)、「レンチン」(人情)が持ち込まれ、それは近代欧米諸国の組織管理原理や組織内の行動パターンとは異質なものであり、組織よりも個人的ネットワーク(グワンシ)が優先されている論点とは、必ずしもマッチしていないことに注目したい[10]。

　続いて、権威の指示・命令に対して疑問に思うときはどんな行動をとるかを質問したが、その結果を図表4-5に示している。「やんわりと不同意を示す」は管理者、一般従業員にかかわらず突出して高く（A社管理者3.83pt、一般従業員4.57pt、B機関管理者3.43pt、一般職4.14pt）、ポイントが中位数3を上回ったのはこの項目だけであった。すなわち、既述のように権威者個人との関係よりも、指示・命令の内容（の正しさ）を優先するという結果がある一方、他

図表4-4　権威の正しさを判断する基準

権威が正しいかどうかを判断する基準は何か。	A社	B機関
① 指示・命令の内容	4.10	4.06
② 組織の中で大多数の人が支持しているかどうか	3.30	2.86
③ 自分と権威者との個人的関係	1.77	1.57

図表4-5　権威・権威者への服従について

あなたは権威者の指示・命令を疑問に思うときにどんな行動をとるか。	A社 管理職	A社 一般従業員	B機関 管理職	B機関 一般職
① そのまま服従する	2.70	2.71	1.86	2.68
② 表面上は従うが、内心では反発する（面従腹背）	1.87	1.86	1.57	2.25
③ できるだけ回避する	2.13	1.43	1.57	2.82
④ サボる	1.74	1.29	1.00	2.00
⑤ 責任逃れ	1.61	1.14	1.14	2.00
⑥ やんわりと不同意を示す	3.83	4.57	3.43	4.14
⑦ 公然と不同意を示す	2.22	2.14	2.43	2.07
⑧ 服従を拒否する	1.70	2.14	1.86	1.89

方では、この調査は権威者の指示・命令を疑問に思うときに、できるなら権威者との「グワンシ＝人間関係」を維持しながら、「やんわりと従えない意思表示」をしたい中国人組織成員の心理をよく表している。ただし、次点となる項目はＡ社、Ｂ機関が異なっており、Ａ社の回答者は自分の意見を受け入れてもらえなければ、指示・命令に公然と反対したり、服従を拒否したりする行動よりも、「そのまま服従する」方を選択している（2.70、2.71）が、これに対して、Ｂ機関の回答者は次善の策として、管理者が「公然と不同意を示す」（2.43pt）、一般職が「できるだけ回避する」（2.82pt）をそれぞれ選択している。

「権威には何らかのシンボル（例えば住宅、車、服装、バッジ、休暇など）が必要と思うか」との質問に対して、「必要」はＡ社40％、Ｂ機関23％、「必要ない」はＡ社60％、Ｂ機関77％であり、政府機関に比べ企業の方がその必要性を認識している。また、権威者スタイルについては、「威厳型リーダー」と「温情的家父長型リーダー」のどちらが望ましいかを質問し、選択させた結果、「威厳型」はＡ社2.77pt、Ｂ機関2.51pt、「温情的家父長型」はＡ社3.70pt、Ｂ機関3.80％となっており、両方とも「温情型リーダー」を望む傾向が相対的に強かった。前者（威厳型）を選んだ理由としては、「厳しく教育した方が人材が育つ」、「組織には厳しい指導者が欠かせない。温情的リーダーは指導者不在と同じである」、「威厳型リーダーの方が権威を打ち立てることができ、集団の実行力を高められる」（以上Ａ社）、「部下に優しすぎるリーダーは権威の樹立ができない」、「威厳型リーダーがいれば強い組織を作れる」、「生活は温情型がいいかもしれないが、仕事については厳しく管理すべきだ」、「威厳型の方が公正である」（以上Ｂ機関）などが挙げられている。

一方、後者（温情型）を選んだ理由としては、「リラックスした気持ちで働くことが仕事の効率アップにつながる」、「人情のあるリーダーがいれば、職場の雰囲気がよく、従業員もプレッシャーを感じることなく働ける」、「従業員の本音を聞き出すことができ、忠誠心や集団の凝集力が高まる」、「仕事と生活は密接に関わっているので、生活面を考える場合は、やはり温情型リーダーが望ま

しい」(以上はA社)、「温情型リーダーの方が親しみやすい」、「精神的にリラックスでき、能動的に働ける」、「人間性があり、調和的上下関係が保てる」、「コミュニケーションを取りやすく、楽しく働ける」、「原則問題を除いて、人間性のある管理方法が理想だ」、「組織成員が協力し合って、効率よく目標を達成するために、温情型リーダーが必要だ」、「人情があれば管理も受け入れやすい」、「温情型リーダーは従業員の潜在力を引き出せる」(以上はB機関)などが挙げられている。

図表4-6は「権威者に必要な資質・能力は何か」について質問し、各項目を5段階選択させた結果を示したものである。ポイントの高い順から上位3位までは、A社は①「実行力がある」、②「責任逃れをしない」、③「公平である・寛容である」、またB機関は①「誠実である」、②「責任逃れをしない」、③「寛容である」となっており、権威者に対して能力と同時に、あるいは能力以上に、責任感や寛容心(包容力)など人格的資質を備えていることが強く求められていることが分かる。

図表4-6 権威者には必要な資質・能力について

権威者に必要な資質・能力は何か。	A社	B機関
① 学歴（含学位、資格）がある	2.90	3.06
② 語学力がある	2.73	2.86
③ 専門性がある	4.47	4.06
④ 将来性がある	3.50	3.63
⑤ 公平である（部下を平等に扱う）	**4.70**	4.51
⑥ 寛容である	**4.70**	**4.71**
⑦ 厳格である	4.00	4.20
⑧ 誠実である	4.63	**4.83**
⑨ 責任逃れをしない	**4.73**	**4.83**
⑩ 私利私欲を図らない	4.53	4.46
⑪ 仕事に対して情熱がある	4.53	4.63
⑫ 実行力がある	**4.83**	4.43
⑬ 対外交渉力がある	4.60	4.20
⑭ コミュニケーション力がある	4.67	4.54
⑮ 問題解決能力がある	4.67	4.34

図表4-7 権威者にはあってはならない欠点

権威者にあってはならない欠点は何か。	A社	B機関
① 責任逃れ	4.67	4.66
② 部下を平等に扱わない	4.53	4.69
③ 派閥を作る	4.50	4.54
④ 私利私欲を図る	4.40	4.54
⑤ 人材を大事にしない	4.27	4.66

注：ポイントの高い順から上位5位まで。

　図表4-7は「権威者にあってはならない欠点」、言い換えれば、これらの欠点がある人は権威者（指導者）には相応しくないという質問への回答結果を示しているが、①から⑤までの内容をみると、いずれも権威者の人間性を問うものであり、権威者への人物・人格重視をよく示す結果となった。図表4-7には示していないが、ポイントの最も低かった項目には「高齢である」（A社2.07pt、B機関2.77pt）、「語学力がない」（A2.33pt、B2.49pt）、「学歴が低い」（A2.50pt、B2.86pt）の3項目であり、人格に直結しない年齢や学歴などがそれほど重視されていない点では図表4-6と一致しており、それを裏付ける格好となった。

おわりに

　本章では権威論、組織行動論に関連するいくつかの先行研究を考察し、中国における伝統的権威・服従スタイルについて概観したうえで、中国（北京・西安）での調査結果の分析を試みた。最後に先行研究の論点を念頭に本章の結論を述べたい。まず、冒頭で提起した中国人の権威観、または権威・権威者に対する認識についてであるが、理想とする権威者は他人から尊敬されることが最も必要な条件であり、これは凌のCPM理論（人物重視）と合致している。人物重視のほかに、知識・技能の必要性も認められているが、権力・権限を持つ必要性は必ずしもないと認識されている。中国の伝統的権威・服従スタイルからみた場合、「徳行」は依然として権威者に対して強く求めている要素である

が、望むリーダー像は「威厳型リーダー」から「温情型リーダー」へのシフトが見られた。また、回答者の８割以上が権威・権威者が必要だと考えているにもかかわらず、「身近に存在している」と答えたのは３割弱にとどまり、理想と現実とのギャップが大きいことが明らかになった。次に、中国人組織成員の命令・服従関係への理解と対処についてである。回答者の多くは権威者から発される指示・命令に対して、その内容が正しければ、権威者との個人的関係よりも高い優先順位で服従する考えを示した。さらに、興味深いのは、権威者の指示・命令を疑問に思うとき、「やんわりと」ではあるが、「不同意を示す」ポイントがきわめて高かったことである。これはアドモらの「権威的パーソナリティー」の定義とは必ずしも合致しない結果となっている。今後はよく指摘されている中国人の行動パターンである「ミエンズ」（面子）、「レンチン」（人情）、「グワンシ」（関係）が権威と服従関係とどう絡み合い、影響し合っているかを改めて論じたいと思う。

謝辞：今回の調査にご協力いただいたＡ社、Ｂ機関には深く感謝申し上げる。もちろん、本稿に含まれるであろう誤りの責任はすべて筆者にある。

注
(1) 実験の経緯と結果は *Obedience to Authority, An Experimental View* と題して1974年にハーパー・ロウ社から刊行され、世界的な反響を呼んだ。山形浩生訳『服従の心理』河出書房新社、2008年。
(2) 凌文輇「日中合弁企業の経営と中国の国情・文化」『慶応経営論集』第13巻第1号、1995年7月、および華夏網 http://www.hxb.com.cn/chinese/index.html インタビュー、2011.5.19。
(3) 例えば、韋政通は儒教思想の観点から、文崇一は価値観の観点から、さらに曾炆煌は人格発展の観点から、それぞれ中国人の権威的パーソナリティについて肯定的見解を示している。楊中芳 2009a、p.360。
(4) Adorno, T. W., Frankel-Brunswik, E., Levison, D. J. & Sanford, R. N. 1950, *The authoritarian personality*. New York: Harper. および楊中芳 2009a, pp.362-363 を参照。
(5) 楊 2009a、p. 374.なお、「日本人は権威主義的民族なのか」については、岡本浩一

が興味深い論述を展開している。岡本浩一（2005）pp.210-219 を参照されたい。
(6) Silin, R. H. *Leadership and value:The organization of large-scale Taiwan enterprises*. Cambridge, MA: Harvard University Press, 1976.
(7) Redding, S. G. *The spirit of Chinese Capitalism*. New York:Walter de Gruyter, 1990.
(8) Redding, S. G.,Wong, G. Y. Y. "The psychology of Chinese organizational behavior." In: Bond, M. H. ed. *The social psychology of Chinese people*, HongKong: Oxford University Press, 1986. このほかには、ウェストウッド（Westwood, R. I.）は、文化的背景が欧米と異なる華人企業の組織において、「リーダーシップ」という用語が必ずしも適切ではないと考え、「家父長的ヘッドシップモデル（model of paternalistic headship）を提起している（Westwood, R. I. Harmony and patriarchy: The cultural basis for "paternalistic headship" among the overseas Chinese. *Organization Studies*, 1997, 18（3））。
(9) 以上について、鄭伯壎「差序格局与華人組織行為」『本土心理学研究』（台湾大学心理学系）1995.3、鄭伯壎、黄敏萍「華人企業組織の領導：一項文化価値的分析」『中山管理評論』（台湾中山大学管理学院）2000.8（4）、鄭伯壎、周麗芳、樊景立「家長式領導量表―三元模式的建構与測量」『本土心理学研究』2000.14 を参照。
(10) 中国人を理解するキーワードの一つである「グワンシ」についてさまざまな研究があるが、園田茂人（2002）、デイヴィッド・ツェ、古田茂美（2011）を参照されたい。

参考文献
磯村和人『組織と権威―組織の形成と解体のダイナミズム』文眞堂、2000 年
岡本浩一『権威主義の正体』PHP、2005 年
Kotter, J. P.（1985）, *Power and Influence*, New York: Free Press.（加護野忠男・谷光太郎訳『パワーと影響力―人的ネットワークとリーダーシップ研究』ダイヤモンド社、1990 年）
園田茂人『中国人の心理と行動』NHK ブックス、2002 年
津田眞澂『日本的経営の論理』中央経済社、1977 年
デイヴィッド・ツェ、古田茂美『関係（グワンシ）中国人との関係のつくりかた』ディスカヴァー・トゥエンティワン、2011 年
長尾周也『組織体における権力と権威』大阪府立大学経済学部、1979 年
なだいなだ『権威と権力―いうことをきかせる原理・きく原理』岩波書店、2009 年
三隅二不二『新しいリーダーシップ―集団指導の行動科学』ダイヤモンド社、1966 年

Milgram, S.（1974）*Obedience to Authority, An Experimental View*.（山形浩生訳『服従の心理』河出書房新社、2008 年）

Barnard, C. I.（1938），*The Functions of the Executive*, Harvard University Press.（山本安次郎・田杉競・飯野春樹訳『新訳　経営者の役割』ダイヤモンド社、1968 年）

古澤照幸・横田環・新井幸子・濱田弘史「権威勾配尺度の作成と心理統計的特徴の検討」『産能短期大学紀要』34（2000 年），pp.339-350.

古澤照幸・張英莉・村田和博・平野賢哉「中国企業組織の従業員の権威勾配」、『埼玉学園大学紀要』経営学部篇、第十一号（2011 年 12 月）

古田茂美『「兵法」がわかれば中国人がわかる』ディスカヴァー・トゥエンティワン、2011 年

楊中芳『如何理解中国人 — 文化与個人論文集』重慶大学出版社、2009 年 a

楊中芳『如何研究中国人 — 心理学研究本土化論文集』重慶大学出版社、2009 年 b

凌文輇、陳龍、王登「CPM 領導行為評　価量表的構建」、中国心理学会・中国科学院心理研究所『心理学報』1987 年第 2 期

凌文輇、方俐洛、艾卡児「内隠領導理論的中国研究 — 与美国的研究進行比較」、中国心理学会・中国科学院心理研究所『心理学報』1991 年第 3 期

第5章 日本的流通システムの進化とチャネル関係の変容

堂野崎衛

はじめに

　日本における流通システムは、1980年代後半を境に大きな変容を遂げることとなった。高度経済成長過程において登場してきた寡占的メーカーは、流通チャネルを担う商業組織に対して、圧倒的なパワーを行使することでマーケティング・チャネルという管理・統制体制を実現し、多くの業種で寡占的メーカーによる流通系列化や特約店制度、リベート制や返品制などといったメーカー優位の特異な日本的商慣行や取引制度が形成され長らく温存されてきた。しかし、近年、市場におけるメーカーの主導的立場は相対的に低くなり、小売業者の主導性の高まりがクローズアップされるようになっている。こうした変化は欧米の経済先進諸国ではすでに現れている傾向の1つであり、これまで日本の流通の特徴は「零細・過多・多段階」として前近代的な構造と揶揄されてきたが、これによりようやく日本の流通システムも新たな段階に入ったとの見方がなされるようになった。ただし、実態をみると小売主導型の流通システムが大きく躍進する一方で、依然としてメーカーの主導する流通いわば狭義のマーケティング・チャネルや卸売業者の主導する流通が併存しているのが現状であり、メーカーの主導性が完全に失われたわけではない。しかし、メーカーから小売りへのパワー・シフトが日本の伝統的な流通システムの再編を促す契機となっていることはまぎれもない事実である。

　小売業者へのパワーの移行が進むなかで、プライベート・ブランド（Private Brand：以下、PB）が注目を集めている。PBはこれまで1974年のオイルショック時期や1990年のバブル経済崩壊後の経済の不況局面において

ブーム的様相を呈し注目を集めてきたが、当時の注目はいわゆる「安かろう悪かろう」の低価格商材としてのPBであった。しかし、ここにきて注目される理由は不況局面であるということのみならず、メーカーから小売へのパワー・シフトという流通構造上の転換がもたらした小売業者の戦略的商材としてPBが利用されているからに他ならない。これまで頑なにPB開発を拒否してきた大手メーカーのPB生産受託への軟化姿勢がこれまでのPBブームとは大きく異なる。

　本稿では、小売業者のパワー・シフトが生じてきた流通における歴史的背景を概観しながら、日本の流通システムの変化の方向性を考察することが課題である。

1. 流通チャネルにおけるパワー関係の変容

1-1　大規模小売業への発展と上位企業への資本の集中・集積

　1945年の第二次世界大戦終戦後、政治的・経済的混乱のなかで戦災復興と経済の立て直しを急ぐ日本はおよそ10年間の戦後復興期を経験した。そうしたなか日本経済は世界的な動揺と混乱をもたらした朝鮮戦争（1950–1953）によって発生した特需景気の影響を受け、戦前水準の景気状況を取り戻した。これを足掛かりに重化学工業の発展を機軸とした多様な産業の発展的萌芽によって経済の成長基盤が形成された。新製品開発、新生産方式、新市場開拓、新原料・新資源開発、新組織形成といった多様な成長基盤の形成の結果、生産力は急速に高まり企業の成長とそれに伴う雇用創出、可処分所得の上昇とが相俟って巨大な国内市場が創出された。

　その後、高度経済成長期と呼ばれるこの時期に、日本のあらゆる産業は萌芽段階から右肩上がりの急成長を遂げていくことになるが、とくに、技術革新を背景としたメーカーの成長が著しかった。それに呼応するように小売業分野においてもめざましい成長を遂げる小売業態が現れた。それがアメリカに源流を

もつセルフサービス方式を取り入れたスーパーマーケット（Supermarket、以下、SM）業態であった。SM は店舗の大型化方式をも取り入れながらチェーン化による他店舗展開を基軸として急成長をとげ、70 年代初頭には SM 全体の売上高がそれまで小売業態の主役を担っていた百貨店全体のそれを凌駕しただけでなく、個別企業レベルでもダイエーの売上高が三越百貨店のそれを上回るまでになった。

　こうした経済発展と消費拡大を背景にして、一般の消費者にも旺盛な消費スタイルが横行し、白黒テレビ、電気冷蔵庫、電気洗濯機などの「三種の神器」やカラーテレビ、車、クーラーなどの「3C」に代表されるような耐久消費財が各家庭に急速に普及し、いわゆる大衆消費時代を迎えた。

　しかし、1973 年の第 1 次石油ショックを契機にそれまで急激な右肩上がりで成長してきた経済と消費は一転、急速に冷え込みはじめ、一気に景気は低成長局面へと移行していった。追い打ちをかけるように 1978 年から 1979 年初頭にかけて発生した第 2 次石油ショックによって、1980 年代前半まで日本経済は不況色をいっそう強めていくことになる。しかし、こうした厳しい経済状況の渦中にあった SM のシェアは逆に上昇し続け、小売市場における相対的地位は維持された。ただし、売上高低下による収益性の悪化や出店速度の鈍化は避けられなかった。この時期に消費に対して慎重な姿勢を示していた消費者の需要を取り込みながら業績を拡大させた業態が総合スーパー（General Merchandise Store：以下、GMS）であった。GMS は大型店舗方式によって多品種の商品を大量に仕入れ、大量販売するチェーン小売業態で、とりわけ圧倒的な低価格戦略を推進することによって消費者から支持を得て、売り上げを伸ばしその地位を高めていった。

　1990 年代に入り、消費者ニーズの個性化や多様化、あるいは高級化などといった消費者サイドの質的変化とともに消費の成熟化傾向が顕著になってくると、GMS に代わって再び新たな小売業態が消費者の誘因を促進していく。それがコンビニエンスストア（Convenience Store：以下、CVS）や専門店（Specialty Store）などの小売業態であった。このように小売分野では変化す

る市場環境に適応するために、次々と新業態が新たな経営方式によって小売市場への参入を繰り返してきた。第二次世界大戦後以降、小売業態は主役の座を常に新たな小売業態に奪われる闘争の歴史であった。新たな小売業態の成長と発展により従前の小売業態は店舗数や販売額の減少により相対的地位を低減させてきたが、主役の座を奪われた小売業態が完全に淘汰されたわけではなく、新たな小売業態に駆逐される一方で、残った小売業態は市場に存続しながらその市場地位を維持しつつ、あるいは市場適合的な小売業態への転換を模索してきた。競争の結果、中小小売業を中心とした環境不適応企業は衰退の途をたどり、大規模小売業は資本の集中と集積によってますます市場地位を高め、小売市場においてもメーカーと同様に上位企業による寡占体制が顕著になっている。こうした傾向はさまざまな小売業態で進行している。とりわけCVS業態は寡占度の高い小売業態として知られる。経済産業省の商業販売統計によると2011年度のCVS業態の総販売額は8兆9,758億円であり、そのうち、セブン-イレブン、ローソン、ファミリーマート、サークルKサンクス、ミニストップのCVS上位5社の売上高はおよそ80％を占め、日本の小売市場における寡占的小売業態の1つである。また近年、小売市場においてM&Aが急速に進行しており、とくに百貨店業界では上位企業間による提携や合併など再編の動きが活発化している。さらに、セブン&アイ・ホールディングスやイオンなどを中心とした資本力を持つ大規模小売業は本業の小売以外の新たな業種とのM&Aを積極的に進めており事業規模のみならず事業領域をも拡大させている。これにより競争の多元化、つまり小売店舗間競争から小売業態間競争、さらにグループ間競争へと新たな競争局面に発展している。

1-2　メーカーから小売業へのパワー・シフト

　小売業の大規模化による上位集中化の進展は、流通チャネルの構成員であるメーカー、卸、小売業間におけるこれまでの関係性にも変化を迫っていくこととなる。その動因となるのがメーカーから小売りへのパワー・シフトである。振り返れば、高度成長期に入り寡占化の道を歩んだ大手メーカーは、いきおい

日本の流通経路において近代化の波に乗り遅れた卸や小売部門に対して、チャネル・パワーを振るうことができた。前近代的な構造的特徴を内在する流通部門に向けて、大手メーカーに偏ったチャネル・パワーが行使されたために、日本での流通経路では、長らく流通系列化、特約店制度、返品制、リベート制などの商慣行および取引制度が温存され、1980年代中盤までメーカーによるパワーの行使によって日本の流通チャネルは一方的にメーカーの手によって統制・管理の対象とされてきた。小売業の大規模化は、大量仕入・大量販売を実現するチェーン・オペレーションを梃子としたバイング・パワー（buying power）の行使を流通チャネルの川上に向かって発揮することで、それまでメーカーが掌握してきたパワーを徐々に小売の側へと手繰り寄せてきた。

　パワー基盤をメーカーから奪取し、さらなる補強を図るために小売業はバイング・パワーの行使のみならず、情報システムの面でも主導的な立場となるよう画策してきた。1980年代のCVSで導入されたPOS（Point Of Sales：販売時点情報管理）システムは実需に最も近い小売業独自の情報管理システムであった。最終消費者の消費実態を直接的にリアルタイムで把握できるPOSの導入により、購買データを即座に店頭での品揃え形成や仕入数量の決定に活用することができるようになる。こうした情報通信技術の活用によって消費者の購買動向を把握・分析しながら売れ筋・死に筋といった商品管理上重要な情報の獲得が可能となり、消費者の即時的な消費動向の把握を可能とすることで不確実性の高い需要への対応力を高め、小売業は情報の面でも有利な立場に立つことになり流通チャネルにおける影響力をますます高めていくことになった。

　小売業によるパワーの獲得は、メーカーや卸に対する取引交渉上の発言力が高まることを意味し、小売業優位に契約交渉を進めることが可能となる。その際、行使されるパワーの矛先は大量仕入の見返りとして行われる値引き要求が価格交渉の中心となる。バイング・パワーの発揮は同時にパワー基盤自体をより強化する方向に作用する。巨大な販路を有する取引先を失いたくないメーカーは小売業の要求を受け入れざるをえなくなるのである。パワーの獲得により、小売業にとって有利な取引が進められ多様な利得を要求することが可能に

なった。店舗への合理的・効率的な物流体制を構築するための共同配送や一括納入といった要求や店頭への派遣店員導入要請、売れ残り製品の返品、協賛金等の負担要請などもメーカーや卸に対して行われるようになった。そのほか多様な面で取引上の優位性を獲得しパワー基盤を築きあげてきた小売業であるが、こうしたパワーの行使がここにきて不当なかたちで現れはじめ、社会問題化する事態となっている。例えば、家電量販店の「ヤマダ電機」が取引のある家電メーカーから無償で店員を派遣させていた問題（2008年）、食品スーパーの「山陽マルナカ」が納入業者に従業員を無償で派遣させたり、不当な返品や支払代金の減額を行ったりした問題（2011年）、玩具・ベビー用品販売店の「日本トイザらス」が納入業者への支払いを不当に減額した問題（2011年）、家電量販店の「エディオン」が、取引業者から従業員を派遣させ無償で働かせた問題（2012年）など優越的地位の乱用によりそれぞれ公正取引委員会から排除措置命令と独禁法違反による課徴金納付命令を受けている。こうした事例から明らかなように、大規模小売業を中心としたメーカーから小売りへのパワー・シフトは明白な事実として現れはじめ、これまでメーカーが行ってきたパワーの行使をいまや小売業が行ういわば逆転現象が生じているのである。

　小売業は圧倒的なバイイング・パワーと情報力の行使によって、流通チャネル内における主導的地位を確立し、メーカーからその主導権を奪取してきた。すなわち、流通チャネル内のパワー・シフトが進展することで、従来、メーカーが形成してきた一方向的に川上から川下へ商品を流すという伝統的なマーケティング・チャネルのあり方に大きな動揺をもたらす要因となったのである。

1-3　流通系列化の動揺と崩壊

　高度成長期以降の経済発展は技術革新によって支えられてきた。グローバル企業として知られる日本企業の多くがメーカーであるからこともわかるように、これまでトヨタ自動車、ソニー、シャープ等々、日本メーカーの技術力の高さはグローバル・スタンダードとして世界に受け入れられ、日本の経済をひ

いては世界経済を牽引してきたと言っても過言ではなかろう。しかし、過去の栄光と対比すると昨今のメーカーの凋落ぶりは痛々しい。こうしたメーカーの現今に至った要因分析は紙幅の都合により割愛するが、前項で述べたように、これまで日本のメーカーは右肩上がりの成長により、近代化の波に乗り遅れた卸、小売部門を管理・統制しながら思惑通りのマーケティング・チャネルを主導的に構築してきた。つまり、メーカーは、自社のマーケティング活動を有利に遂行するためにチャネル・リーダーとして卸や小売業を自らのマーケティング・チャネルに組み込むことで、彼らの行動を支配あるいはコントロールしようとしてきたのである。こうしたメーカーの行動は流通系列化と呼ばれ、家電、自動車、日用品などの消費財メーカーによってその構築が目指された垂直的流通システムである。風呂（1968）は商業資本の系列化を個別の産業資本家が個別の商人に対して個別の支配関係を設定し、自己製品の個別化された価値実現操作を図ることであると規定し、石井（1983）は、製造業者が、自身の製品流通を市場取引に全面的にゆだねるのではなく、組織内部の命令や権限に類似した仕組みをかれの製品流通の取引のなかに組みこもうとする一般的傾向と規定している。つまり、系列化された流通とはメーカーによる内部組織に似た命令・権限の関係と、他方でメーカーと系列商人との売買関係を併せ持つ複合的な性格を有するものである。

　メーカーは激しい企業間競争の結果として寡占的市場構造への移行に伴い、自己製品の価値実現を遂行するために流通過程に対する統制や関与の度合いを次第に流通系列化というかたちで推し進めるようになる。こうした行為はいわゆる「商業の排除」あるいは「否定」というかたちとなって現れてくる。

　流通系列化はこれまで、家電業界や自動車業界などの耐久消費財の分野で多くみられ、大手メーカーごとに販売会社が設立され、専門販売店が組織化されていた。大規模小売店がいまだ発展していない段階においては、東芝や日立、松下電器（現パナソニック）などの家電メーカーが組織化していた系列販売店、いわゆる「町の電気屋」での売り上げがメーカーの販売業績に大きな影響を与え、メーカーのマーケティング・チャネル戦略が機能していた。また、自

動車業界でもトヨタ自動車や本田自動車などの大手自動車メーカーが、自社の系列ディーラーを販売店としておき、ディーラーごとに限定された販売地域で限定された車種を販売するテリトリー制を設けることで市場に対して強力な働きかけを可能とし顧客との密接な関係を構築していた。

　メーカーがこうした強力なリーダーシップを発揮して流通チャネルを統制・管理しようとした流通系列化という行動は、大規模小売業の発展とそれに伴うメーカーから小売りへのパワー・シフトの進展によって大きく阻害されていくことになる。とりわけ、系列化されたチャネル内企業の動揺は激しく、パワー・シフトがもたらす競争環境と市場構造の変化によってメーカーのマーケティング・チャネル戦略は大きく修正を迫られることとなる。無論、自動車産業のようにパワー・シフトが小売りへと移行せず、いまなお流通系列化体制を残しつつ有機的に流通チャネルが機能している産業もあるが、メーカーから小売りへのパワー・シフトに直面した産業分野ではメーカーの系列化による販売店の優位性が希薄化し、あるいは崩壊することによって家電業界や化粧品業界などの業界では流通チャネルの再編成が迫られていった。

　「町の電気屋」でありメーカーの系列下に置かれていた一般家電店では、水平的競争関係において豊富な品揃えと圧倒的な低価格販売の実現を標榜し登場してきた家電量販店やディスカウントストア（Discount Store：以下、DS）に厳しい競争を強いられた。当然ながら新たな小売業態との競争は価格を中心とした差別的競争であったためにかれらに太刀打ちすることはきわめて困難な状況であった。消費者サイドも豊富な品揃えと低価格を実現する新たなコンセプトを有した小売業態に次第に引き寄せられていった。他方、化粧品業界においても系列化された販売会社が新たに登場してきたドラッグストアやDS、CVSなどの出現によって競争の波に飲み込まれ、その存在が脅かされるようになっていった。流通系列化はメーカーの個別的価値実現を目指す排他的なマーケティング・チャネル戦略であるがゆえに、商業における「売買の社会化」機能を排除する選択であり、別言すれば、消費者のバラエティ・シーキングの可能性を排除する選択である。つまり、メーカーは個別的価値実現を推し進め、商業

の「売買の社会化」を否定したことにより、流通系列化の動揺がもたらされたのである。メーカーに圧倒的なパワーが偏在する状況下において有効に作用していたマーケティング・チャネルもパワー・シフトによって小売側に主導権を握られるようになると、系列である販売店の縮小、廃止が必要不可欠となり、大規模小売業との取引関係を重視する戦略、あるいは機能委譲する方向へとシフトする必然性が当然生じてくるのである。付言しておけば、パワー・シフトはあらゆる産業でメーカーから小売りに移行するものではなく、垂直的流通システムにおいて機能統合が有機的に作用する場合とそうでない場合によって大きな差が生じる。より一層機能統合を進め、コントロールを強化するのに対し、他方で、機能委譲を行い、コントロール水準の低下と引き換えに効率化を図るのである。また、逆にもいえる。もともとコントロールが容易な対象だからより一層の機能統合を行おうとし、反対に、コントロールが困難な対象には機能を委譲していく、というようにメーカーのマルチ・チャネル化が進むなかで流通機能をどこまで担うのかという問題が浮上することになるのである。

1-4　大規模小売業への対応のための伝統的な取引制度の見直し

　第二次世界大戦後、高度経済成長を背景に飛躍的な生産技術の発展によって、各メーカーは大量生産体制を確立させていった。当時、全国各地に小規模分散的に点在していた小売業は各メーカーの流通系列化の販路として管理・統制され、メーカーのチャネル戦略上の重要な販売拠点としての一翼を担っていた。メーカーは各地の卸売業者に対して第1次卸、第2次卸さらには第3次卸といった細かな系列網を編成し、流通系列化を推進して特約店制度を拡大させ統制の度合いを強めていった。こうして完成された特約店制度はメーカーのチャネル系列内での企業間競争をある程度抑制しながら、他の系列店との店舗間競争やブランド間競争を展開していった。それと同時に、特約店制度を強化・補完する政策として建値制やリベート制といった取引慣行が整備され、メーカーのマーケティング・チャネルに強力な忠誠を促進させる政策が次々と打ち出されていった。

こうしてメーカーの流通チャネル内における主導的地位は特約店制度や建値制、リベート制によって強化されていった。しかし、それも1980年代に入ったころから次第に総合量販店をはじめとした大規模小売業が流通チャネルの再編を迫っていくことになる。

　この頃、総合量販店はチェーン・オペレーションによる経営の効率化を目指し、チェーン本部での一括仕入れの強化に乗り出していた。これにより、コスト増に苦しんでいたチェーン各店舗の仕入価格が低減され、次第に業績が回復へと向かっていった。それによって大きな影響を受けたのが、メーカーのマーケティング・チャネルとして機能していた特約店だった。これまで同じ系列内での企業間競争をメーカーの強力な統制によって回避していた特約店が地域を跨る広域商圏で展開する総合量販店の相次ぐ出店によって競争の波に巻き込まれていき、このとき特約店がとった新たな地域への商圏の拡大に乗り出す行動が特約店間の競争をも許容し次第に競争関係が激化していった。

　さらに、特約店はチェーン・オペレーションによる低価格を実現する量販店に対抗するために、メーカーから獲得したリベートを販売商品価格の値下げの原資として転嫁させたことで、メーカーにこれまで一定の価格で販売することを順守させられてきた建値制は実質的に形骸化していくこととなった。これ以降、メーカーのマーケティング・チャネル戦略は転換を迫られることになった。1990年代後半以降、メーカーによる統制が弱体化していく中でメーカーは次のような戦略転換を余儀なくされることになる。

　第1に販売会社の再編である。自動車業界や家電業界、化粧品業界などの業種では珍しくはなかった販売会社制度は、地方にある卸売業者が出資するかたちで販売会社を設置していたが、販売会社が分散した地域にあったのでは大規模小売業への対応が困難なことから、全国各地に複数設置していた販売会社を統合し、商圏の広域化への対応を目指して再編成が始まった。資生堂、パナソニック、ソニーなどの多くのメーカーが販売会社の統廃合を進めた。また、花王も日用雑貨品などの一般消費財を扱うメーカーとしては珍しく販売会社制度を設けていたが、1999年に全国8地区にあった広域販社体制の統合を実施し、

全国で1社のみの販売会社「花王販売株式会社」に再編した。

　第2にオープン価格制度の導入である。DSなどの大規模小売業の台頭と成長によって小売業が決める小売価格と、建値制によってメーカーが主導で最終小売価格を決めていたメーカー希望小売価格との間に乖離が起きていたことから、消費者は価格に対して不信感を抱き、さらに店舗間や地域間での価格差などによる小売業の流通コストの違いなども問題となり、オープン価格制へと移行する業界が増え、とりわけ食品業界や家電業界で進展している。オープン価格制の導入によって、小売業者は商品の売れ行きを予想して値付けが可能になるため、市場価格の適正化が図られる。さらに価格に流通コストを加味することで地域間格差や店舗間価格差などの問題を解消できる。他方、消費者は実際に店舗で価格を確認する必要があることや店舗間の価格差があるため商品価値の判断が難しいなどの問題点もある。メーカーにとっては低価格で販売されることによるブランド力やイメージの低下といった問題も引き起こされる。卸売業者や小売業者もリベートが低減し、店舗間の価格競争に巻き込まれやすくなるという問題も孕んでいる。

　第3に大規模小売業との直接取引である。これまで多くの小売業は卸売業者を介して商品を仕入れていたが、カルフールやトイザらスなどの外国小売資本の国内参入によって、また大規模小売業の台頭と成長によってメーカーとの直接取引を志向する小売業が増えている。イオンでは、花王やカゴメ、ネスレなどの大手メーカーと直接取引を行っており、傘下であるダイエーやマルエツなどにも直接取引を拡大させる方針で、コスト削減に向けて直接取引の比率を高める戦略を打ち出している。メーカーにとってもイオンのような大規模小売業との取引関係は継続したい意向からこうした直接取引が成立している。

　こうしてみてきたように、大規模小売業の台頭と成長によってメーカーのマーケティング力は相対的に低下し、これまでメーカーが築き上げてきた伝統的な取引制度の見直しが図られるようになっていった。

2. 対立的なチャネル関係からの脱却と新たなチャネル関係の形成

2-1 製販提携の進展

　小売業者が限られた市場の中で小規模分散的に存在する段階において、メーカーにとってひとつひとつの小売業者に対する販売額はきわめて小さいものであった。しかし、小規模分散的な小売業者がチェーン・オペレーションなどの経営組織的・効率的手法を講じることよって大規模化が達成され、それに伴う小売業の上位集中化が進展する段階に入るとこれまでのような状況は一変し、従来メーカーが保持していたパワーを前提とした取引関係が変貌を遂げていくこととなる。そうした状況を推進させた主体は、SMやDS、CVSなどといった既存の小売市場には展開されていなかった新たな競争優位性を持つ小売業態の登場であった。次々と新たな小売業態が生起する過程で、メーカーが全国市場において漸次売り上げを拡大させていくためには大規模化した小売業者の販売力に頼ることは必須の条件となる。次第に当該メーカーの取引先には大規模小売業の比率が極端に増加していく。

　このような状況が常態化するようになってくると、さらに大規模小売業者はより有利な取引条件を引き出すために仕入先の変更をちらつかせたり、これまで以上の高額のリベートを求めたりするような高圧的なパワーをメーカーに対して行使する行動に移り始める。そのため、取引交渉や取引後に生じるメーカーのコスト負担は増加し、同時に、大規模小売業者もメーカーからより有利な仕入れ条件を引き出すために、さらに複雑化する取引交渉に臨まなければならなくなる。メーカーと小売業者が相互の利益獲得のために行動した結果、両者の対立的な関係を増幅させ双方の利益が損なわれ両者の間にコンフリクトを発生させてしまうことになる。こうした関係はパワーゲーム型のチャネル関係として捉えられる。

　こうした事態を解決するためには、メーカーと小売業者が相互の利益獲得の

みを追及することをやめ、消費者をも含めた流通チャネル全体の利益向上につながるような行動をとることが肝要となってくる。こうした考え方に基づいて、メーカーと大規模小売業者との間で従来の対立的な取引関係を越えた新たな取引関係の構築が模索されはじめるようになる。その新たな関係性とはメーカーと小売業者相互がこれまで独自に展開してきた機能の代替や重複する機能の見直しなどを通じて、個別企業でありながらもバーチャルな結合を可能とする効率的な流通チャネルシステムとしての緊密な取引関係の構築である。

とはいえ、本来、メーカーと小売業者との間には決定的な目標の相違が存在しており、上述したような緊密な取引関係を結ぶためには乗り越えるべき課題も多い。メーカーにとってみれば、自社が生産する製品を可能な限り流通過程に流し込み、そうすることによって得られた資金を再び新たな生産活動へと転化させていくという連続的な生産という欲求を満たすことが必要である。また同時に、市場での販売シェアの拡大と販売額の向上を図るために生産規模の拡大を行うことも必要とする。他方、小売業にとっては消費者のニーズに応じた豊富な品揃えが不可欠であり、可能な限り売れ残りのリスクを回避しながら売上拡大を図ることが必要とされる。また、メーカーとの取引において可能な限りの有利な価格条件で商品を安価に仕入れることを望むため1円でも安く仕入れたいという行動が必然化する。

このような両者の目指す目標の相違が生みだす矛盾が対立的な取引関係を形成する源泉となるが、対立関係からは部分的な利益の獲得は実現できたとしても、流通チャネル全体でみると相互に不利益を生じさせかねないことが認識され、メーカーと小売業がそれぞれ有する資源を相互補完的に有効活用しようとする協調的な企業間行動が求められる。そのためにはメーカーと小売の共通目標や利益分配関係、あるいはそれを実現させるための情報ネットワーク化などの双方の合意が必要となる。そして、その合意を現実的に実行していくための具体的な方策として、特定の大規模小売業に向けた専用商品の開発、PB商品の共同開発、あるいはメーカーと小売業者の共通の受発注システムや納品システムなどの構築が展開されることになる。こうしたメーカーと小売業との相互

協調的な取引関係を「製販提携」といい、近年、こうした取り組みが進展している。なお、製販提携の進展は、伝統的にメーカーと小売業者との間に介在して、ある一定の機能と役割を果たしてきた卸売業者の存在意義を大きく動揺させることとなる。

2-2　PB開発

　SMやCVS、DSなどの小売店頭に並ぶ商品の中には、1つには、メーカーが企画・生産して商品にブランド名やロゴを冠して世界的・全国的に販売されるナショナル・ブランド（National Brand：以下、NB）商品がある。カルビーの「ポテトチップス」、資生堂の「マキアージュ」、SONYの「バイオ」、日産自動車の「エルグランド」などの商品がそれである。いま1つは、SMやCVSなどの小売業や卸売業などの流通業者が主体となって商品の企画を行い、その商品仕様書に基づいてメーカーに対して生産を委託する自社ブランド商品であるPB商品がある。これには、GMSであるイオンの「トップバリュ」、セブン＆アイの「セブンプレミアム」、DSのドン・キホーテが展開する「bis」、ドラッグストアのマツモトキヨシが展開する「MK CUSTOMER」などの商品がある。これらのPBは、1990年代以降、日本においても急速にその導入が進展した小売業による商品戦略の1つである。小売業がPB導入を検討する理由は、以下の役割を期待してのことである。

　第1に、利益率の確保である。メーカーが展開するNBと小売業が展開するPBとの価格差を比較した場合、PBはNBよりもおよそ30％以上コストの節約を達成して商品開発することができ、NBよりも低価格で最終消費者に対して商品を提供することが可能である（図表5-1参照）。PBは小売業が商品の企画から生産段階にまで関与して販売する商品である。通常、NBは、メーカーが新商品を開発し、市場に導入するにあたって多額の広告宣伝費用やプロモーション費用などのマーケティング費用を投入することが多く、商品によっては莫大な新商品開発費用が販売の前段階で必要となる。これに対して、PBは自らの小売店頭での陳列やレイアウト、POP広告などによって多額のマーケ

図表5-1　NB商品とPB商品の価格構造（カップめんの場合）

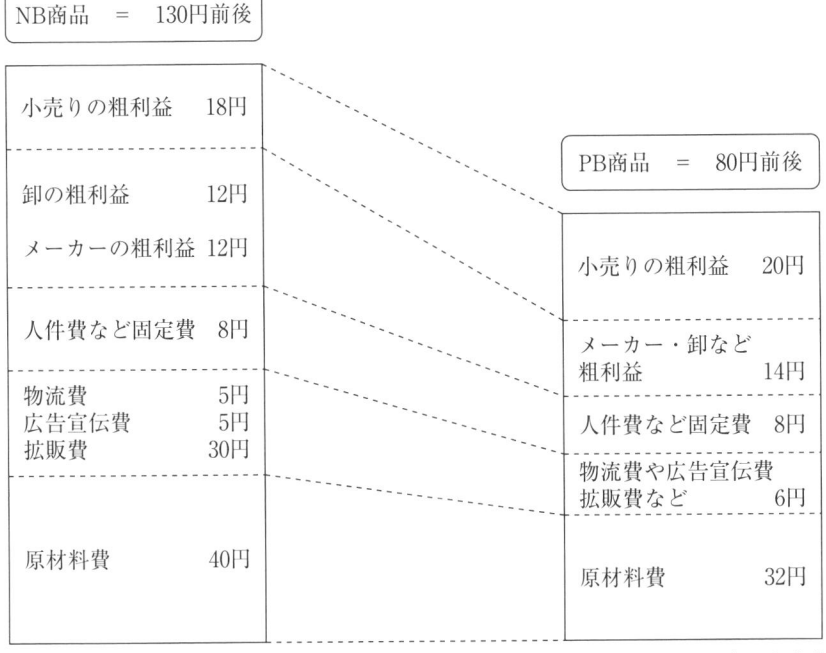

NB商品　＝　130円前後	
小売りの粗利益	18円
卸の粗利益	12円
メーカーの粗利益	12円
人件費など固定費	8円
物流費	5円
広告宣伝費	5円
拡販費	30円
原材料費	40円

PB商品　＝　80円前後	
小売りの粗利益	20円
メーカー・卸など粗利益	14円
人件費など固定費	8円
物流費や広告宣伝費拡販費など	6円
原材料費	32円

『日経流通新聞』2008年6月6日付より作成

ティング費用をかけなくとも直接消費者に商品のPRが可能なため、メーカーのマーケティング費用に比べると相対的に広告費用を抑制することができるうえに、中間流通を経由することによって発生する仲介業者へのマージンやリベートといった流通コストなどの間接費用を削減することができる。

　第2に、競争の差別化である。PBは生産を委託した小売業専用の商品として小売店頭に並ぶ排他的な商品であるために、他の競合関係にある企業との競争において品揃えにおける差別化を図ることが可能となる。さらに、低価格の実現による価格差別化や品質の差別化が可能である。伝統的にPBはNBよりも安価な形態との認識が先行し、PBの品質はNBよりも劣るものと理解されてきた。実際、以前のPB生産は下位メーカーが生産を請け負ってきたが、近

年、PBは、大手メーカーよっても頻繁に行われるようになり、以前よりも品質の高い商品が安定的に生産されるようになっている。（図表5-2参照）また、プレミアムPBと呼ばれるような、従来のPBとは異なり、最初からNBと同等かあるいはそれ以上の価格に設定し、原料や素材あるいは製法にこだわった、品質重視型PBの開発が進められている。また、ブランド名も単一のブランドのみならず、複数のブランド名を商品カテゴリー別や品質の程度によって段階的に分けて設定するPBもあり、他の小売業との品揃えの差別化が図られている。他店との品揃えの差別化の結果、消費者のPBへのロイヤルティを高めることに成功すれば、ひいてはストア・ロイヤルティの向上へと結びつけることができるようになる。

　第3に、PBの商品品揃え調整機能である。消費者の需要が多様化してくると小売業はそうした需要に対応するために多様な製品の品揃えが必然化する。ある消費者は多少価格が高かろうと知名度の高いブランド商品を求め、ある消費者は少しでも安価な商品、ある消費者はとにかく品質の高い商品を求めるなど、1つの商品をとってみても消費者の多様なニーズが存在する。そこで、小売店頭での品揃えにおいて現存するNBだけではこうした消費者の多様なニーズに対応することが困難であるために、PBを開発することによってその品揃えを調整していく品揃え調整機能としての役割が期待される。

　第4に、チャネル内におけるリーダーシップの強化である。従来、PB開発の生産委託先は大手メーカーではなく2番手以降のとりわけ中小メーカーを中心に生産が委ねられてきた。大手メーカーがPBの生産にあまり関与してこなかったのは、かれらにとって特定の小売業に対して専用商品であるPBを生産することが他の小売業との関係に悪影響を及ぼし、優先的な取引が見込めなくなるのではないかというマイナスの効果が作用したからに他ならない。味の素はこれまでPB生産に消極的とされてきた。1994年にダイエーと包括提携した際に競合小売の猛反発を受け、「PBはぜったいにやらない」などと火消しに躍起になった経緯がある。そこで、中小メーカーであれば工場設備の遊休を免れて安定的な操業を可能とし、規模の経済性の維持が可能となるなどの理由から

図表 5-2 「セブンプレミアム」における製造委託メーカー

商品名	委託先メーカー	価格(円)	同等のNB価格(円)	発売時期
珈琲　無糖（900ml）	UCC上島珈琲	158	N/A	2007年5月
しょうゆ・シーフードヌードル	サンヨー食品	88	128	2007年5月
ごまドレッシング	サラダメイト（キューピー傘下）	298	398	2007年5月
ピザトースト（4枚）	日本ハム	288	398	2007年9月
クッキー＆クリーム・アイスバー（6本）	森永乳業	248	315（8本）	2007年12月
スイスロール（ロールケーキ）	山崎製パン	118	138	2007年12月
天ぷらそば	東洋水産	88	128	2008年2月
キャデリーヌ（アイス）	江崎グリコ	298	N/A	2008年3月
ミートボール（冷凍、5個）	日本水産	100	N/A	2008年3月
エビシューマイ（冷凍、5個）	味の素	100	N/A	2008年3月
焼き餃子（冷凍、5個）	味の素	100	N/A	2008年4月
中濃ソース・とんかつソース	カゴメ	178	197	2008年5月
トマトケチャップ	日本デルモンテ（キッコーマン傘下）	148	167	2008年5月

（注）同等のNBはイトーヨーカ堂などでの実勢価格。N/Aは容量や仕様の面で比較可能なNB商品がない。『日経流通新聞』2008年6月13日付より一部修正。

PB生産に対してプラスの作用が働いたのである。大手メーカーと同様に取引先の小売業への影響も懸念されるが、大手メーカーほどのブランド力を持たない中小メーカーにとってそうした問題はさほど影響を与えなかった。もっといえば、小売業からのPB生産要求にこたえざるを得ないほど逼迫した経営状況が中小メーカーにはあったのである。こうしたなか、中小メーカーと小売業とのPB供給関係が成立し、次第に中小メーカーの小売業への売上依存度（中小メーカーの総販売額に占めるPB販売高）が高まるにつれて、小売業からの契約解除によってメーカーの存在が脅かされるような状況へと両者の関係が変質し、流通チャネル内における小売業優位の関係へと変わっていくことになる。こうして小売業の流通チャネル内でパワーは強化され、取引関係においても主

導的立場に立つことが可能となるのである。

2-3 PBの共同開発にみる製販提携の本質

　PB開発において中小メーカーとの取り組みが主流であった時代とは大きく変わった。いまや大手メーカーであってもPB生産の依頼を受け入れ、場合によっては大手メーカーから生産の申し入れを行う状況へと取引環境は大きく変化している。イオンの岡田元也社長は「ダノンなどの世界規模の食品メーカーからPBを作らせてほしいと要望されるようになった」と話しており、市場が縮小しNBが売り上げ拡大を見込めない中で、メーカーは消費者が支持するPBを経営戦略に組み込む必要に迫られていると指摘している。

　メーカーと小売業との双方によって取り組まれる協調的な取引関係は、1990年代中盤以降いっそうの進展をみせているが、こうした両者の協調的な取引関係を表す用語として、これまで「製販提携」以外にも多様な用語が用いられて今日に至っている。例えば、「製販同盟」、「製販統合」、「製販連携」、「戦略的提携」、「パートナーシップ」、「リレーションシップ」などさまざまである。こうした用語はいずれも流通チャネル内の垂直的取引関係において、従来のメーカーと小売業との競争による対立的な取引関係から協調的な取引関係を重視する取り組みへと進化していることを捉えてそうした呼称がされるという共通性はあるものの、これらの用語を使用する論者によって意図する内容も異なり、論者によっては、「効率的な業務への改善レベル」のものから「業務の意思決定にまで関与するレベル」のように、協調的取り組みが射程におく範囲の問題や解釈の問題など、これらの用語を明確に区分する統一的な見解はいまのところ見当たらない。ただし、流通チャネル内の覇権争いをめぐるメーカー、卸、小売の各段階におけるこれまでの攻防の歴史を振り返れば、競争と対立によってコンフリクトを引き起こしてきた従来のチャネル関係からの脱却が「製販提携」には包含されているように思われる。こうした協調的取引関係の進展は流通における大きな転換軸であることには違いないだろう。

　しかし、ここで注意しなければならないことは、製販提携という取り組みを

みてメーカーと小売企業間に競争がなくなりコンフリクトが解消され協調の時代に入ったとみるならばそれは誤りであろう。製販提携の本質は利害の一致に基づく協調であり、メーカーと流通企業間で根本的に競争がなくなったわけではない。競争は資本主義経済のなかに貫く一般的法則であり、その上にたって協調的な取り組みを通じた競争の展開として理解しなければならない。つまり、メーカーと小売業との現代的な関係性を理解しようとする場合、対立的関係から協調的関係への移行あるいは転換と捉えることについては慎重になる必要があるだろう。

さらに、製販提携は、巷間いわれるようなメーカーと小売業者との「対等」な関係に基づく取引関係と捉えるのではなく、メーカーと小売業者との双方の間で合意した利害の一致に基づく協調関係であることを理解しなければならないだろう。なぜなら、「対等」な関係で製販提携を表すならば、大規模小売業と中小メーカーとのPB商品開発などではこうした「対等」な協調関係が存在しているとはいえず、むしろ大規模小売業による中小メーカーの支配・強制関係が成立している。また、大規模小売業と大規模メーカーとの協調的な取り組みにおいても「対等」な関係と定義することにより、なにが、どこまで、どのように「対等」であるのかがどこまで突き詰めても証明されえない。「対等」という表現では説明しきれないのである。それゆえ、本章では、製販提携をメーカーと小売業との利害の一致に基づく協調関係と定義する。

まとめにかえて

日本の流通システムは構造転換の過渡期にある。外国資本の参入による国内市場競争の激化、情報通信技術の整備・発展、格差社会による消費の二極化、中心市街地の衰退、超高齢化社会、人口の減少等々、流通を取り巻く多様な環境が複雑に交錯しながら変化するなかでこれら諸要因に翻弄されながらも環境適応を求めて柔軟に変化しながら構造上のシステムとしての機能を果たしてきた。流通システムを有機体ととらえるならば環境とともに生成しつつ秩序を形

成する組織体として捉えられ、常に動態的な変化の過程のなかで環境との共生と組織秩序という相互に制約しあう統一体として存在してきた。まさに日本の流通システムは常に変わりゆく変化の過渡にある。

　パワー基盤を獲得した小売業者はメーカーがそうであったように川上に対して自己に有利な取引関係を要求する。とりわけメーカーのマーケティング・チャネルが個別的価値実現過程であったと同様に、小売業者によるPB開発もまた本来商業者が持つ「売買の社会性」の否定という行動によって個別的な価値実現を図ろうとする過程である。結果として、さきにメーカーがとってきた行動と同様のことを繰り返しているだけである。とはいえ、日本の小売業者が100パーセントPBを目指すかといえば、それは多くの困難をもたらす。イギリス（48%）やスイス（54%）などでPBの比率が高い理由は、小売市場の集中度が極めて高く、メーカーの寡占度が相対的に低いという日本の事情とは逆の関係が起因しているからで、必然的にPB比率が高まらざるを得ない側面があるからである。また、日本においては、すべての製品をPB化することは得策ではなかろう。なぜなら、小売業は消費者の求める多様な品揃えを提供するという役割が期待されているのであり、元来、メーカーは生産設備などに資本を「固着化」せざるをえないのに対し、小売業の場合は、売れ筋に応じて商品調達先を柔軟に変更しうるという「軽やかさ」が備わっていなければならないからである。つまり、消費者が小売業に対して求める品揃えは100パーセントPBではなく、価格や品質の異なる多種多様な商品の豊富な品揃えなのである。そうであるとするならば、小売業が目指すべき道は差別化商品としてPBを活用しながら、ブランド力が高く売れ筋のNBを幅広く取り揃える品揃え形成機能に求められるだろう。

　パワー基盤の獲得が単なるチャネルの統制や管理に向けられるのではなく、流通の各段階がそれぞれに求められる機能を果たしながら不確定性の高い市場にいかにリスクを抑えながら接近していくか、そのための投機型から延期型の流通システムの実現が緊要である。また加藤（2006）が指摘する「ネットワークオーガナイザー」としての役割をパワー基盤を獲得した小売業がリーダーシ

ップをとりながら流通システムを構築していくことが重要ではなかろうか。

参考文献

Alderson, W., *Marketing Behavior and Executive Action*, Richard D. Irwin, 1957.（石原武政他訳『マーケティング行動と経営者行為』千倉書房、1981年。）
Alderson, W., *Dynamic Marketing Behavior*, Richard D. Irwin, 1965.（田村正紀他訳『動態的マーケティング行動』千倉書房、1981年。）
Bucklin, L. P., The *Theory of Distribution Channel*, Institute of Business and Economic Research, University of California, Berkeley, 1966.（田村正紀訳『流通経路構造論』千倉書房、1977年。）
石井淳蔵『流通におけるパワーと対立』千倉書房、1983年。
石原武政・石井淳蔵『製販統合』日本経済新聞社、1996年。
石原武政『商業組織の内部編成』千倉書房、2000年。
尾崎久仁博『流通のパートナーシップ論』中央経済社、1998年。
加藤義忠・佐々木保幸・真部和義・土屋仁志『わが国流通機構の展開』税務経理協会、2000年。
加藤義忠「製販連携の基本的性格」『商学論集』関西大学、第47巻、第6号、2003年。
加藤義忠・齋藤雅通・佐々木保幸『現代流通入門』有斐閣ブックス、2007年。
加藤司『日本的流通システムの動態』千倉書房、2006年。
——「チャネルにおけるMake or Buy理論の再検討」『經營研究』大阪市立大学、第56巻、第1号、2005年。
——「ネットワークとしての流通システム」『經營研究』大阪市立大学、第56巻、第2号、2005年。
——「SCMの阻害要因としての日本的商慣行」『經營研究』大阪市立大学、第51巻、第2号、2000年。
——「『商業的需給調整』メカニズムについて」『經營研究』大阪市立大学、第53巻、第4号、2003年。
木立真直「小売主導型食品流通の進化とサプライチェーンの現段階」『フードシステム研究』フードシステム研究、第16巻、2号、2009年。
嶋口充輝・竹内弘高・片平秀貴・石井淳蔵『マーケティング革新の時代4：営業・流通革新』有斐閣、1998年。
陶山計介・宮崎昭・藤本寿良『マーケティング・ネットワーク論』有斐閣、2002年。
崔相鐵・石井淳蔵『シリーズ流通体系2：流通チャネルの再編』中央経済社、2009年。

崔相鐵「流通系列化の動揺と製販同盟の進展：信頼概念の問題性とパワー・バランスの追究傾向へのチャネル論的考察」『香川大学経済論叢』第70巻、第2号、1997年。

崔容熏「チャネルパートナーシップにおけるメーカーのジレンマ」『経済論叢別冊　調査と研究』第17巻、1999年。

崔容熏・藤岡章子「サプライチェーン戦略最適化のための選択フレームワーク：製品仕様の柔軟性に焦点をあてて」『龍谷大学経営学論集』第46巻、第1号、2006年。

高嶋克義『マーケティング・チャネル組織論』千倉書房、1994年。

堂野崎衛「共同商品開発におけるコンビニエンス・ストアと製造企業との関係性」『流通の理論・歴史・現状分析』中央大学企業研究所叢書26、中央大学出版部、2006年。

――「イギリスにおけるＰＢ戦略の展開方向」、『食品企業財務動向調査報告書－食品企業におけるＰＢ取組の現状と課題－』社団法人食品需給研究センター、2010年、152-160頁。

原田英生・向山雅夫・渡辺達朗『ベーシック　流通と商業』有斐閣アルマ、2002年。

林正樹・坂本清編著『経営革新へのアプローチ』八千代出版、1996年。

風呂勉『マーケティング・チャネル行動論』千倉書房、1968年。

矢作敏行『コンビニエンス・ストア・システムの革新性』日本経済新聞社、1994年。

矢作敏行・小川孔輔・吉田健二『生・販統合マーケティング・システム』白桃書房、1993年。

渡辺達朗『流通チャネル関係の動態分析』千倉書房、1997年。

第6章 消費者金融業界における企業再編の動向に関する一考察
―――「改正貸金業法」施行に伴う動向を中心として―――

相馬　敦

1.「改正貸金業法」施行以前の消費者金融会社

　消費者金融業界のうち消費者金融会社は、そもそも銀行では資金を融通してもらえない人々を対象に、つまり信用力の薄い人々に対して貸出しを行うニッチ業界であった。

　「武富士」に代表されるように、「アコム」、「プロミス」、「アイフル」といった4大消費者金融会社が形成され、一時期には暴力的な取立て（貸付資金の回収）が社会問題となった。また短期間借りるという便利さから「サラリーマン金融（サラ金）」とも呼ばれた。

　しかし、この「サラ金」には、別の大きな問題があったのである。いわゆる「サラ金問題[1]」である。消費者金融会社による法外に高い金利の問題であった。

　1983年「貸金業規制法」が制定された時、同時に「出資法[2]」が改正された。従来、年109.5%だった取締りの対象となる上限金利が、29.2%に引き下げられた。ただし、貸金業界の業務の実態を考え、段階的に1983年に73%、54.75%、1991年に40.004%、2000年に29.2%へと引き下げられたのであった。

　この17年間の間で「出資法」に基づく上限金利の引き下げによって「サラ金」というダーティーなイメージを持った用語は徐々に使われなくなり、「消費者金融」という用語が定着していくことになっていったのである。

　この間、消費者金融会社による信用供与額の伸びは著しく、1972年の840億円から1980年には2兆8,021億円と約33倍にもなっていたが、「出資法」改正後も1990年には3兆8,464億円、2000年には9兆9,811億円、2005年には

図表 6-1　出資法金利の推移

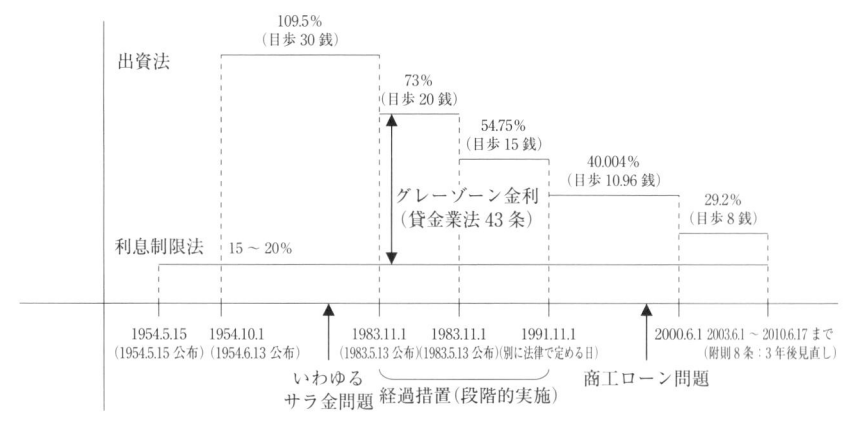

[図表：出資法金利とグレーゾーン金利、利息制限法の推移を示すグラフ。出資法の金利は109.5%（日歩30銭、1954.5.15〜）、73%（日歩20銭、1983.11.1〜）、54.75%（日歩15銭、1983.11.1〜）、40.004%（日歩10.96銭、1991.11.1〜）、29.2%（日歩8銭、2000.6.1〜2003.6.1〜2010.6.17まで）と推移。利息制限法は15〜20%。グレーゾーン金利（貸金業法43条）。いわゆるサラ金問題、経過措置（段階的実施）、商工ローン問題。（附則8条：3年後見直し）]

出所：社団法人日本クレジット協会「クレジットの歩み」平成史 第1節
　　　http://www.j-credit.or.jp/information/walk.html

図表 6-2　貸金業者による新規信用供与額の推移

単位（億円）

1972 年	1980 年	1990 年	2000 年	2005 年
840	28,021	38,464	99,811	104,194

出所：『消費者信用白書』『日本の消費者信用統計平成24年度版』
　　　社団法人日本クレジット協会より作成

10兆4,194億円へと急成長してきたのであった[3]。

　また、消費者金融会社の数については、1984年3月末時点で登録貸金業者数（財務局登録と都道府県登録の合計）が19,501社であったが、翌1985年には45,720社、1986年には47,504社とその数を大幅に伸ばしてきた。しかし、1988年から1999年までは、ほぼ30,000社で推移してきている[4]。

　以上のことから、この間に消費者金融会社が、利益をむさぼり成長してきたことが推察できる。

図表6-3　グレーゾーン金利撤廃

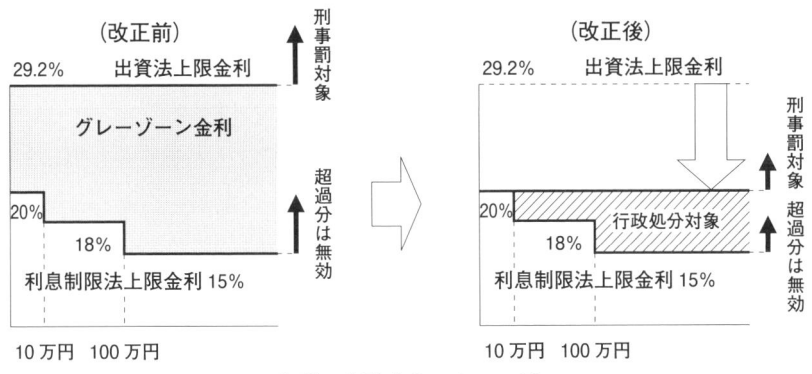

（改正前）
29.2%　出資法上限金利　刑事罰対象
グレーゾーン金利
20%
18%　超過分は無効
利息制限法上限金利 15%
10万円　100万円

（改正後）
29.2%　出資法上限金利
20%　行政処分対象　刑事罰対象
18%　超過分は無効
利息制限法上限金利 15%
10万円　100万円

出所：金融庁ホームページ
http://www.fsa.go.jp/policy/kasikin/kihon.html

2．今回の「改正貸金業法」

2010年6月18日に「改正貸金業法」が完全実施された。この改正の最終目的は、「多重債務者」の数を減らすことにある。

全国情報連絡会のデータによると、借金を重ね返済できなくなる「多重債務者」は200万人以上存在し、しかも消費者金融の利用者1,400万人のうち、5社以上から借入れがあり、借入れ残額が200万円を超えている人が230万人、さらにこの借入れによる生活苦からの自殺者が、年間約8,000人という状況にあった。

また、「多重債務者」の数が200万人以上であるのに対して、「自己破産者」の数は、2005年の段階で約184,000人に達している。これらを減らすことが目的の改正法の実施であった[5]。

その方策として、
- 返済能力を超えた借金をできなくするため、総借入額を年収の3分の1に制限する「総量規制」を実施すること
- 専業主婦は借入れができない。ただし借入れに際し、配偶者の同意書があ

る場合を除く。
- 「出資法」の上限金利を29.2%から「利息制限法」の20%まで下げ、「利息制限法」の上限金利15%から20%との間にあった「グレーゾーン金利」を撤廃し、消費者（利用者）の金利負担が軽くなるようにした。

また、改正法は多岐にわたるために、貸金業者の貸出し状況を考え十分なる準備期間を与えるだけではなく、消費者（利用者）の混乱を避ける目的で、2007年1月から4段階をかけて順次実施され2010年6月に完全実施となった。
- 2007年1月20日には、無登録営業に対する罰則強化ならびに超高金利貸付けに対する罰則の強化を施行した。
- 2007年12月19日に、法律の名称を「貸金業法」に改めること及び公布目的の改正、貸金業者の登録要件の強化と行為規制の強化、貸金業協会の自主規制機能強化を施行した。
- 2009年6月18日には、指定信用情報機関制度の創設と財産的基礎要件の引き上げ、貸金業務取扱責任者資格試験制度の創設を施行した。
- 2010年6月18日に、財産的基礎要件の引き上げ、行為規制の強化、貸金業務取扱責任者の必置化、金利規制の適正化、過剰貸付に係る規制の強化、みなし弁済制度の廃止の施行で完全実施となった。

3．「改正貸金業法」施行後の消費者金融業界の状況

銀行が消費者金融へ参入することとなった大きな理由は、2000年6月1日より「出資法」の上限金利が29.2%に引き下げられたこと、また両者のメリット、つまり消費者金融会社の持つ顧客の属性分析のノウハウと銀行の持つ信用力が強力な戦力になることからである。銀行にとっては消費者金融のプロと手を組むことによって、新規の顧客の審査の際の手間やコストのかかる小口のローンを速やかに実行できるというメリットが発生する。貸付枠は300万円までで、金利は年率15%から18%と消費者金融会社と銀行のほぼ中間に設定して

図表 6-4　自己破産申請数

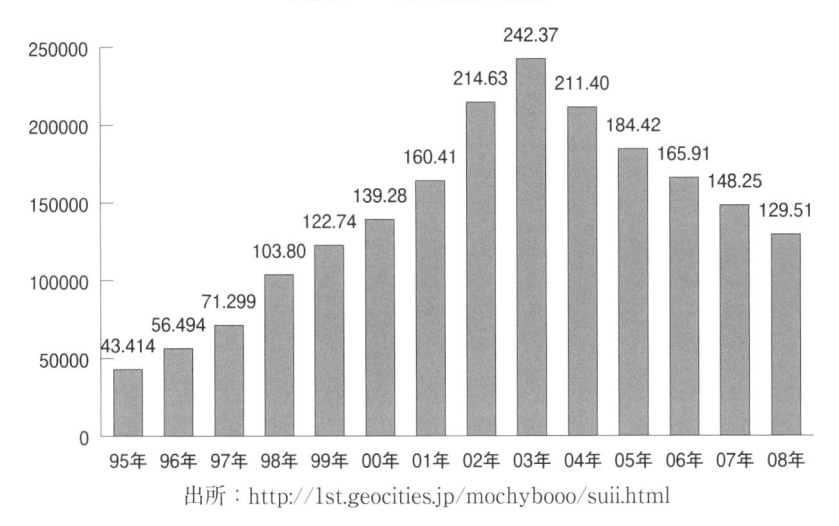

年	件数
95年	43,414
96年	56,494
97年	71,299
98年	103.80
99年	122.74
00年	139.28
01年	160.41
02年	214.63
03年	242.37
04年	211.40
05年	184.42
06年	165.91
07年	148.25
08年	129.51

出所：http://1st.geocities.jp/mochybooo/suii.html

いる。もちろん、これまで消費者金融業界で多額の利益が発生していたことも銀行参入の要因でもあった[6]。

主な大手銀行と消費者金融会社との関係として、三菱UFJFGがアコム（連結子会社）、三菱UFJFGとジャックス（持分法適用関連会社）、三井住友FGとプロミス（持分法適用関連会社）、三井住友FGとセディナ（連結子会社）、みずほFGとオリコ（持分法適用関連会社）、みずほFGとクレディセゾン（資本提携）があげられる。

「改正貸金業法」導入以前の銀行と消費者金融会社の新規信用供与額の状況は、次のようにまとめられる。

- 銀行などの民間金融機関の個人向けローンは、1994年まで消費者金融会社の貸付額を大きく上回って推移してきた。
- 1995年からは、これが逆転して2005年には民間金融機関では40,458億円、消費者金融会社では104,194億円とほぼ2倍以上となっている。

つまり、1995年から2005年までの11年間は消費者金融会社の貸付額が勝っていたということであり、ここで「多重債務者」や「自己破産者」が多発す

図表6-5 賃金業者数の長期的な推移

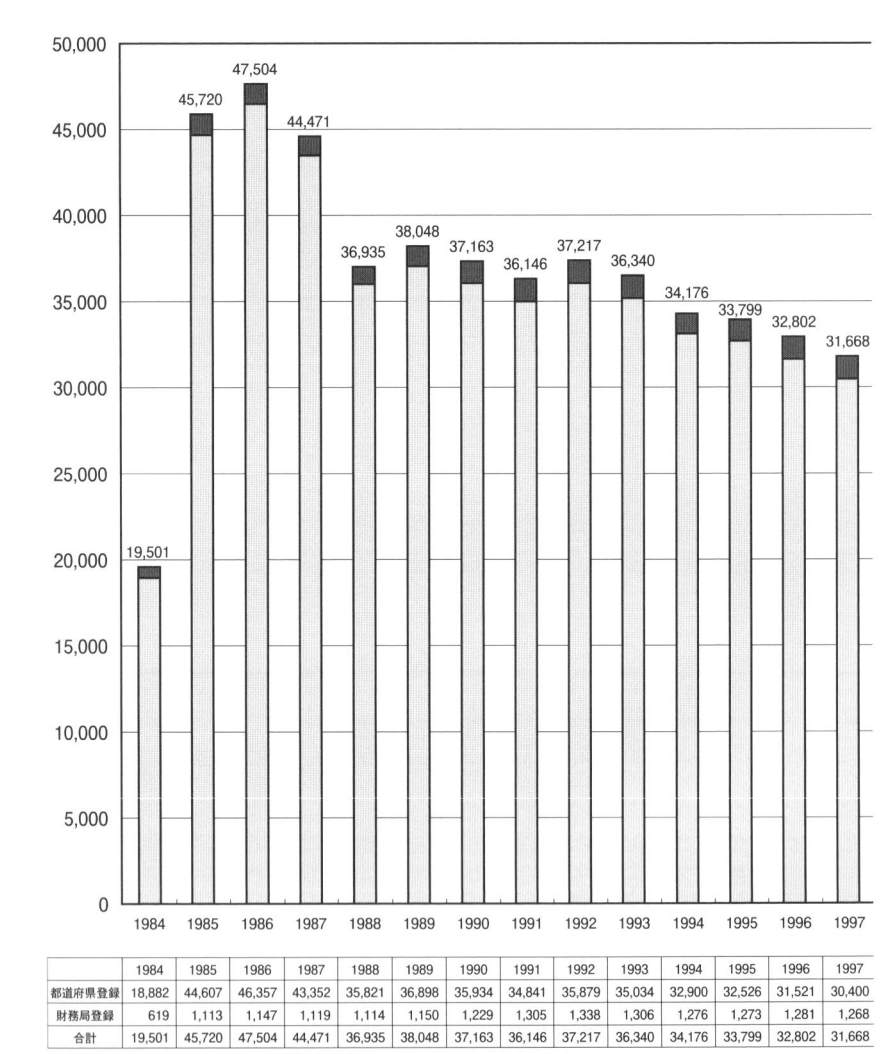

	1984	1985	1986	1987	1988	1989	1990	1991	1992	1993	1994	1995	1996	1997
都道府県登録	18,882	44,607	46,357	43,352	35,821	36,898	35,934	34,841	35,879	35,034	32,900	32,526	31,521	30,400
財務局登録	619	1,113	1,147	1,119	1,114	1,150	1,229	1,305	1,338	1,306	1,276	1,273	1,281	1,268
合計	19,501	45,720	47,504	44,471	36,935	38,048	37,163	36,146	37,217	36,340	34,176	33,799	32,802	31,668

(注) 2011年までの業者数は、いずれも各3月末の数値。
出所：金融庁ホームページ http://www.fsa.go.jp/status/kasikin/20120502/06.pd より作成。

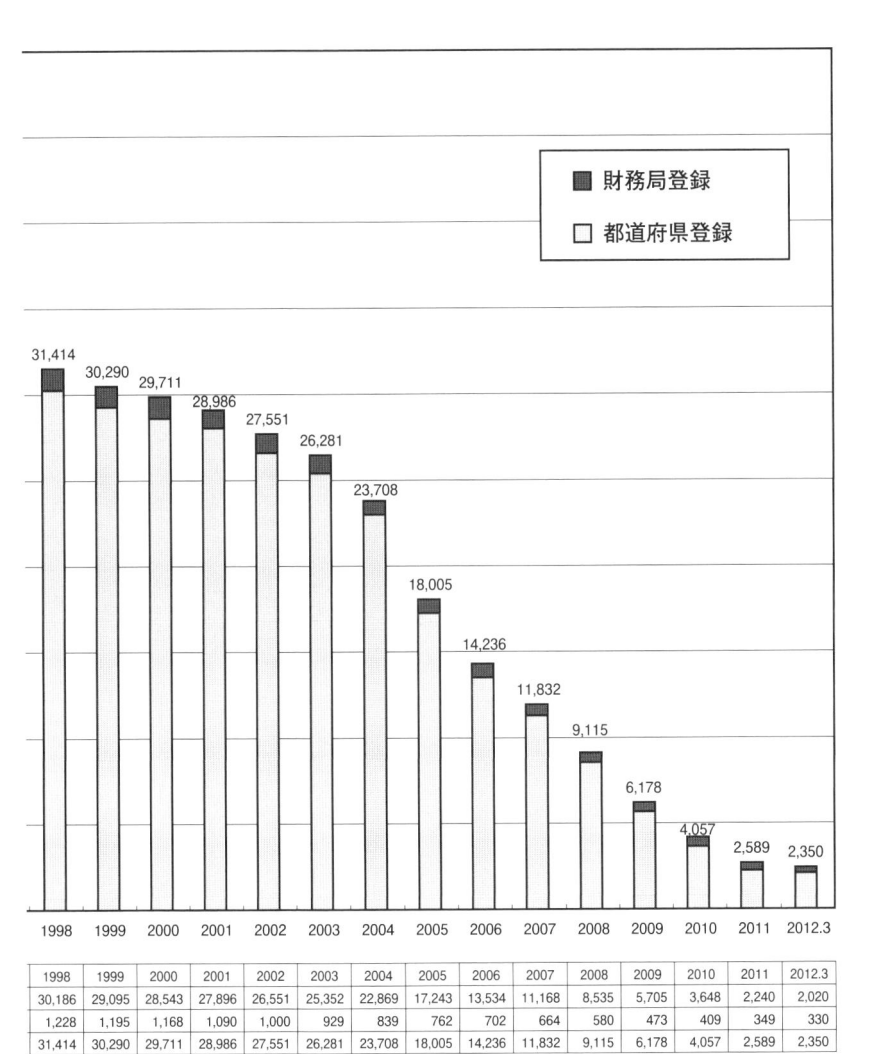

第6章 消費者金融業界における企業再編の動向に関する一考察

■ 財務局登録
□ 都道府県登録

	1998	1999	2000	2001	2002	2003	2004	2005	2006	2007	2008	2009	2010	2011	2012.3
	30,186	29,095	28,543	27,896	26,551	25,352	22,869	17,243	13,534	11,168	8,535	5,705	3,648	2,240	2,020
	1,228	1,195	1,168	1,090	1,000	929	839	762	702	664	580	473	409	349	330
	31,414	30,290	29,711	28,986	27,551	26,281	23,708	18,005	14,236	11,832	9,115	6,178	4,057	2,589	2,350

る時期と重なるといえよう。

　図表6-4　自己破産申請件数を参照すればこのことが合致していることがわかる。

　さて、「改正貸金業法」施行後の消費者金融業界の状況をみてみよう。

　まず、消費者金融会社の数についてであるが、登録貸金業者数（財務局登録と都道府県登録の合計）は、前述のように1999年までは約30,000件を超えて推移していた。

　しかし、2000年6月1日に施行された「出資法」の上限金利の29.2%への引き下げを受けて、2005年までにはその数が、23,708社へとピーク時の1986年当時の2分の1にまで減っている。さらに、2007年1月から2010年6月18日まで4段階に分けて実施された「改正貸金業法」で、その数はさらに激減することとなった。2006年には14,236社、2007年には11,832社、2008年には9,115社、2009年には6,178社、2010年には4,057社、2011年には2,589社、2012年には2,350社である[8]。

　以上のことから、4段階にわたる「改正貸金業法」の施行によって要件[7]に耐えられない消費者金融会社の市場からの撤退を促し、このことが自然と悪質な貸金業者の排除につながっているものと考えられる。

　次に、消費者金融会社と銀行をはじめとする民間金融機関の新規信用供与額を見てみる。2005年における新規信用供与額は、消費者金融会社は104,194億円で、民間金融機関では40,458億円であり、消費者金融会社の供与額が2.5倍と大きく上回っていた。その後は、2006年には消費者金融会社が92,703億円、民間金融機関が26,364億円、2007年には消費者金融会社が82,635億円、民間金融機関が24,440億円、2008年には消費者金融会社が58,036億円、民間金融機関が24,282億円、2009年には消費者金融会社が41,670億円、民間金融機関が23,406億円、2010年には消費者金融会社が28,723億円、民間金融機関が22,202億円のように推移した[9]。

　この統計から、「改正貸金業法」施行後には、消費者金融会社においては供与額が激減していることがわかる。2005年と2010年での比較では3分の1以下

である。また、民間金融機関でも供与額は減っており、2005年と2010年での比較では約50%近く減少している。両者の合計金額でも、2005年には245,263億円であったものが、2010年には91,713億円へと60%以上激減している。

　このことは、「改正貸金業法」の段階的施行にしたがって消費者信用会社の数が激減していったことによるものといえよう。

４．現状の一考察

4-1　消費者（借り手）側の現状

　ここでは、日本貸金業協会の行なった調査[10]をもとに、消費者側（借り手側）[11]の現状について考察する。対象者総数は4,805名である。

　まず、2010年6月18日の「改正貸金業法」完全実施後の借入申し込み状況では、40.2%にあたる1,930人が「新規申し込みを行なった/既存の借入枠を利用しようとした」と回答している[12]。

　このうち新たな借入の使途のうち最も多いのが趣味/娯楽（レジャー、旅行やギャンブルを含む）などの費用で30.7%、305人であった。このほか衣料費・食費、自動車ローンの返済、納税・納付などその他の支払い、医療費、家賃の支払い、電気・ガス・水道などの光熱費、住宅ローンの返済、通信費、学費関係、交通費、学習教材等の教育関係の順となっており、使途は多岐にわたっている[13]。

　また借入れの申し込みを行なった借入利用者のうち、希望どおり借入れができた割合が60.5%、880人であった[14]。そして、借入れの申し込みを行なわなかった借入利用者の理由は、生活費を減らして支出を抑制したからが20.4%、441人でトップ、次いで趣味/娯楽（レジャー、旅行やギャンブルを含む）などの費用を減らして支出を抑制したからであった[15]。

　さらに、借入の必要性がなかった借入利用者の理由は、以前の借入に対する返済を含めて、現在の収入の中で生活ができているからとの回答が一番多く

85.8%、1,191人であるが、趣味/娯楽などの支出を減らしたからが10.1%、140人で、生活費を減らしたからが6.0%、83人と続いた[16]。

そして、希望どおり借入れができなかった借入利用者が、その際困ったことに対する回答で最も多かったのが衣料費、食事で37.3%、176人であった[17]。また、借入れができなくなった場合にとる行動として、「自己破産」手続きをするが4%、104人であり、クレジットカードショッピング枠の現金化業者を利用するが1.1%、28人で、ヤミ金融等非正規業者から借りるが1%、26人存在した[18]。

さらに、今後新たな借入れを必要としている借入利用者の借入れ理由の第1位は、現在の生活を維持するのが困難だからであった[19]。

借入利用者が今後借入れを行う際の借入先は、店舗のある預金取扱金融機関であった[20]。

また、ヤミ金融等非正規業者の利用状況では、借入利用者がヤミ金融業者と接触したことがある（現在も残高あり）が0.8%、29人おり、接触したことがある（現在は残高なし）が2.6%、94人、接触したことはあるが利用したことはないが4.4%、159人とあわせて7.8%、282人である。専業主婦（主夫）については接触したことがあると回答した割合は、利用したことがある（現在も残高あり）が0.1%、1人で、利用したことがある（現在は残高なし）が1.1%、13人、接触したが利用したことがないが11.3%、134人で、あわせて19.4%、230人である[21]。

ヤミ金融等非正規業者との接触方法として、最も割合が高かったのが、自ら電話したで54%にあたる154人であった[22]。

また、ヤミ金融等非正規業者を利用したことがあるとした借入利用者125人中43.2%にあたる54人が、正規の貸金業者がどこも貸付けを行なってくれなかったからと回答している[23]。

クレジットカードショッピング枠の現金化業者の利用状況調査では、借入利用者については、利用したことがある（現在も残高あり）が1.8%にあたる65人、利用したことがある（現在は残高なし）が2.8%にあたる101人、接触は

あるが利用したことはないが3.4%とあわせて8.0%にあたる289人であった。

専業主婦（主夫）では、利用したことがある（現在も残高あり）は1.3%にあたる15人、利用したことがある（現在は残高なし）が1.5%にあたる17人、接触したことはあるが利用したことはないが1.7%にあたる20人であわせて4.5%にあたる53人であった[24]。

また、クレジットカードショッピング枠の現金化業者の利用理由では、急にお金が必要になったからが59.8%で101人、次いで正規の貸金業者がどこも貸付を行なってくれなかったからが32.5%で55人であった[25]。

以上の結果から、「改正貸金業法」の完全施行後において、次のようなことがいえよう。

- 借り手である消費者は、完全施行後も通常の生活費全般にわたって借入れを行なっている。しかし、借入れを行なわなかった借入利用者は、趣味/娯楽（レジャー、旅行やギャンブルを含む）費を切り詰めたり、生活費の支出を抑えたりしている。
- 希望どおり借入れができなかった借入利用者は、食費や衣料費として資金が足りずに生活に困窮をきたす可能性がある。
- 借入れができなかった時には、「ヤミ金融」、「自己破産」、「クレジットカードショッピング枠の現金化」を利用する。
- ヤミ金融等非正規業者を利用した借入利用者と専業主婦（主夫）が現実に存在する。
- ヤミ金融等非正規業者との接触では、自ら電話したが最も多い。
- クレジットカードショッピング枠の現金化業者との接触では、専業主婦（主夫）が32人利用している。
- クレジットカードショッピング枠の現金化業者を利用した理由として、正規の貸金業者がどこも貸してくれなかったから。つまり「総量規制」によって借入れができない人がでてきている。

このような調査結果から、「多重債務者」や「自己破産者」を減らす目的で施行された今回の「改正貸金業法」では、供与額から見てもわかるとおり、多く

の借入利用者が生活費を切り詰めるなどする結果として借入れを控えているとみられる。

　他方、生活費さえ切り詰められない低所得の借入利用者は、食費すら賄えず、ヤミ金融業者等に手を出さざるを得ない状況にあると推察できる。

4-2　貸金業者（貸し手）側の現状

　ここでは、日本貸金業協会の行なった調査[26]をもとに、貸金業者側（貸し手側）の現状について考察してみる。調査対象は貸金業者2,472業者で2011年9発6日時点の協会員（1494業者）及び2011年9月7日時点で情報収集した登録業者（非協会員978業者）で、回答者数は貸金業者1,026業者である[27]。

　まず、完全実施以降に貸付停止や減額等の対応を行なった貸付先の特徴では、「専業主婦・女性」が25％で58社と最も多く、次いで「収入が低い（無い）」が19％（44社）、また「総量規制該当者」が9.5％（22社）、「ヤミ金融利用者」が3％（7社）であった[28]。

　次に、完全実施以降の貸付残高の推移を見ると、2010年9月では消費者向無担保貸付（333業者）が73,718億円であったが、2011年3月には65,627億円、2011年6月には62,440億円へと減少している。消費者向有担保貸付（122業者）では、当該年月でそれぞれ11,367億円、11,604億円、11,659億円であり、ほぼ横ばい状態であった。さらに、貸付件数の推移を見てみると、消費者向無担保貸付（295業者）では2010年3月には54,896件であったが、2011年9月には53,745件で、2011年3月には52,654件となり、徐々に減少していることがわかる[29]。

　業態別貸出残高の推移では、消費者向無担保貸付が消費者金融業態で2009年9月の4.2兆円から2011年6月の2.8兆円へと1.4兆円（マイナス33.3％）減少している[30]。

　貸付残高の今後の見通しについて、消費者向無担保貸付では、66.6％にあたる409の貸金業者が「減少する」と回答している[31]。その根拠については

「与信の厳格化」が62.7%（244社）で最も多く、「国内外の経済情勢や地場産業の動向」が42.2%（164社）、「利用者意識の低下」が41.9%（162社）、「金融機関や貸金業者との競争激化」が29%（113社）となっている[32]。

消費者向無担保貸付に関して、貸金業者が初期審査を厳しくしたと回答したのは40.1%（219社）であった[33]。さらに、厳しくした根拠は、総量規制の導入によって収益が悪化したため（負担が重いため）と回答した割合が70.6%（144社）で最も多く、次いで上限金利の引き下げによって収益が悪化したため（負担が重いため）が69.1%（140社）であった[34]。

消費者向貸付における使途別貸付残高では、使途が明確な貸付の中で、「衣料費、食費（外食を含む）、交通費等の日常生活の支出」が5,531億円（全体の22.3%）で最も多く、なかには、「借入金返済への充当」が618億円（全体の2.5%）も占めている[35]。

また、上限金利の引き下げによる貸金業者の業務への影響では、業務面の負担が重くなり自社の経営努力を進めても解消しにくいと回答したのは全体の21.9%にあたる194社、業務面の負担が重くなったが自社の経営努力によって克服できる見通しであると回答したのは15.8%にあたる140社、業務面の負担について大きな変化を感じていないと回答したのが53.4%にあたる473社であった[36]。

さらに、上限金利の引き下げによって、貸付残高の減少によって、収益が減少・悪化していると回答した割合は全体の36.3%のあたる70社であった[37]。

「総量規制」導入による業務面での負担については、業務面の負担が重くなり、自社の経営努力を進めても解消しにくいと回答した業者は全体の18.4%にあたる157社で、業務面の負担は重くなったが、自社の経営努力によって、克服できる見通しであるが27.3%にあたる233社、業務面の負担について、大きな変化を感じていないが42.5%にあたる362社であった[38]。

また「総量規制」導入による影響として、貸付残高の減少等により、収益が減少・悪化していると回答した割合は、36%にあたる87社で、廃業に追い込まれた、あるいは廃業を検討しているが5%に当たる12社であった[39]。

以上の結果から、「改正貸金業法」の完全施行後において、貸金業者側について次のことがいえよう。

- 「専業主婦・女性」、「収入が無い人」や「ヤミ金利用者」などに対して、貸付停止や減額に踏み切っている。
- 消費者向無担保貸付の額は減少傾向にある。
- 消費者金融業態では、消費者向無担保貸付額が急激に減少している。
- 409の貸金業者が、今後も消費者向無担保貸付は減少していくと予測しているが、その理由として、与信の厳格化や経済情勢を上げている。
- 消費者向無担保貸付については、「総量規制」の導入によって収益が悪化したために初期審査を厳しくした。
- 消費者向無担保貸付の使途については、衣料費や食費などの日常生活に欠かせないものとして最も多く使われている。
- 上限金利の引き下げで、149もの貸金業者が自社の経営努力でも解消はできないと回答している。また、70社は収益が悪化している。
- 157社が、「総量規制」の導入によって自社の経営努力では業務負担の解消ができない。
- 「総量規制」の導入によって、経営が悪化した業者が87社存在する。

このような調査結果から、「多重債務者」や「自己破産者」を減らす目的で施行された「改正貸金業法」では、貸し手である貸金業者に大きな負担となっていることがみてとれる。また、貸金業者自体もコンプライアンスに則って、「多重債務者」を減らすべく努力を行なっていると考察できる。

5．「改正貸金業法」施行後の「多重債務者」

「多重債務者」を減らすことを目的とした今回の改正法の施行によって、その数は実際どのように推移しているのかが、最も重要である。

消費者向無担保貸付において、1人で5件以上から借入をしている人（多重債務者）は、2007年3月末時点で171万1,000人、2008年3月末時点で117万

図表 6-6　多重債務を原因とする自殺者数の推移

	多重債務	経済・生活問題
2007	1,973	7,318
2008	1,733	7,404
2009	1,630	8,377
2010	1,306	7,438

出所：http://ja.wikipedia.org/wiki/%E6%B6%88%E8%B2%BB%E8%80%85%E9%87%91…

7,000人へと減少しており、これは30％以上減少したことになる。さらに2009年3月末時点では72万7,000人へと前年比約38％減、2010年3月末時点では83万7,000人へと増加してしまったが、2011年3月末時点には74万人、同年6月末時点では63万人、同年9月末時点では57万人へと確実に「多重債務者」の数を減少させることができている。

また、「自己破産」件数も2009年では126,265件、2010年には120,930件へとこちらも着実にその数を減らしている。

さらに、「多重債務」の問題から発生する自殺者数に関してだが、「経済・生活問題」から発生する自殺者数は、2007年から2010年まで、ほぼ7,000人超であるのに対して、「多重債務」の問題から発生する自殺者数は、2007年には1,973人であったが、2008年には1733人、2009年には1,630人、2010年には1,306人と、こちらに関してもその数を減らすことができている。

以上のようなデータから、今回の「改正貸金業法」の施行によって、その目的に関しては一定の効果をあげることができつつあるといってよいであろう。

しかしながら、他方では消費者金融業者数の激減という痛みを伴う改正となり、「ヤミ金融業者等」を利用せざるを得ない人がいることも現実である。

したがって、今回の段階的改正法の施行は、「多重債務者」問題を解決する良き施行であったということができる。しかし消費者金融業者のそもそもの存在意義、すなわち社会的役割を損なわず[40]、両者の関係をうまく調整していく社会的枠組みに関する取り組みが、今後さらに必要となってくるであろう。

また消費者金融業者数の激減と貸付額の減少は、マクロ経済的には消費支出

を減らすばかりでなく、所得の低下を加速させ、ひいては失業率の上昇へとつながってしまうことになろう。

[註]
(1)「サラ金問題」が表面化した時期は、1970年代から1980年代のことである。
(2)「高金利取締法」とも呼ばれ、「出資の受け入れ，預り金及び金利等の取り締まりに関する法律」のことを指す。
(3) 奥山忠信・張英莉編著『現代社会における企業と市場』(八千代出版 2011年) 所収、相馬敦「消費者金融市場と多重債務問題」p119-122 参照
(4) 金融庁 HP 〈http://www.fsa.go.jp/status/kasikin20120502〉
(5) 前掲書、p126.
(6) 前掲書、p123.
(7) 貸金業者の純資産基準は、法人500万以上・個人300万以上であったが、これを法人・個人ともに5,000万円に引き上げた。
(8) いずれも各年の3月末時点のデータである。
(9) 『日本の消費者信用統計』平成24年版社団法人日本クレジット協会 2012年2月発行 p33.
(10) 『貸金業が担う資金供給機能等の現状と動向に関する調査結果報告』〈資金需要者調査〉－資料編－日本貸金業協会 2012年2月24日（金融庁ホームページ）
(11) 調査対象は、借入れ利用者3618名（現在、消費者金融会社やクレジットカード会社・信販会社、その他の金融機関から借入残高のある借入れ利用者3,618名を抽出）と専業主婦（主夫）1,187名（消費者金融会社やクレジットカード会社・信販会社、その他の金融機関から借入れ経験があり、パート収入含む一切の収入がない専業主婦（主夫）を抽出）p4.
　調査期間は、2011年11月18日から2011年12月14日 p4.
(12) 前掲書、p7.
(13) 前掲書、p9.
(14) 前掲書、p10.
(15) 前掲書、p11.
(16) 前掲書、p14.
(17) 前掲書、p19.
(18) 前掲書、p20-21.
(19) 前掲書、p24.
(20) 前掲書、p26.
(21) 前掲書、p44.

(22) 前掲書、p46.
(23) 前掲書、p47.
(24) 前掲書、p50.
(25) 前掲書、p52.
(26) 『貸金業が担う資金供給機能等の現状と動向に関する調査結果報告〈経営実態調査〉－資料編－日本貸金業協会 2012 年 2 月 24 日（金融庁ホームページ）
(27) 調査機関は 2011 年 10 月 7 日から 11 月 11 日 p4.
(28) 前掲書、p9.
(29) 前掲書、p10.
(30) 前掲書、p12.
(31) 前掲書、p16.
(32) 前掲書、p17.
(33) 前掲書、p18.
(34) 前掲書、p19.
(35) 前掲書、p27.
(36) 前掲書、p36.
(37) 前掲書、p37.
(38) 前掲書、p38.
(39) 前掲書、p39.
(40) 消費者金融業者の存在意義は、「信用力の乏しい人を対象にした小口で無担保の貸付」である。

参考文献

矢島保男著、『クレジット』日経産業シリーズ、日本経済新聞社、1988 年 8 月
『朝日新聞』朝刊 2010 年 6 月 23 日
『日本の消費者信用統計平成 24 年版』社団法人日本クレジット協会、2012 年 2 月
矢島保男著『消費者信用』ダイヤモンド社、1983 年
http://1st.geocities.jp/mochybooo/suii.html

第7章　経営学における因子分析の活用

中村健太郎

　本章では、因子分析と呼ばれる手法の経営学における有効性を、具体的なデータの分析例を示しながら検討する。因子分析は、複数科目のテスト得点などのように観測可能な多数の情報から、直接観測できない知能といった特性を検討するために、元来は心理学の分野で発展した手法である。少ない因子で多数の観測情報の共通した変動を説明しようとする因子分析について、その理論的概要を確認し、心理学由来の分析法がどのように経営学において活用できるのか、その可能性を示す。

1．因子分析の概要

1-1　因子分析とは

　因子分析の適用は、1904年にイギリスの心理学者スピアマン（Spearman, C）による人間の精神能力に対する検討に始まるとされる（Spearman, 1904）。スピアマンは、古典、フランス語、英語、音程弁別などについて、そのテスト結果間の相関関係を分析し、異なるテスト間に共通して作用する知能と呼ばれる因子を抽出した。
　その後、因子分析の活用は心理学に留まらず、医学、工学、教育学、政治学、社会学、経済学、経営学などの幅広い分野において、複雑な事象を適切に縮約する統計的手法のひとつとして利用されてきた。
　社会科学の領域では、「顧客満足度」や「ブランド価値」、「景気」などのように、それ自体では直接的に測定できない概念を扱うことが多い。心理学では特に、「学力」や「適性」といった潜在的な特性を研究対象とし、それを何らかの

方法で測定することが求められる。潜在的な特性は因子とも呼ばれ、複雑な現象を説明するために導入された仮説的で構成的な概念を表している。因子分析は、テスト得点などのように観測可能な多数の情報から、直接観測できない知能といった特性を客観的に数値化するために発展した手法である。少数の適切な因子によって、多数の観測情報の共通した変動を説明可能な因子分析は、潜在的な概念を扱う社会科学では特に有効であると考えられる。

因子分析の主要な目的は、以下のようにまとめられる。

- 観測される個々の情報の相互関係を、より少数の解釈しやすい因子によって説明可能かを検討する。ここで、相互関係は相関係数によって数値化される。
- これらの因子数を決定する。
- 解釈のために因子の命名を行う。
- 因子得点を求める。ただし、因子得点の算出は必要に応じて行われる。

1-2　因子分析の実際

統計モデルとしての因子分析は、多変量解析の1つの手法と捉えられる。多変量解析では、以下の表7-1のような多変量データを分析の対象とする。

このデータは、首都圏在住の15歳以上の女性を対象として行った海外のファッションブランドに関する意識調査の結果を一部抜粋したものである。回答者454人のうち、各項目に該当すると答えた人数を表している。

ここでの変量は、それぞれの質問項目であり、その数は7つである。変量は、変数、あるいは観測変数などとも呼ばれる。一方、各ブランドは変量についての観測対象であり、その数は11である。一般的には、観測対象数は変量に対して大きな数となることが多い。

多変量解析の目的のひとつは、そのままでは捉え切れない大規模なデータから、重要な情報を取り出すことにある。因子分析では、7つの変数に共通する情報を、より少数の因子という仮想的で潜在的な変数に縮約することが試みられる。

表7-1　海外ファッションブランドのイメージ調査データ

ブランド名	認知度	所有率	高級感	誇らしさ	品質の信頼性	センスのよさ	広告が魅力的
シャネル	377	209	318	136	150	123	86
エルメス	327	136	245	104	154	127	41
ティファニー	327	136	182	86	136	136	59
ルイ・ヴィトン	359	186	177	77	186	82	18
グッチ	350	154	163	73	141	114	32
ラルフローレン	295	200	54	27	114	91	36
カルティエ	291	109	232	95	150	95	23
フェラガモ	286	68	159	64	109	77	18
プラダ	245	45	104	50	77	82	18
K・クライン	263	123	32	23	64	118	54
ベネトン	327	241	18	5	54	59	95

※上田太一郎、『データマイニング事例集』、共立出版、1998による日経流通新聞1996.8.31のデータから再構成

　観測変数に共通している変動を少数の因子で説明するということを、統計モデルとして数式で表現すると、以下の式（1）の通りとなる。これは、因子分析モデルの基本式と呼ばれる。

$$z_{ij} = \alpha_{j1} f_{i1} + \alpha_{j2} f_{i2} + \cdots + \alpha_{jm} f_{im} + d_j u_{ij} \tag{1}$$

ここで、z_{ij}は、i番目の観測対象について、そのj番目の観測変数の標準化されたデータを表している。観測対象の数はnとし、観測変数の数はpとする。また、m個導入された1からmまでのそれぞれのf_iは、観測対象iの共通因子と呼ばれる。潜在的な変数であり、その値を直接観測することはできない。観測されるデータの背後で作用する対象iの特性を表している。f_iの添字にjが含まれていないことからわかるように、f_iの値は異なる変数に対してjによらず共通に影響を与える。これが共通因子と呼ばれる所以であり、複数の観測変数の共変動を、より少数の因子が説明する状況を表現している。

　一方、u_{ij}は観測対象iの観測変数jにおける独自因子と呼ばれ、共通因子では説明し切れない観測変数j独自の振る舞いを説明するために導入される。

各因子に乗じられている a_j は、観測変数 j の因子負荷と呼ばれ、観測変数が共通因子から受ける影響の程度を示す。これに対して、d_j は観測変数 j の独自係数と呼ばれ、観測変数が独自因子から受ける影響の程度を表す。独自因子を2乗したものは独自分散、あるいは独自性と呼ばれる。

観測対象がそれぞれ有すると仮定される共通因子と独自因子の具体的な値は、それぞれ共通因子得点、独自因子得点と呼ばれる。共通因子得点は、単に因子得点、あるいは因子スコアなどと呼ばれることが多い。分析の過程で算出された因子得点は、観測変数の素点合計と同様の傾向を示すが、因子分析モデルを導入することにより、因子負荷や独自因子を考慮した独自の考察も可能となる。

共通因子を導入した効果は、共通性という指標で検討することができる。共通性 h_j^2 は、観測変数 j が m 個の共通因子から説明される割合を表す。その逆が独自性 d_j^2 である。これは、観測変数 j が独自因子から説明される割合である。

表7-1に示した海外ブランドのデータに対して、共通因子数を2として因子分析を適用した。分析には統計解析環境 R（R Development Core Team, 2011）を使用した。表7-2には因子負荷の推定値と共通性を示した。

f_1 と f_2 の2つの因子を導入したことによる説明率（累積寄与率と呼ばれる）は76%となった。7変数のデータの変動のうち、7割以上が2つの因子に注目するだけで説明できることを表している。

表7-2 海外ブランドデータの因子分析結果（因子負荷と共通性）

観測変数	f_1	f_2	共通性
高級感	1.010	−0.095	0.992
誇らしさ	1.013	−0.113	0.995
品質の信頼性	0.788	0.097	0.659
センスのよさ	0.560	−0.071	0.303
認知度	0.482	0.695	0.846
所有率	−0.168	1.016	0.995
広告が魅力的	−0.125	0.688	0.456

「高級感」から「広告が魅力的」までの各変数を $z_{ij}(j=1, \cdots, 7)$ とすると、数値を代入した因子分析モデルは次のように表される。ただし、独自係数 d_j は共通性 h_j^2 から $d_j = \sqrt{1-h_j^2}$ のように計算した。

$$
\begin{aligned}
z_{i1} &= 1.010 \times f_{i1} + (-0.095) \times f_{i2} + 0.126 \times u_{i1} \\
z_{i2} &= 1.010 \times f_{i1} + (-0.113) \times f_{i2} + 0.100 \times u_{i1} \\
z_{i3} &= 0.788 \times f_{i1} + 0.097 \times f_{i2} + 0.752 \times u_{i1} \\
z_{i4} &= 0.560 \times f_{i1} + (-0.071) \times f_{i2} + 0.953 \times u_{i1} \\
z_{i5} &= 0.482 \times f_{i1} + 0.695 \times f_{i2} + 0.533 \times u_{i1} \\
z_{i6} &= (-0.168) \times f_{i1} + 1.016 \times f_{i2} + 0.100 \times u_{i1} \\
z_{i7} &= (-0.125) \times f_{i1} + 0.688 \times f_{i2} + 0.890 \times u_{i1}
\end{aligned}
\tag{2}
$$

式(2)をみると、z_{i1} から z_{i4}、すなわち「高級感」「誇らしさ」「品質の信頼性」「センスのよさ」は、f_{i1} から強く影響を受け、f_{i2} からの影響が弱いことがわかる。f_{i1} の値が大きい対象 i は、それに伴って z_{i1} から z_{i4} の値も大きくなる。一方、z_{i5} から z_{i7} で表される「認知度」「所有率」「広告が魅力的」は f_{i2} からの影響が強い。

因子負荷の考察から、直接は観測できない特性である f_{i1} の値が大きくなると、「高級感」があって「誇らし」く、「品質の信頼性」が高くて「センスのよ」いブランドであると言うことができる。翻ると、この f_{i1} は、ブランドのステータスを表すことが推測され、その内容から、例えば「高貴性」といった性質であると解釈することができる。因子分析では、このように、因子負荷の高い観測変数をまとめて因子を命名し、解釈することが行われる。

一方、「認知度」や「所有率」が高く、「広告が魅力的」となる特性として、f_{i2} には「親近性」という解釈を与えることができる。つまり、海外ブランドを表す特徴として、「高貴性」と「親近性」という2つの評価軸を得ることができた。

2因子を想定して分析した海外ブランドデータについて、各ブランドの因子得点を表7-3のように得ることができる。

表7-3 各ブランドの各因子に対する因子得点

ブランド名	「高貴性」	「親近性」
シャネル	1.866	1.377
エルメス	0.946	0.012
ティファニー	0.408	−0.08
ルイ・ヴィトン	0.332	0.72
グッチ	0.159	0.173
ラルフローレン	−0.963	0.683
カルティエ	0.697	−0.488
フェラガモ	−0.155	−1.297
プラダ	−0.649	−1.778
K・クライン	−1.243	−0.616
ベネトン	−1.397	1.293

「高貴性」と「親近性」の2軸について図示すると、図7-1の通りとなる。このように因子分析は、ブランドや製品間の市場での位置関係を表すプロダクトマップの作成に活用可能である。潜在的な特性を扱う因子分析では、消費者の評価によるブランドイメージに基づく知覚マップが得られる。

図7-1を具体的に検討すると、シャネルが「高貴性」と「親近性」の双方で高い値となっている。「高貴性」の値ではエルメスが続くが、ティファニーやグッチ、カルティエなどが同様のイメージで捉えられていることがうかがえる。ルイ・ヴィトンも同様のグループに属すると思われるが、「親近性」がやや高い。高級ブランドでありながらも広く使用されている実態を反映して、消費者からは他の海外高級ブランドとはやや異なる印象を持たれているのかもしれない。

これに対して、「親近性」の値によって特徴付けられるのがベネトンである。一方、プラダは「高貴性」も「親近性」も低く、他のブランドに埋もれている可能性がある。

図 7-1　因子得点による散布図

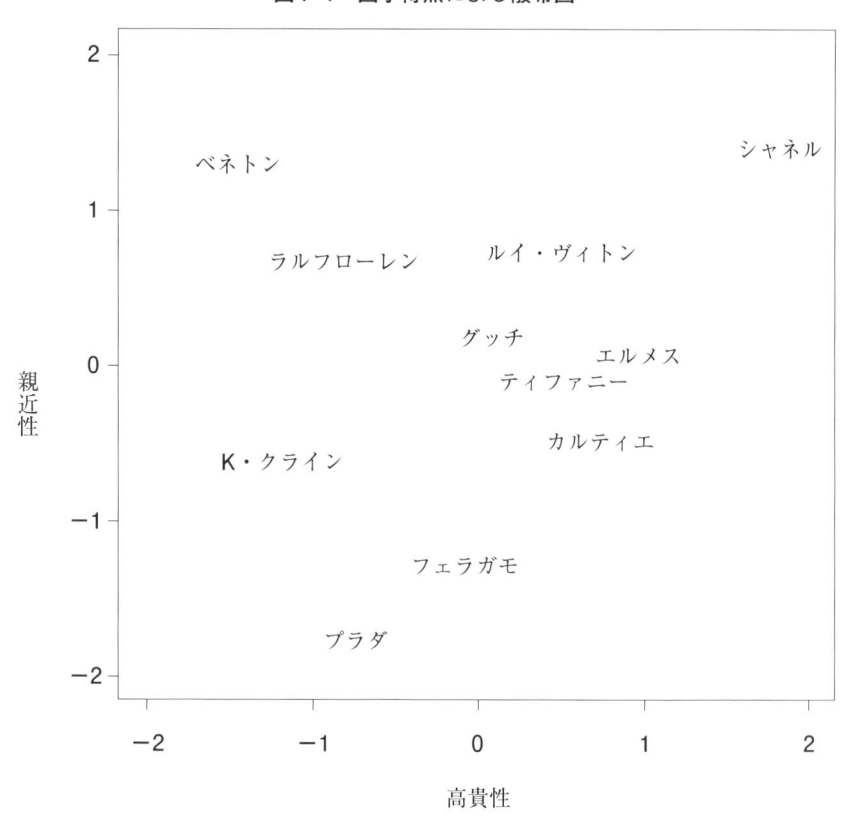

2. 理論的背景

2-1　因子負荷の初期解

　因子分析において、因子の個数をいくつに設定するかは重要な課題である。データに対する事前の仮説や、解釈のしやすさなどに加えて、統計的な基準もいくつか提案されている。相関行列の固有値や、情報量基準、適合度指標などである。本節では、それらの検討によって因子数が決定されているものとし、その上で因子負荷の初期解を推定する方法を概説する。初期解と呼ぶのは、因

子分析では因子負荷を推定した後、因子の回転という作業があるためであり、ここで得られた推定値が最終的な解釈に用いられるわけではないからである。

いま、式(1)で表された因子分析モデルの基本式を多変量の場合に拡張し、

$$\dot{z}_i = A\dot{f}_i + D\dot{u}_i \tag{3}$$

のように行列形式で表すものとする。ここで$\dot{z}_i$は観測対象iについて各変数を縦に並べたベクトルである。例えば、式(2)のz_{i1}からz_{i7}を縦にまとめて配したものが$\dot{z}_i$である。$\dot{u}_i$も同様である。一方、$\dot{f}_i$は因子数mだけ共通因子を縦に並べたベクトルである。これに対してAは、対応する因子負荷を配したサイズ$p \times m$の因子負荷行列である。各観測変数に対する独自係数を対角要素に配し、それ以外は0とした対角行列がDである。

ここで、共通因子の平均が0、分散が1、共通因子間の共分散が0と仮定し、独自因子の平均が0、共通、独自因子間の共分散が0と仮定すると、観測変数ベクトルが式(3)のように表現されたので、観測変数の共分散行列Sは

$$S = AA' + D^2 \tag{4}$$

のように表すことができる。ここで、A'はAの行と列を入れ替えた転置を表す。

因子分析が、観測変数間の共通した変動を説明するモデルであるということは、この式(4)からも確認できる。データの共分散をモデルの母数である因子負荷と独自係数によって構造化しており、データをモデルで表現していることがみてとれる。

式(4)の左側はデータとして数値を得られるのに対して、右側は先述したようにモデル母数であり、推定する必要がある。逆に考えれば式(4)を推定方式として利用可能である。つまり、$S - (AA' + D^2)$を考え、このデータとモデルとの差異が最も小さくなるようにAとDの要素を決定するという推定方法である。

データとモデルの誤差を評価するために、以下の乖離度関数を定義する。

$$\frac{1}{2}\mathrm{tr}[(S-\Sigma)^2] \tag{5}$$

ここで、Σ は $AA'+D^2$ を表すものとし、$\mathrm{tr}(M)$ は行列 M の対角要素を全て足し上げるトレース操作を表すものとする。すなわち、式(5)はデータとモデルの誤差の2乗和を示している。この基準を最小化することで母数を推定する方法を、最小2乗法と呼ぶ。

　最小2乗法は、因子分析モデルの構成から自然に理解できる母数の推定方法である。しかし、データとモデルの誤差について、各要素を全て等しく扱っていたり、共分散行列と相関行列をそれぞれ分析したときに結果が異なったりと欠点も存在する。最小2乗法を改良した推定法のひとつが、一般化最小2乗法と呼ばれる方法であり、これは、以下の乖離度関数を母数推定の基準とする。つまり、誤差をデータの共分散行列の逆行列によって重み付けるのが、一般化最小2乗法である。

$$\frac{1}{2}\mathrm{tr}[\{S^{-1}(S-\Sigma)\}^2] \tag{6}$$

　最小2乗法も一般化最小2乗法も、データとモデルの誤差を最も小さくするという原理においては共通している。これに対して、データの発生機構に確率分布を仮定し、データが得られる尤度を最大にするよう母数を推定する方法が最尤推定法である。現在の因子分析モデルを推定する標準的な方法は、最尤推定法である。

　尤度とは、データが与えられた状況で、そのデータの背後に仮定された確率分布の母数の値を変化させたときに得られる、当該データを観測する確率のことである。因子分析では、データの発生メカニズムに多変量正規分布を仮定する。最尤推定法における乖離度関数は以下の通りである。

$$\log|\Sigma|+\mathrm{tr}(S\Sigma^{-1}) \tag{7}$$

　ただし、式(7)では最小2乗法との整合性のため、符号を逆にし尤度の最大

化を乖離度関数の最小化に帰着させている。また、推測統計学的な観点から、式(7)から定数を引いた関数が用いられることが一般的であるが、この場合も推定値は式(7)を用いた場合と変わらない。

実際の推定では、乖離度関数を母数で微分し、数値計算によって最小値を与える母数を探索する。

2-2 因子の回転

因子分析において、2つ以上の因子数 m を想定した場合、m 次元上の正確な位置までは決定されず、因子は直交変換について不定性を有する。すなわち、I を対角要素が全て1である以外は全ての要素が0である単位行列とすると、$TT´=I$ という性質を満たす任意の直交行列について、

$$S = ATT´A´ + D^2 = (AT)(AT)´ + D^2 = A^*A^{*´} + D^2 \qquad (8)$$

が成り立つ。この不定性は、逆に、分析者が初期解より解釈しやすい別の解を採用しても良いことを示している。実際には、長さと距離と角度が保たれる回転を表す行列操作によって、因子の座標系を変換し、より解釈しやすい回転解を結果に用いる。

解釈のしやすさは、単純構造と呼ばれる性質によって表されることが多い。単純構造とは、可能な限り単一の因子に対してのみ観測変数の因子負荷が高く、複数の因子から強く影響を受けることがない状態を指す。実際のデータでは、完全な単純構造を得ることは困難であるが、因子の回転によって、単純構造に近づけることが可能となる。

因子の回転については様々な基準が提案されているが、プロマックス回転と呼ばれる手法が用いられることが多い。

3. 経営学に有効な活用例

3-1 尺度構成

尺度とは、ある特性を反映していると考えられる反応や行動を一定の手順で数値化するルールを指す。例えば、心理的ストレス反応に関する複数の質問項目に対して、それぞれ「該当する」と回答した場合に、1点ずつ与えるような状況である。この質問票全体を指して尺度と呼ぶこともある。

心理学では、様々な特性に関する尺度が開発されている。それらには、入社試験に用いられる適性検査や性格検査、能力検査などに利用されているような尺度も含まれる。また、入社時の選考過程だけでなく、従業員の「満足度」や仕事への「やる気」など日々の業務に影響するような特性を測定したい場合も多い。このような場面でも尺度の利用が有効である。心理学的アプローチは、経営において重要な役割を期待されていると考えられる。ここでは、心理学において尺度がどのように構成されるのかを実際的に示し、経営の分野でも多用される潜在的特性の測定における因子分析の役割を概説する。

データは、パーソナリティ心理学において研究が蓄積されている人間の複数の性格特徴について、それを反映する25の質問に対する回答を用いる（Revelle, 2011）。有効回答数は2236人分であり、1から6の数値で該当する程度が回答されている。

各項目に対する回答の傾向を検討するため、25項目全てについて、平均値、中央値、最大値、最小値、標準偏差を求め、ヒストグラムを確認した。回答が1、または6に極端に偏るような傾向は認められなかった。また、各質問項目と合計得点との相関係数を算出すると、最小の値は0.1、最大で0.6であった。

25項目に対する因子の数を決定するため、図7-2によるスクリーテストを実施した。

これは、観測変数の相関行列の固有値を大きい順に並べ、大きい方から順番にその値を図示することで因子数を判断するものである。この図はスクリープ

ロットと呼ばれる。

　図7-2をみると、6番目に大きい固有値から値の変化がほとんどなくなっていることがわかる。固有値の減少が緩やかになる1つ前の固有値の数を因子数とするのが、スクリーテストによる判断である。

　スクリーテストの結果から、因子数を5として分析を進める。パーソナリティ研究においては、性格の5因子説という有力な仮説があり、統計的検討だけでなく、実質科学的な理論からも因子数を5とすることは妥当であると考えられる。

　表7-4には性格データに対する5因子を想定した因子分析の結果を示した。

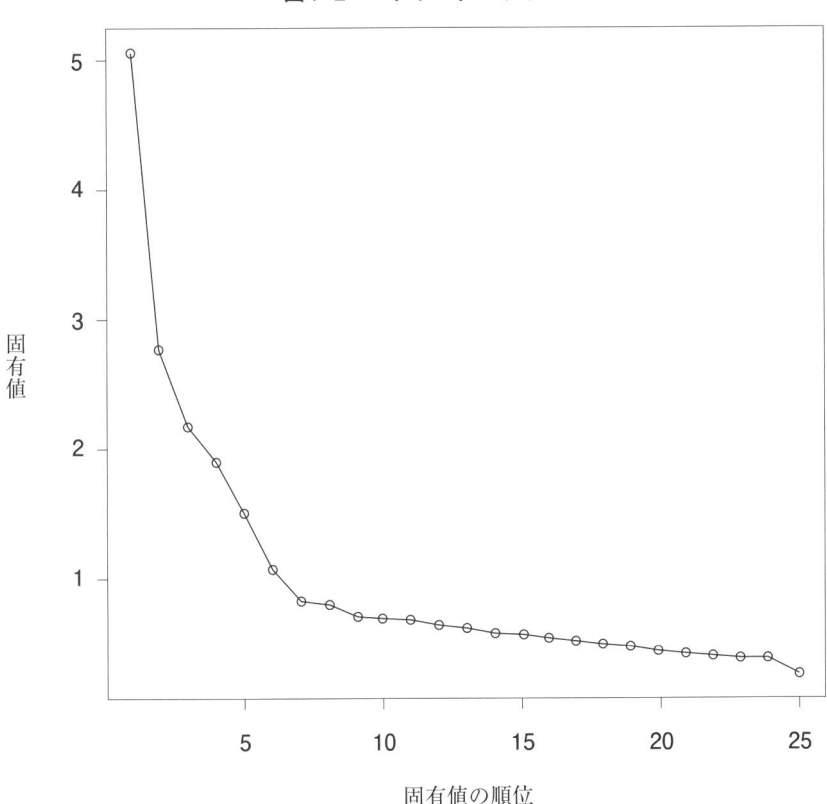

図7-2　スクリープロット

表7-4 性格データの因子分析結果

	調和性	誠実性	外向性	神経症傾向	開放性	共通性
項目1	***−0.39***	0.06	0.12	0.22	−0.05	0.16
項目2	***0.58***	0.06	0.09	−0.02	0.00	0.40
項目3	***0.65***	0.01	0.18	−0.04	0.02	0.52
項目4	***0.45***	0.18	0.09	−0.07	−0.18	0.31
項目5	***0.56***	−0.04	0.26	−0.15	0.04	0.48
項目6	0.01	***0.55***	−0.07	0.07	0.16	0.33
項目7	0.10	***0.66***	−0.14	0.12	0.05	0.42
項目8	0.09	***0.59***	−0.09	0.03	−0.07	0.33
項目9	0.07	***−0.68***	0.01	0.10	−0.01	0.48
項目10	0.03	***−0.58***	−0.12	0.12	0.11	0.44
項目11	−0.08	0.15	***−0.63***	−0.13	−0.08	0.36
項目12	−0.07	0.03	***−0.72***	0.02	−0.06	0.55
項目13	0.26	−0.05	***0.47***	0.09	0.30	0.46
項目14	0.34	−0.04	***0.60***	0.00	−0.07	0.54
項目15	0.05	0.23	***0.47***	0.22	0.20	0.42
項目16	−0.15	0.01	0.17	***0.91***	−0.06	0.72
項目17	−0.15	0.04	0.12	***0.86***	0.00	0.66
項目18	0.07	−0.02	−0.07	***0.68***	0.01	0.53
項目19	0.09	−0.12	−0.39	***0.40***	0.10	0.50
項目20	0.19	−0.01	−0.20	***0.43***	−0.15	0.34
項目21	0.01	0.04	0.12	−0.01	***0.52***	0.32
項目22	0.19	−0.09	0.04	0.16	***−0.47***	0.28
項目23	0.07	−0.05	0.22	0.03	***0.63***	0.48
項目24	0.15	−0.05	−0.30	0.06	***0.37***	0.24
項目25	0.07	−0.03	0.05	0.10	***−0.53***	0.29

因子負荷の推定は最尤推定法によって行い、回転にはプロマックス回転を採用した。

　5つの因子による累積の説明率は42%であった。25変数からなる質問紙の情報は、そのままでは適切に解釈することは困難であるが、5つの因子を導入することで、その4割近くの変動を説明でき、全体の情報を圧縮して表現することに成功しているといえる。

表7-4においては、因子負荷の高い箇所を強調して示してある。各項目の内容は表7-5に示す通りである（内容は筆者が日本語訳したもの）。ここから、各因子を、それぞれ上から5項目ずつに対応して「調和性」「誠実性」「外向性」「神経症傾向」「開放性」と解釈することができる。

分析では5因子を想定し、因子間に相関関係を認めるプロマックス回転を行ったので、表7-6に示すように、因子間相関を得ることができる。

性格特徴なので、各性格間には関連があることがみてとれる。ただし、強弱があり、例えば、「神経症傾向」と「開放性」はほとんど関連がない一方、「神経

表7-5　性格データの項目内容

番号	内容	番号	内容
項目1	他人の感情に無関心	項目16	怒りやすい
項目2	他人の健康を尋ねる	項目17	イライラしやすい
項目3	他人の慰め方を知っている	項目18	気分にムラがある
項目4	子供が好き	項目19	気が滅入りやすい
項目5	人を安心させられる	項目20	すぐにうろたえる
項目6	仕事に厳格である	項目21	アイディアに満ちている
項目7	全て完璧になるまで続ける	項目22	難しい読み物は避ける
項目8	計画に従って実行する	項目23	会話の品位を上げようとする
項目9	することが中途半端である	項目24	物事の熟考に時間を費やす
項目10	時間を浪費している	項目25	物事を深く検討しない
項目11	あまりしゃべらない		
項目12	他人に近付くのが苦手だ		
項目13	人を魅了できる		
項目14	友人を簡単につくれる		
項目15	よく世話をする		

表7-6　因子間相関

	調和性	誠実性	外向性	神経症傾向	開放性
調和性	1				
誠実性	0.20	1			
外向性	0.23	0.38	1		
神経症傾向	0.09	−0.25	−0.37	1	
開放性	0.18	0.22	0.13	0.02	1

症傾向」と「外向性」には負の相関があり、「神経症傾向」が強いほど「外向性」は低くなることが示唆されている。その逆に、「外向性」と「誠実性」の間には正の相関関係があることがわかる。

3−2　経済指標に対する適用

多変数の情報を縮約するという因子分析の特徴を考えれば、因子を性格などの心理学的な特性に限定する必然性はないといえる。実際に、株式の利益に関するデータなど経済学的、経営学的数値指標に対する因子分析の適用例もある（Tsay, 2010）。

ここでは、IBM（international business machines; IBM）、ヒューレット・パッカード（Hewlett-Packard; HPQ）、インテル（Intel; INTC）、J. P. モルガン・チェース（J. P. Morgan Chase; JPM）、バンク・オブ・アメリカ（Bank of America; BAC）の5社について、1990年の1月から2008年の12月までの月ごとの株式収益の対数をデータとして因子分析を適用した。表7-7がその結果である。

IBMとヒューレット・パッカード、インテルというIT企業に負荷の高い因子と、J. P. モルガン・チェースとバンク・オブ・アメリカという金融をまとめる因子とに分かれた。累積の説明率は60％となり、株式収益の変動の6割を2因子モデルによって説明できることが明らかとなった。データから多数の企業を少数の因子でまとめることができれば、より適切な意思決定の資料にできる可能性がある。

表7-7　5社の月ごとの株式収益に対する因子分析結果

企業	因子1	因子2	共通性
IBM	0.62	0.00	0.39
HPQ	0.78	−0.06	0.57
INTC	0.76	−0.06	0.53
JPM	0.23	0.62	0.57
BAC	−0.12	1.02	0.93

以上のように因子分析は、心理学の領域を超えて有効に活用することができる手法であるといえる。

引用・参考文献

Mulaik, S. A.（2009）. *Foundations of Factor Analysis*（2nd *Ed.*）. CRC Press.
R Development Core Team.（2011）. *R: A language and environment for statistical computing*. R Foundation for Statistical Computing.
Revelle, W.（2011）. *psych: Procedures for Personality and Psychological Research*. Northwestern University, Evanston.
Spearman, C.（1904）. General intelligence, objectively determined and measured. *American Journal of Psychology*, 15, 201-293.
豊田秀樹（編）（2012）. 因子分析入門. 東京図書.
Tsay, R. S.（2010）. *Analysis of Financial Time Series*. Wiley.
上田太一郎（1998）. データマイニング事例集. 共立出版.

第8章 ケイ・シャトルワース『マンチェスターの綿製造業で雇用される労働者階級の道徳的および身体的状態』における工業労働者の窮状とその解決策について

村田和博

はじめに

　19世紀前半期イギリスには、工場制度の漸次的進行とともに発生した企業組織、生産方法、労務管理などの変化を察知し、それらを分析する識者たちが現れた。彼らの主張は多様で、工場制度の普及は工場労働者の生活水準の向上に寄与するととらえる者たちがいた一方で、労働者階級の生活水準を低下させると認識する者たちもいた。ユア（Andrew Ure）は前者に属する好例といえ、工場やその付属施設の快適な労働・生活環境とそこで働く人々の賃金の高さを賛美した。後者に属する好例としては、ユアを労働時間の延長に尽力した「人類の抑圧者」（Fielden, 1836, p.56）と酷評するフィールデン（John Fielden）や「あらゆる労働組合の熱狂的な敵」（Engels, 1845, p.439：訳457頁）と批判するエンゲルス（Friedrich Engels）などがいる[1]。

　ところで、当時のイギリスの工業化が労働者の生活水準の向上に寄与したかについては、マサイアス（Peter Mathias）、アシュトン（Thomas Southcliffe Ashton）、ホブズボーム（Eric Hobsbawm）ら著名な経済史家たちもかかわった生活水準論争として、長きにわたって議論され続けてきたテーマである[2]。筆者はこれまで、ユアやバベッジ（Charles Babbage）といった工場制度を肯定的に評価した人々を考察の対象とすることが多かった[3]。それは経営管理や経営組織の内実をとらえようとした場合、工場制度を批判的にとらえる者よりは好意的にとらえる者を分析した方が、新たな企業の取り組みやその理論化を把握しやすいからである。しかし、19世紀前半期イギリスにおける

工場制度に対する多様な見解を踏まえれば、それでは一方的な解釈になりかねない。そこで、本章では、「マンチェスターの医師であり、教育家であり、社会改革者でもあった」（MacRaild and Martin, 2000, p.91）J. P. ケイ・シャトルワース（James Phillips Kay-Shuttleworth 以下、ケイ・シャトルワースと略記）の所説を手がかりに、工場制度の悲観的側面に光を当てたい。

フラッド（Roderick Floud）によれば、20世紀の生活水準論争における生活水準は、概ね労働者たちの平均貨幣所得をそれらの労働者たちが購入する商品群の価格で割ったものと定義されてきた。しかし、フラッドが指摘するように、この定義では、指数化しにくい公害などが労働者の生活に与える影響を無視することになる（Floud, 1989, pp.118-119：訳139-142頁）。実際に、19世紀前半期イギリスにおいて工場制度に批判的であった人々は、工業都市の衛生環境や工場の労働環境の劣悪さを批判することが多かった。ケイ・シャトルワースも、それらの劣悪さを目の当たりにした一人である。

ケイ・シャトルワースはマンチェスターで働く工業労働者の生活状態を調査し、それによって知りえた事実とその治癒策に関する私見を『マンチェスターの綿製造業で雇用される労働者階級の道徳的および身体的状態』（Kay-Shuttleworth, 1832）におさめた。彼は、マンチェスターの労働者階級の調査を通じて、彼らの生活環境と労働環境の劣悪さを知ることになったが、それらの害悪は「製造システムの必然的な帰結ではなく、原因としては疎遠か非本質的なものであって、賢明に対処されれば完全に除去されうる」（Kay-Shuttleworth, 1832, p.1）と主張する。本章では彼のこの主張の真意を探ることにするが、まずは、彼が知りえた工業労働者の状態について論述したい。

1. 工業地域で働く労働者の状態

イギリス工場法を詳細に検討した『イギリス工場法の歴史』（Hutchins and Harrison, 1903）によれば、18世紀後半のマンチェスターにおける伝染病の発生を受けて、1795年にパーシヴァル（Percival）博士たちが「マンチェスター

保健局（Manchester Board of Health）」を設立し、1796 年に「マンチェスター保健局の討議に関する決議（Resolution for the Consideration of the Manchester Board of Health）」を記した。それは、伝染病の拡大が工場労働と共同住宅や高温で汚染された空気に関連していることだけでなく、児童の深夜業、長時間労働、および教育の不足といった社会的問題がマンチェスターに存在していることを詳らかにした[4]。

ケイ・シャトルワースが目にしたマンチェスターの光景も、それと同様だった。彼によれば、工場労働者は、食事時間を除き、朝の 6 時から夜の 7 時かもっと遅くまで働いていた。彼らの食事は、じゃがいも、オートミールの粥、茶、コーヒー、わずかな量のパンなどの植物性の食料が中心であって、動物性たんぱく質は少なく、彼らの栄養不足は明らかだった。食事の悪さに加え、彼らが働く作業場は暑く、ほこりや綿の繊維で満ちていた。また、彼らの作業は、シンフォスの刑罰にも似た過酷な単純労働の繰り返しだった。こうした過酷な労働環境と生活環境が、人々の体力の消耗、怠惰、および道徳の低下を生み出していた。

人々の道徳性の欠如から、人口は増加傾向にあり、その結果、労働市場には安価な労働力が豊富に存在することになり、労働価格の継続的な低下傾向に止む気配はない。人々の道徳心が人口増加を抑制する要因として作用しないために、犯罪、戦争、および病気が「貧困という恐怖の限りない蓄積を防ぐ、過酷だが簡単な自然治癒策」（Kay-Shuttleworth, 1832, p.51）となっている。

家庭は、労働者にとって憩いの場ではなかった。家族の絆が無視されているために、そこに家庭的な安らぎはなく、そこは、むしろ逃げ出したいと感じるほど身体を消耗させる場所であった。彼らは将来の生活に無関心なため、さしあたり生きるに必要な所得を超える部分を居酒屋などで浪費してしまう。労働者たちは工場での過酷な労働とみじめな家庭のことを一時的にでも忘れ去るために、ジンショップや酒場に逃避してしまうが、そこが犯罪の温床となっている。

社会の道徳的状態を知る一つの指標として、ケイ・シャトルワースは犯罪の

発生数を用いている。以下の図表8-1は、マンチェスターに近接するソルフォード（Salford）にあるニュー・ベイリー裁判所庁舎（New Bailey Court House）から手に入れた犯罪者数の記録である[5]。ソルフォードでの犯罪にかかわる可能性があるソルフォードとその近隣地域に240,000人が住み、3年間の犯罪者総数は7,783人だから、延べ数でみる限り100人に対して3人の割合で犯罪が発生していることになる。

さらに、貧しい工業労働者たちの住居は工場の近くに密集しており、彼らは、下水道の整備されていない、排水の悪い、屋外便所のない、道路の舗装されていない地域に密集しながら居住していた。また、彼らは工場からの排煙にさらされているとともに、ゴミに囲まれた非衛生的な場所で暮らしていた。彼らの住居には十分な家具と器具が備え付けられておらず、地下室で暮らす者さえいた。一つの地下室で12人から16人が密集して暮らしている場合もあった。貧民たちの居住環境の劣悪さは、居住環境に対する彼らの無頓着にも起因していた。

工場労働者たちは、長時間労働、栄養不足、過酷な労働条件、および不衛生な生活環境にさらされていたために、身体的・精神的に蝕まれ、その結果、健康状態を悪化させた。とりわけ、伝染病の発生は深刻な問題だったが、それらは労働者階級が住む地域や住宅環境の悪さ、不十分な食料、および不十分な休息に起因していた。彼らの精神的・身体的抑圧は、死亡率には表れえない消化

図表8-1　ソルフォードにおける犯罪者数

	1829年	1830年	1831年	総　計
重罪犯の人数	580人	559人	638人	1,777人
治安を維持することができずに罪を犯した人々－罰金を支払わない、家族を放っておくなど－	819人	960人	996人	2,775人
法廷に出頭しなかった	192人	153人	182人	527人
庶子を生む規律違反	174人	151人	181人	506人
詐欺師と放浪者	620人	743人	835人	2,198人
総　計				7,783人

不良、胃痛、気管支炎、老衰、といった慢性的な病気をも生み出している。

窮乏し、かつ道徳的に退廃した労働者たちは、しばしば暴動を引き起こした。彼らは、扇動家たちの演説に触発されて、彼らの雇主の財産の破壊、工場施設・機械の破壊、警察組織への抵抗にかかわった。彼らの暴動はすさまじく、警察では暴徒に対する防護としては不十分だったので、軍隊が治安に当たることが多かった。

ケイ・シャトルワースの調査によれば、マンチェスターにおける貧民の数は増加傾向にあった。彼は、1827年から1831年の4年間の冬季（11月から2月）に、マンチェスターで救済を受けた人々の数に関する図表8-2を掲載している[6]。

図表8-2　1827年から1831年までの冬季における被救済民の数

地　区	1827年-1828年の11月から2月	1828年-1829年の11月から2月	1829年-1830年の11月から2月	1830年-1831年の11月から2月
Newtown 2番地と4番地の$\frac{3}{5}$	アイルランド人…1,559人 イングランド人…6,059人	アイルランド人…1,490人 イングランド人…5,434人	アイルランド人…3,911人 イングランド人…8,023人	アイルランド人…4,051人 イングランド人…9,129人
Ancoats 1番地と4番地の$\frac{2}{5}$	アイルランド人…1,482人 イングランド人…6,701人	アイルランド人…2,155人 イングランド人…7,158人	アイルランド人…2,690人 イングランド人…8,022人	アイルランド人…3,818人 イングランド人…9,027人
Central 5番地、6番地、9番地、10番地、11番地、14番地、そして8番地の$\frac{1}{4}$	アイルランド人…366人 イングランド人…7,422人	アイルランド人…532人 イングランド人…7,161人	アイルランド人…742人 イングランド人…9,668人	アイルランド人…909人 イングランド人…10,214人
Portland St. 3番地、7番地、12番地、13番地、そして8番地の$\frac{3}{4}$	アイルランド人…264人 イングランド人…6,864人	アイルランド人…577人 イングランド人…6,974人	アイルランド人…1,186人 イングランド人…8,591人	アイルランド人…1,114人 イングランド人…7,580人

この図表 8-2 から、マンチェスターにおける被救済民数が、1827 年から 1828 年の冬季における 30,717 人から、1830 年から 1831 年の冬季における 45,842 人へと増加していることがわかる。さらに、イングランド人よりもアイルランド人の被救済民の増加率が高いことも読み取れるので、貧民の増大にアイルランド人の移入が大きくかかわっていたことになる。

次に、節を改めて、ケイ・シャトルワースが工業労働者の窮乏原因を如何に理解し、その改善策として何を提示していたのかについて検討したいが、まずは、貧民の増大ともかかわったアイルランド人の移入について論述することにする。

2. 労働者階級が窮乏する原因とその改善策

2-1 アイルランド人の移入

製造業に対する労働供給の一翼を担ったのがアイルランド人だった。ケイ・シャトルワースは、以下のように言う。

> 綿製造業の急速な成長が王国のあらゆる地域からここへ職工たちをひきつけた。したがって、アイルランドは絶えず増加し続ける労働需要を満たすために、自国の人々の中で、とても貧しい者たちを放出してきた。この移住は、ある重要な観点からとても有害だった。アイルランド人は、この国の労働者階級に有害な教訓を教えた。(Kay-Shuttleworth, 1832, pp.6-7)

工場での労働不足を補うためにイングランドへの移住がアイルランドで奨励されたが、それが貧民の堕落と身体的抑圧の主要な原因の一つだとケイ・シャトルワースにより理解されている。というのも、安価な賃金で働くアイルランド人がイングランドへ移住することにより、イングランドの工場労働者の賃金が低下するからである[7]。さらに、ケイ・シャトルワースはアイルランド人

を文明化されていない民族ととらえ、彼らの移住により野蛮な生活スタイルがイングランドに広がって、人々の道徳的水準を引き下げると考えた。人々の道徳性の低下から肉欲にふける人々は増加し、犯罪と病気が人口増加に対する唯一の障害となる。こうして、道徳性に欠けた貧しく無気力な両親から、さらに多くの貧しき子どもたちが生まれることになる。彼らは生活必需品すら手に入れることのできない両親のもとに生まれてくるのだから、慈善事業か救貧法の保護のもとに暮らさざるをえず、したがって富の生産に貢献するのではなく、むしろ富を消失させている。

ケイ・シャトルワースは、イングランドの人々の道徳的・身体的悪化をもたらすアイルランドからの移住を防ぐ方策について、以下のように言及している。

> しかしながら、アイルランドの地代収入（rental）に対する課税を使って、その余分な労働を多くの公共事業における雇用にうまく用いることができるだろうと我々は信じている。たとえば、湿地の排水、公共の道路、運河、港などを作ることであり、それにより、国の全ての利用可能な資本が増加するのに加え、人々は勤労の習慣とより文明的な風習を教えられるだろう。イングランドは、そのとき、姉妹国のとても堕落し、かつ役に立たない大勢の人々を、現在と同じ規模で受け入れることを終えるであろう。（Kay-Shuttleworth, 1832, p.54）

ケイ・シャトルワースは地代収入に対する課税で得た財源を公共事業へ投入することにより、アイルランド内で雇用を創出することができると考えていたことがわかる。それはアイルランドでの失業問題に対する解決策となりうるだけでなく、マンチェスターにおける労働者の身体的・道徳的廃退の原因の一つとみなされたアイルランド人の移住を食い止めることにもなる。

2-2　救貧法

　救貧法の歴史を振り返れば、救貧法は1601年のいわゆるエリザベス救貧法を部分的に改訂する形で1623年にその内容がおよそ固定する。その内容は、教区が行政単位になること、救貧活動の責任者である監督官を選出すること、および、いわゆるワークハウスにおける院内給付であった。1782年のトマス・ギルバード法は、院外給付を認める点において大きく改められた。さらに、生活に必要な最低賃金を下回る者に対して、家族数に応じて教区から補助を受け取ることができるスピーナムランド制が1796年に議会で批准されると、働かなくても救済を受けることができ、しかも大家族ほど多額の救済を受けることができることから、生活に困れば貧しい家族を増やすという現象が発生した。救貧法改正を求める者たちの理由の一つが、救済が労働者の自立を妨げるということだった。また、被救済民数の増加は、必然的に、救貧活動に対する教区の支出を増大させた。

　救貧法に対して批判的だった人物の一人にマルサス（Thomas Robert Malthus）がいる。彼は『人口論』（Malthus, 1798）において、救貧法が与える悪影響を、第一に食物を増やさないで人口を増加させること、第二に自立できない人を増やすこと、であると述べている。救貧法は食料を増産させることなく人口を増加させるので、また給付金の支給により貧民世帯の購買力を増加させるので食料価格を上昇させ、結果として貧民の生活を悪化させることになる。そこで、マルサスは「イギリスの救貧法は、ひんぱんに起こる人民の困窮を救済するために制定されたのだが、それは個人的な不幸の激しさを多少は軽減したかもしれないが、一般的な弊害をより広範囲に拡大したと思われる」（Malthus, 1798, p.36：訳61頁）と述べ、貧民の窮状を解決するためには、救貧法による救済ではなく、救貧法を廃止すべきであると主張する（Malthus, 1798, pp.35-45：訳60-75頁）[8]。

　救貧法に対するこうした批判を踏まえて、1834年にいわゆる新救貧法（「救貧法改正法」［An Act for the Amendment and Better Administration of the

Laws Relating to the Poor in England and Wales］）が制定された。新救貧法の特徴は、①労働可能者に対する院外救済の廃止（ワークハウス制度）、②中央救貧行政当局の設置、および、いくつかの教区を統合してユニオンとし、国家レベルの統一基準のもとでのユニオン単位による救済、③救済額を最下層の労働者と同じ水準にする劣等処遇、④老若男女ごとの類別収容、であった。したがって、救済を受けたければ救貧院に入り、家族ある者は離ればなれにならなければならなかった。また、救貧院では様々な規則が作られ、規則違反者に対しては別室での抑留・監禁、食事制限、違反者専用の服の着用が課された[9]。

　ここで、ケイ・シャトルワースの救貧法に対する主張を見てみよう。彼の『マンチェスターの綿製造業で雇用される労働者階級の道徳的および身体的状態』は1832年に公刊されているから、1834年に制定された新救貧法に関する説明をその中に見出すことはできない。したがって、彼は旧救貧法について論じていたことになるが、彼は旧救貧法をどのようにとらえていたのか。

> 救貧法が浪費と怠惰の口実にあまりに頻繁になりすぎていることを我々は心配している。将来性がないとき、人の知性は現在の狭い範囲内に制限される。その処置により、彼は必要になる季節のために食料を蓄えることを本能的に知っている動物以下に彼自身を落とす。既存の害悪を保護する人為的社会構造は、その制度が社会に対して与える間接的な道徳的影響をあまりに頻繁に無視してきた。人類は、非常に貧しい人々が不健全な状態のときに理にかなった保護を受けることができること、つまり、困窮時に援助を受けることができることを知って喜ぶ。また、病気、老齢、老衰に対する保護所があることを知って喜ぶ。しかし、人類の全知をかけても避けることができなかった害悪を除去するために、賢明な知性の持ち主により作られた給付の際限なき拡大には、現在の窮境に関する無関心と不確実な将来に対する準備不足を貧者の間に助長する直接的な傾向がある。(Kay-Shuttleworth, 1832, pp.28-29)

救貧法は貧民の怠惰、浪費、放蕩を奨励することになる。そのような状況下にいる人々に対して、人口増加を防ぐ道徳的抑止力は作用しないから、救貧法は貧民を増加させる作用を持つ。また、働かずに救済を受けることができることは貧民の自立を妨げるとともに、富を生産することなく消費する者へ人々を変貌させることになるから、救貧法は富の増加という点から見ても問題であった[10]。

2-3　宗教心と家政の育成、および教育の付与

ケイ・シャトルワースは、人々の道徳心を低下させる要因の一つとして、宗教心の不足があると主張する（Kay-Shuttleworth, 1832, p.39）。彼は、日曜日に礼拝することなく怠惰に過ごす多くの人々が存在することから、人々の宗教心が不足していると理解する。宗教心の不足は、親と子の義務、もしくは家族の絆の崩壊をもたらすために問題視される。つまり、十分な雇用機会のある健康な父が子どもの収入で怠惰に暮らす一方で、両親が老齢になったときに彼らの子どもは彼らの両親を見捨てるという悪行が社会に存在している。

家族の絆の弱体化を生み出す要因は、宗教心の不足だけではなかった。少女たちが幼いときから工場で働くために、彼女たちに家政学の知識を授けることができないこと、さらに、婦人が工場で雇用されているために、家政が家庭で無視されていることがある。家庭での家政に対する無関心から、子どもは栄養不良で、不潔で、見栄えが悪く、冷淡と無視にさらされている。その結果、貧民の子どもたちの$\frac{1}{2}$以上が5歳に達するまでに亡くなっている。家政が無視されることから深刻な悪影響を受けるのは、子どもたちだった（Kay-Shuttleworth, 1832, p.42）。

ケイ・シャトルワースは、人間的絆が家庭でなくなり、家族全員が幸せに生活することができなくなっていると嘆くのである。その意味において、彼は人々の宗教心や道徳心を無視する経済学を以下のように憂慮する。

　社会組織（social body）は、機械のように、単に物理的な動きを含む抽象

的な諸原理、すなわち富の生産に関するそれらの数字で表した諸成果に基づいて作られえない。人間の相互関係は、単なる力学的な計算ではないとともに、純粋な数学的計算に従うそれらの諸力の合成でもありえない。経済学の目的は諸国民の富を増加させる手段を確かめることであるが、同時に、経済学は、彼らの幸福を、すなわち宗教心と道徳心の陶冶をその最大の要素として考慮することなく、その意図を果たすことはできない。
（Kay-Shuttleworth, 1832, p.39）

　ケイ・シャトルワースは、経済学の目的を数字で示されうるような富の獲得に限定することなく、数値化できない宗教心や道徳心の増大を含めた国民の幸福の増大ととらえていたことがわかる。たとえば、家計に関していえば、たとえ家計が増加したとしても、その獲得の仕方や支出内容により、家計の増加は人々の幸せに必ずしも寄与しているとはいえなくなる。実際に、貧民たちは自らの子どもを働かせて所得を得ながら、自らは働くことなく浪費したり、将来への展望を持たないために貯蓄の習慣を身につけなかったりしている。さらにいえば、道徳的に低い人々は怠惰なために、富の有効な生産者にはなりえない。その意味において、人々の道徳的状態を検討しなければ、経済学は彼にとって意味のないものだったのであろう。
　ところで、宗教心と家政を涵養するには、どのようにすればよいのだろうか。ケイ・シャトルワースは、こう述べている。

　　職工の道徳的かつ身体的状態が大きく向上されうる前に、たんなる知識の初歩的基礎に限られることのない、全般的教育制度が導入されなければならない。彼は彼の家族と社会の関係についての特質、社会における彼の政治的立場についての特質、および、それにふさわしい道徳的かつ宗教的義務についての特質について教えられるべきである。彼の教育は、理性的な娯楽の手段となりうるような一般的知識部門と、彼の仕事と関連するような精密科学部門の周知の説明とから成るべきである。（Kay-Shuttleworth,

1832, p.61）

　ケイ・シャトルワースは、教育に期待していたことがわかる。さらに、多様な教育内容を提示していることが読み取れ、職業上の知識や政治だけでなく、家族と社会との関係や道徳・宗教の特質も労働者階級が学ぶべき教育内容として示されていることもわかる。これらの教育を通じて、よい労働者にすること、よい習慣を身につけさせること、および労働者の生活状態を決める諸原理に精通させることをねらっていた。

　ところで、労働者階級は如何にして教育を受けることができるのか。これについて、ケイ・シャトルワースは、「上流階級と下層階級のより広範で、かつ温かい協力」（Kay-Shuttleworth, 1832, p.63）を重視する。彼は、この協力により下層階級に対して教育が与えられた二つの事例を示している。

　第一に、プロビデント（Provident）と名付けられた慈善団体による活動である。この団体の一人か二人のメンバーが自らの担当地域の保護と監督を行い、困窮する世帯に対して不足する必需品を供与している。また、整頓と清潔の状態を調べたり、家政を彼らに教えたりしている。

　第二に、労働者を雇用する資本家が、慈善行為として、労働者に教育を付与する場合である。つまり、資本家が、図書館を作ったり、労働者の衣食住に対して配慮したり、労働者の堕落を戒めたり、家族愛の大切さを説いたりすることである（Kay-Shuttleworth, 1832, pp.63-64）。

　こうした取り組みを実施している雇用者の事例として、ハイド（Hyde）のトマス・アシュトン（Thomas Ashton）が紹介されている。彼は労働者に対して快適な労働者用住居を提供しただけでなく、学校も建設し、そこでは、日曜日に、640人の子どもたちに対して読み、書き、算数が教えられた。幼児教室には1週間を通じて280人の子どもたちが出席した。付属の図書館では、労働を終えた人々が読書を楽しんだ[11]。

　このように、ケイ・シャトルワースは、資本家のような上流階級の人々が下層階級の人々に対して持つべき慈愛的な態度に期待したのである。資本家と労

働者階級の連帯は、これなしには期待できない。

 もしも、暖かい共感が社会の上流階級と下層階級を結びつけるのであれば、これらの不節制へと至る傾向は大いに低下するだろう。前者の知性は、これがそこから流れ出るところの泉となろう。もしも、労働の成果だけが資本家と彼の雇用する人々との関係の中で考慮されれば、彼らを製造業の機械的プロセスに必要な単なる動物的力として利用する方向に一歩進むことになろう。これは下劣な協力でないとしても薄情すぎる。これらの原理に基づいて実施される労働の報酬に対する契約は、悪意のある敵意ではないにせよ、疑念を生み出す。(Kay-Shuttleworth, 1832, p.72)

資本家は慈愛に満ちた姿勢で下層階級の人々に温かく接しながら、彼らの知性と生活水準を向上させることに努めるべきである。もしも、資本家たちが労働者たちの福利水準の向上に努めなければ、労働者階級は彼らに対して不信を抱くことになり、激しい暴動を引き起こしかねない（Kay-Shuttleworth, 1832, p.72）。
　しかし、現実を直視すれば、啓蒙的な資本家たちによる慈善的な取り組みにも限界があることにケイ・シャトルワースは気づいていた。

 彼の建物が田舎にある資本家は、彼らの雇用する人々の習慣を統制したり、生活を快適にするものを与えたりする多くの機会を持っているが、それらは大きな工業都市には存在しえない。前者の場合、近隣の土地は広く製造業者に所有され、彼はその場所に広くて快適な家を建て、職工を家の持つあらゆる便宜と魅力で取り囲むことができよう。しかし、都市の場合、土地は、しばしば、そこに居住していない所有者たちのものであり、彼らは最大限の地代を得ることだけを望んでいる。したがって、強欲な投機家たちにとって、それはバラバラの土地であって、彼らは（法律全般や特別な警察の規制によって制御されなければ）、計画もなく、狭く、舗装

されていない、水の溜まりやすい道路と路地によって横切られる乱雑な区画の中に、あばら小屋を建てる。この不名誉なシステムにより、貧民の道徳的および身体的状態の悪化は避けがたいものとなる。(Kay-Shuttleworth, 1832, pp.68-69)

工業都市の場合、工場近隣の土地は地代獲得や投機目的として、多くの地主により断片的に所有されているために、法律や政策が適用されない限り、工場周辺の土地が計画的に開発されることはない。それが、工業都市の生活環境を悪化させる要因となっている。そこで、ケイ・シャトルワースは、都市整備に対して、以下のような提言をしている。

> 道路は（所有者との協議の後）、その目的のために特別に選ばれた委員たちで構成される団体によって決められた計画に従って作られるべきである。それらの幅は建設される家の大きさと高さにある程度関係すべきである。地主たちは、家を建設するときに、十分な排水の手段を講じ、各自の道路の範囲を舗装するように強いられるべきである。それぞれの住居地に、あらゆる種類のごみ用の適切な容器が備え付けられ、さらにその所有者は、少なくとも1年間に1度、家に水漆喰を塗るよう義務づけられるべきである。家の状態を調べる調査官が任命されるべきである。そのとき、住民の健康を害する状態にあると報告されたすべての家屋の修繕が、地主の負担で実施されるべきである。(Kay-Shuttleworth, 1832, p.70)

工場労働者の居住環境を改善するためには、行政による都市計画や指導が不可欠だった。その意味において、私権である所有権は公共的害悪をもたらす限りにおいて制限されるべきだった。

2-4　制限のない交易

漸次的な機械化の進展を受けて、19世紀前半期イギリスの工場分析をした

識者の多くが、機械化の労働需要に対する影響について考察している[12]。ケイ・シャトルワースもその一人で、「新しい発明の結果として生じる雇用の変化の状態は（それにより、生産力は増大し、そのコストは低下し、さらに特定の種類の労働に対する需要はほとんどなくなる）、他の条件にして一定であれば、その状態と継続期間が、製造業に対する市場規模によって決められるであろう困難をいつも生じるだろう」(Kay-Shuttleworth, 1832, pp.54-55)と述べている。しかし、同時に、この引用文中の、「他の条件にして一定であれば」、「決められるであろう困難をいつも生じるだろう」の持つ意味を慎重に検討する必要がある。というのも、ケイ・シャトルワースは、以下のように述べているからである。

　　嫉妬深い報復を誘発する外国製品に対する思慮なき関税の賦課により、つまり、恣意的な制限や独占の存在により、製造業に対する市場の大きさが減少すれば、労働に対する需要は同じ範囲内に制限されるだろう。こうして、新しい発明はその報酬の半分を奪い取られるだろう。というのも、我々は、彼らが代わりに提供するものを受け取ることを拒否することにより、自国の製品を購買する力を他国民から奪うからである。我々は、彼らの企業心を低下させる。また、我々は我々自身の企業心を失う。交易（commerce）の関係は際限なき互恵主義の関係であって、狭量で、かつ頑固一徹な排除ではない。我々は、あらゆる国々の富を彼らの報酬として受け取らせることを認めるに比例して、非凡な才能と勤勉を促進する。我々は、我が国の職人の発明の才と不屈の努力の成果を、他の地域の収穫物や他の国々の人々のアートと非凡な才能が作り出す生産物と交換することを拒否するとき、我々は自国の富と幸福の源泉だけでなく、他国民のそれをもせき止めることになる。他方、制限のない交易（unrestricted commerce）は、個人もしくは国民の身体的および精神的能力を養うことにより文明化を急速に進め、自然の産物の量を増加させたり、人工的な主要産品を作り出そうとしたりすることだろう。交換により、彼らは他の地域の

富を獲得するのである。農業と製造業におけるあらゆる新しい発明は、すなわち変化の力を伴うあらゆる改良は、交換することで、その所有者に、同じ量の労働でより多くの量の外国製品を獲得させることができよう。人間の労働はたえず限りなく減少していくだろうが、同時に、その報酬は永続的に増加するだろう。(Kay-Shuttleworth, 1832, pp.55-56)

この引用文から読み取れるケイ・シャトルワースの二つの言説に注目したい。第一に、制限のない交易がもたらす市場拡大効果であり、第二に、制限のない交易がもたらす文明化作用である。彼のこの二つの主張について、順次説明しよう。

第一に、制限のない交易が市場を拡大する手段としてとらえられている点についてである。すなわち、自国が保護貿易を実施すれば、他国もそれに対する報復的な保護化に進み、その結果、外国における自国の商品に対する需要が低下しかねない。むろん、それは外国においても同様の状況を生み出してしまう。したがって、「交易の関係は際限なき互恵主義であって、狭量で、かつ頑固一徹な排除ではない」のである。しかし、制限のない交易を前提とした場合、競争力のある商品しか国際市場においては生き残れないはずであって、全ての商品に対する需要が増加するとは決していえない。その点に関して、ケイ・シャトルワースは、商品の国際的な比較優位性について言及することなく、市場の拡大に伴う潜在的な需要の増加から、人々の企業心や独創性が鼓舞されることによって生産費が低下すれば、国際的な商品の需要増加が見込まれると漠然ととらえている。

第二に、制限のない交易がもたらす文明化作用についてである。ケイ・シャトルワースによれば、「文明化は人為的な欲求を作り出し、節約へと導き、さらに社会の道徳的および身体的能力を養う。したがって、文明化されていない民族の導入は、本来、富の生産力を増加させる傾向にはない」(Kay-Shuttleworth, 1832, p.52)。上述したように、ケイ・シャトルワースがアイルランド人のイングランドへの移住を批判した一因は、文明化していないアイルランド

人がイングランド人の知的・道徳的資質に対して与える悪影響だった。アイルランド人のような文明化されていない人々の移住は精神的堕落を蔓延させるだけでなく、人々の労働意欲と身体的能力の低下から労働者は有効な労働力ではなくなり、国の生産力をも低下させることになるのだった（Kay-Shuttleworth, 1832, p.50）。

野蛮な民族の移入は国内の文明化を抑止するが、それとは反対に、制限のない交易は文明化を促進する作用があると考えられている。制限のない交易下にあっては、市場の拡大から人々の企業心がくすぶられ、彼らはより売れる商品の製造を模索するようになる。その結果として、人々の身体的・精神的能力が陶冶され、文明化が進むのである。制限のない交易がもたらす影響をこのようにとらえれば、制限のない交易は市場の拡大から人々の発明心や企業心などを刺激し、彼らの知的・道徳的水準を引き上げて文明化を促進する。文明化は人々の欲求水準を高めることから需要が増加する。需要の増加は、さらに市場を拡大させる、という継続的な発展傾向が読み取れよう。

このように理解すれば、「他の条件にして一定であれば、製造業に対する市場規模によって決められるであろう困難をいつも生じるだろう」とは、労働節約的な生産性の向上は国内市場に制約される限り、労働需要の減少を生み出す、と解釈すべきだろう。一方で、人口は増加傾向にあったから、生産の改良は賃金を低下させることになる。ケイ・シャトルワース自身の言葉を借りれば、「機械の改良は生産費を低下させる。しかし、もしも、製品に対する需要が恣意的な法令により制限されれば、それらの自然でかつ不可避な結果でもあろう雇用の増加は、交易が何らかの別の方法で思慮に欠く法律に伴う害悪を相殺することができるまで妨げられるだろう」（Kay-Shuttleworth, 1832, p.57）。

しかし、制限のない交易の導入とともに生産改良が進めば、「交換することで、その所有者に、同じ量の労働でより多くの量の外国製品を獲得させることができよう。人間の労働はたえず限りなく減少していくだろうが、同時に、その報酬は永続的に増加する」ことになろう。したがって、機械化が進んだとしても、制限のない交易が導入されれば、労働者階級は労働時間を低下させつ

つ、より多くの報酬を得ることができるはずであるし、労働時間の低下は彼らの道徳的・身体的向上に寄与するはずである。ケイ・シャトルワースのこの見解は、以下の引用文からも読み取れる。

> ここで隠し立てすることなく明らかにされる様々な害悪は、製造システムの必然的な帰結ではなく、原因としては疎遠か非本質的なものであって、賢明に対処されれば完全に除去されうる。それらは何らかの一つの原因から生じているのではない。ことのほか貿易の現状においては、労働時間が著しく減らされれば、非常に深刻な通商上の困難が必ずや発生するであろう。我々は賢明でない法律の帰結に関する恐ろしい光景を示す。制限された交易から生じる様々な害悪は、資本家だけに影響するのではない。というのも、労働者階級には、一見魅力的だが、実際のところは困ったことになる非常に辛いものが残されるからである。(Kay-Shuttleworth, 1832, pp.1-2)

ところで、本章の「はじめに」で示したが、上述の引用文に見られる、「ここで隠し立てすることなく明らかにされる様々な害悪は、製造システムの必然的な帰結ではなく」とは、具体的に何を意味しているのだろうか。ケイ・シャトルワースは、劣悪な工場環境と生活環境、および苛酷な労働条件について手厳しい批判を加えていたのだから、一見すると不可解である。だが、ケイ・シャトルワースは工業化に伴う全ての側面を悲観的に見ていたのではなかった。たとえば、機械化や生産性の向上は、制限のない交易を導入する限り、労働時間の低下と労働報酬の増加をもたらす手段として役立ちうるものであった。この観点に立てば、労働者階級によってしばしば引き起こされた機械破壊運動は、資本家の資産を非合法的に破壊する行為としてだけでなく、労働者階級の報酬をも低下させるものとして批判されるべきであった。労働者階級の知的・経済的窮乏の主要な原因は機械化や生産改良にあるのではなく、その主要な原因の一つが貿易制限だったのだ。

おわりに

　ケイ・シャトルワースは、『マンチェスターの綿製造業で雇用される労働者階級の道徳的および身体的状態』において、マンチェスターの工業労働者の劣悪な生活環境や困窮状態を記し、それらの原因として彼らの道徳性の低さを指摘した。つまり、彼らの道徳性の低さから、浪費、先見性のなさ、無気力、家族愛の喪失、衛生に対する無関心が発生し、彼らの生活環境が悪化しているのである。彼にとって、労働者の道徳的状態と身体的状態は不可分であって、労働者の道徳的状態の改善なしに彼らの経済的・身体的状態の改善もありえなかった。だが、より重要なことは、彼らの道徳的・経済的状態を悪化させている救貧法、イングランド人の移入、家政と宗教に対する無関心、教育制度の不備、工場周辺の土地の無計画な利用、および貿易制限といった制度的・社会的要因に問題があるという彼の指摘であって、それらの改善なくして労働者階級の窮状の改善もありえなかった。

　少なくとも、彼によれば、工業労働者階級の貧困は機械化や技術革新に伴って発生するものではなく、制限のない交易が行われていれば、機械化や技術革新は少ない労働でより多くの外国製品の購入を可能にするだけでなく、肉体的疲労度の大きい単純労働からの解放や労働の軽減をも可能にするはずだった。つまり、マンチェスターの工業労働者につきまとう害悪は、「製造システムの必然的な帰結ではなく」、政府が賢明な政策を実施するとともに、慈善的な資本家が労働者に適切な教育を与えれば、「完全に除去されうる」はずなのであった。

［註］
(1) ユアとフィールデンの経営思想を比較検討した、村田、2001 年、を参照。
(2) 生活水準論争について、詳しくは、Mokyr, 2009, pp.449-474、を参照。
(3) バベッジとユアの経営思想については、村田、2010 年、を参照。
(4) Hutchins and Harrison, 1903, pp.7-13：訳 6-11 頁、を参照。
(5) 図表 8-1 は、Kay-Shuttleworth, 1832, p.37、にある。

(6) 図表8-2は、Kay-Shuttleworth, 1832, p.31、にある。
(7) ウェイクフィールド（Edward Gibbon Wakefield）も、アイルランドからの労働者の移入がイングランドの賃金を引き下げているととらえている（Wakefield, 1833, pp.343-345：訳［一］62-66頁）。
(8) 救貧法に関するマルサスの見解について、詳しくは、Winch, 1987, pp.42-48：訳 67-76頁；美馬、2000年、61-81頁、を参照。
(9) 救貧法について、詳しくは、安保、2005年、33-74頁；西條、1996年；Rose, 1972、を参照。
(10) ケイ・シャトルワースが旧救貧法を批判する理由は、マルサスのそれと基本的に同じである。しかし、マルサスが貧困の解決策として、労働市場に対する人為的干渉をやめることを求めたのに対して、ケイ・シャトルワースは教育や交易に対する行政の介入を主張した点において対照的であった。マルサスとケイ・シャトルワースの救貧法を比較検討した、大河内、1995年、を参照。
(11) ユアも労働者に対して高い水準の福利厚生を提供するアシュトンの労務管理法を称賛している（Ure, 1835, p.349）。当時のイギリスにおいて、アシュトンの工場は福利厚生の点でかなり注目されていたのだろう。
(12) 19世紀前半期に、機械化が労働需要に対して与える影響について考察した者としては、トゥイス（Travers Twiss）やユアらがいる。詳しくは、村田、2004年；村田、2010年、を参照。

参考文献

Engels, Friedrich. *Die Lage der arbeitenden Klasse in England*. In *Karl Marx-Friedrich Engles Werke*. Band 23. Berlin: Dietz Verlag. 1845［1962］. 岡崎次郎訳『イギリスにおける労働者階級の状態』、『マルクス＝エンゲルス全集　第2巻』大月書店、1960年.

Fielden, John. *The Curse of the Factory System*. London: Frank Cass. 1836［1969］.

Floud, Roderick. "Standards of Living and Industrialisation," Anne Digby and Charles Feinstein［Ed.］. In *New Directions in Economic and Social History*. Houndmills, Basingstoke, Hampshire and London: Macmillan Education LTD. 1989. 松村高夫・長谷川淳一・高井哲彦・上田美枝子訳「生活水準と工業化」、『社会史と経済史　英国史の軌跡と新方位』所収、北海道大学出版局、2007年.

Hutchins, B. L. and Harrison, A. *A History of Factory Legislation*. London: Frank Cass & Co. LTD. 1903［1966］. 大前朔郎・石畑良太郎・高島道枝・安保則夫訳『イギリス工場法の歴史』新評論、1976年.

Kay-Shuttleworth, J. P. *The Moral and Physical Condition of the Working Classes*

Employed in the Cotton Manufacture in Manchester. Shannon: University Press. 1832 [1971].

MacRaild, Donald M. and Martin, David E. *Labour in British Society, 1830-1914*. Basingstoke and London: Macmillan Press LTD. 2000.

Malthus, Thomas Robert. *An Essay on the Principle of Population*. New York: Oxford University Press. 1798 [1993]. 高野岩三郎・大内兵衛訳『初版　人口の原理』岩波書店、1935年.

Mokyr, Joel. *The Enlightened Economy: An Economic History of Britain 1700-1850*. New Haven and London: Yale University Press. 2009.

Rose, Michael E. *The Relief of Poverty, 1834-1914*. London and Basingstoke: The Macmillan Press LTD. 1972 [1974]. 武居良明訳『社会保障への道　1834－1914年イギリス』早稲田大学出版部、1995年.

Ure, Andrew. *The Philosophy of Manufactures: Or, an Exposition of the Scientific, Moral, and Commercial Economy of the Factory System of Great Britain*. London: Frank Cass & Co. Ltd. 1835 [1967].

Wakefield, Edward Gibbon. *England and America: A Comparison of the Social and Political State of Both Nations*. Reprinted in *The Collected Works of Edward Gibbon Wakefield*. Glasgow and London: Collins. 1833 [1968]. 中野正訳『イギリスとアメリカ』日本評論社、1947年.

Winch, Donald. *Malthus*. Oxford: Oxford University Press. 1987. 久保芳和・橋本比登志訳『マルサス』日本経済評論社、1992年.

安保則夫、『イギリス労働者の貧困と救済　救貧法と工場法』(井野瀬久美恵・高田実編) 明石書店、2005年.

大河内昌、「Thomas Malthus と James Kay Shuttleworth におけるメタファーとしての貧困」『山形大学紀要（人文科学）』第13巻第2号、1995年.

西條隆雄、「新救貧法と救貧院の暮らし」松村昌家・川本静子・長島伸一・村岡健次編『帝国社会の諸相』研究社出版、1996年.

美馬孝人、『イギリス社会政策の展開』日本経済評論社、2000年.

村田和博、「A. ユアと J. フィールデンの工場システムに関する分析について」『富山商船高等専門学校研究集録』第34号、2001年.

村田和博、「T. トゥイス『機械に関する二つの講義』における機械と労働」『埼玉学園大学紀要　経営学部篇』第4号、2004年.

村田和博、『19世紀イギリス経営思想史研究－C.バベッジ、J. モントゴメリー、A. ユア、および J.S.ミルの経営学説とその歴史的背景－』五絃舎、2010年.

第9章　Bethlehem Steel Corp.の産業的蓄積
―第1次大戦期～戦後恐慌・回復期―

三浦庸男

はじめに

　本章は両大戦期におけるアメリカ鉄鋼業の市場動態分析を研究する一環として、産業構造の変容と技術革新をもたらした1920年代の鋼材市場の変化に対応する個別企業の産業的蓄積対応を考察する試論である。1920年代の鋼材市場は産業構造基軸がそれまでの石炭－鉄鋼－鉄道から石油－鉄鋼－自動車を基軸とする産業構造の変容に伴う新たな鋼材市場の拡大過程で、基軸の周辺部門に位置する機械、建設、電力・ガス、といった諸産業に底支えされつつ市場拡大をみせた。鋼材需要面では鉄道、造船等に支えられる重量鋼材主軸から自動車、製罐、家電製品等に支えられる軽量鋼材を加えた需要構造へと主軸の多様化を遂げつつある。それは重量鋼材生産比率の高いU.S. Steel Corp.の鋼材市場支配を相対的に低下させ、中堅鉄鋼企業や軽量鋼材生産専門企業の市場シェアの台頭をもたらした。

　それは同時に、U.S. Steel Corp.を中心として維持されてきたPittsburgh単一価格制が新興産業の台頭に牽引された鋼材需要の地理的拡散に伴い、その価格機能維持に困難をきたす要因となった。というのは、基点価格地である東部から離れた市場での鋼材需要の拡大市況のなかで、中西部、南部市場における鋼材消費者が基点価格に付加される鉄道運送費負担増によって生じる東部、北部市場の同業者に比する不利益的立場から、U.S. Steel Corp.および同社の関連会社に対して独占禁止法違反嫌疑で法的訴えを起こし、複数基点価格制への移行を促したからである。その結果、1924年以降は単一基点価格制に基づく高価格維持によって高利益を堅持してきた重量鋼材生産比率の高いU.S. Steel Corp.が鋼材市場支配を相対的に低下させ、軽量鋼材を中心とする独立系鉄鋼

企業が自社工場の基点地＋鋼材消費地の負担の軽減によって市場シェアを増加させるのである。こうした基点価格制は鉄鋼業においては20世紀初頭の巨大鉄鋼企業の誕生に基づいていた。

　19世紀後半以降にアメリカ鉄鋼業は金融資本と産業資本の合従連衡を通して固定資本の巨大化、技術革新、生産コストの低下を実現する生産手段の集積・集中を加速させ、1901年に巨大なU.S. Steel Trustを実現した。ここにおいて鉄鋼業は高次の蓄積様式を呈し、紆余曲折を経て管理価格機能を確保する価格制を基礎に産業的蓄積を推進する。鉄鋼業は表面的には自由競争を維持しつつ、実質的にはU.S. Steel Corp.のプライス・リーダーシップに従う管理価格機能を堅持することで競合企業間における市場競争を鈍化させる独占的市場を実現させた。管理価格を実現したPittsburgh単一基点価格制は、U.S. Steel Corp.のプライス・リーダーシップの下、各鉄鋼企業の収益を最低限確保する基盤を提供してきたが、第1次大戦期における戦時需要の高まりのなか独立系鉄鋼企業は逼迫した鋼材需要状況下で戦時産業局による価格統制の公示価格に従わずに早期引き渡しを求める鋼材消費者に応え、高価格での引き渡しを一般化した。その結果、市場は低目の戦時産業局公示価格を遵守するU.S. Seel Corp.価格と独立系鉄鋼企業を中心とする高目の自由価格といった二重鋼材価格取引のなかで基点価格制の機能喪失を伴いつつ混乱を呈する。

　また、1920-1921年恐慌では戦時期に拡大した生産能力の過剰を抱えた鉄鋼業では顧客獲得を図る価格競争が尖鋭化し、単一基点価格制機能が再度喪失されるに至り、鉄鋼業は恐慌からの脱却を図るには安定的な基点価格制機能の回復を通して資本蓄積を進展させることを急務とした。それは東部市場において単一基点価格制下で幽霊運賃の利益を博していたBethlehem Steel Corp.が戦後恐慌期の価格競争による基点価格制に基づく利益を失い、その利益回復のために競合企業と合同することによって東部市場での価格競争を終焉させ、単一基点価格制の機能回復に貢献することで解決することになる。

　本章では、戦後恐慌下で基点価格制機能喪失からの回復に貢献したBethlehem Steel Corp.の産業的蓄積の動向を戦時・恐慌期から鋼材市場回復過程期

までに限定して論述する。その前に同社の設立経緯からの産業的蓄積に触れることにしよう。

1. Bethlehem Steel Corp.設立からの経緯

1-1　設立－1910年

Bethlehem Steel Corp.の前身のBethlehem Iron Co. Bethlehem, Pa.（1875

図表9-1　Bethlehem Steel Corp.の資産構成 1904年12月

① Bethlehem steel Co. 資本金1,500万ドル、South Bethlehem, Pennsylvania.
製鉄所を所有し、年産能力30万トン、戦艦用鋼材、兵器用鋼材、その他の鋼材を生産した。同社は子会社Juragua Iron Co. Juragua, Cubaを介してCubaの鉄鉱石資源を所有。
② Haran and Hollingsworks. 資本金100万ドル、Wilmington, Delaware.
造船、修理ドック、自動車組立工場を所有。
③ Union Iron Works. 資本金200万ドル、San Francisco, California.
造船、修理ドック、機械工場、鋳物工場を所有。
④ Samuel L. Moore & Sons Corp. 資本金30万ドル、Elizabeth Port, New Jersey.
鋳物工場、船舶修理ドックを所有。
⑤ Carteret Improvement Company. 資本金30万ドル、Carteret, New Jersey.
不動産を所有。
⑥ Eastern Shipbuilding Company. 資本金30万ドル、Groton, Connecticut.
造船工場（リース契約）を所有。
⑦ Crescent Shipyard Corporation. 資本金30万ドル、Elizabeth Port, New Jersey.
造船工場を所有。
⑧ Bath Iron Works. 資本金50万ドル、Bath, Maine.
造船工場、蒸気引き揚げ機、船舶設備を所有
⑨ Hyde Windlass Company. 資本金10万ドル、Bath, Maine.
蒸気巻き上げ機、船舶設備を所有。

（出所：Hogan, William T. *Economic History of the Iron and Steel Industry in the United States*, Toronto and London, 1971, pp.539-540. から作成。）

年設立）は市販用鋼材生産を主軸に政府と軍艦用鋼材供給契約を業界で最初に結んで発展の礎を築き、1899年にBethlehem Steel Co.に改組された。1902年当時にU.S. Steel Corp.社長に就いていたCharles M. Schwabは個人的資金7.5百万ドルで1902年に同社を買収したが、U.S. Steel Corp.社長の兼任を回避する意図で、そのSchwab所有株7.5百万ドルを金融資本家でU.S. Steel Corp.取締役でもあるJ.P. Morganに売却した。MorganはU.S. Steel Corp.とBethlehem Steel Co.との合併を策したが、U.S. Steel Corp.内で強い反対に遭い彼の計画を放棄することを余儀なくされた[1]。ところが、Schwabは造船部門での資産拡大を意図してBethlehem Steel Co.株をMorganから買戻し、United States Shipbuilding Co.と合併させ前者の全資産を後者に移した。しかしながら、United States Shipbuilding Co.は設立時の過大資本が原因で財務内容を悪化させ管財人の手に委ねられることになり、SchwabはBethlehem Steel Co.の好調な鉄鋼部門を中心に新会社の組織化を企画してU.S. Steel Corp.社長を辞任し、1904年12月10日に持株会社Bethlehem Steel Corp .New Jerseyを設立したのである。

　同社の設立時の資本構成は資本金3,000万ドル（優先株、普通株各1,500万ドル）、社債300万ドル、Bethlehem Steel Co.の社債優先取得権で成り立つ。工場は海岸近くに所在する地理的条件を背景に造船業、鉄鋼業を基軸に据える生産体制を強めていく[2]。同社の資産構成は以下の如くである。

　Bethlehem Steel Corp.の躍進は社長Schwabの手腕が大であったといわれる。Schwabは同社を政府受注依存体質から脱し、民間受注依存体質への転換を図る組織改革を進展させつつ鉄鋼、造船部門を軸に1905-1920年にかけて著しく躍進させる[3]。Schwabは同社の軍需を軸とする政府関連生産依存体質が政府の財政計画に拘束され、長期計画を立てられないという危機感を抱いていた。彼は1904年に社長に就任すると政府の受注高を1905年の450万ドルから1907年には260万ドルと半減させる一方、鉄鋼生産設備の拡充と非効率設備の整理を徹底化させつつ民需生産強化への組織化を進めていく[4]。

　そこで、Bethlehem Steel Corp.による外延的資産拡大の経緯をみてみよう。

図表9-2　Bethlehem Steel corp.資産獲得（1909-1939年）

1909年
San Francisco Dry Dock Co. San Francisco, Cal.
　調達方法：現金312,500ドル、社債1,000,000ドル、負債全額の引き受けで調達
　資産規模：2,259,300ドル
　事業内容：造船所、船舶修理

1913年
Fore River Shipbuilding Co. Quincy, Mass.
　調達方法：社債750,000ドルで調達
　事業内容：造船
Titusville Forge Co. Titusville Pa.
　調達方法：現金500,000ドル、社債400,000ドルで調達
　資産規模：4,203,225ドル
　事業内容：建設、兵器製造
Milliken Bros. Staten Island, NY.
　調達方法：現金300,000ドルで調達
　事業内容：平炉鋼

1915年
Detric & Harvey Machine Co. Baltimore, Md.
　調達方法：不明
　資産規模：361,000ドルで調達
　事業内容：工作機械

1916年
United Engineering Co. San Francisco, Cal.
　事業内容：造船
Baltimore Sheet & Tinplate Co. Baltimore, Md.
　調達方法：現金1,500,000ドルで調達
　資産規模：61,315,350ドル
　事業内容：ブリキ生産用の新規工場建設
Pennsylvania Steel Co. Steelton & Lebanon, Pa. Sparrows Point, Md.
　調達方法：社債31,941,000ドル、負債17,500,000ドルの引き受けで調達
　事業内容：鉄鋼、造船

1917年
Lehigh Coke Co. Bethlehem, Pa.
　調達方法：現金1,067,250ドル、社債7,000,000ドルで調達
　事業内容：バイプロダクト・コークス工場

（つづき）

American Iron & Steel Mfg. Co. Lebanon & Reading, Pa.
　調達方法：6,600,000 ドル社債で調達
　事業内容：ボルト、ナット、スパイク、リベット
Lackawanna Iron & Steel Co. Lebanon, Pa.
　調達方法：現金 770,347 ドル、社債 1,775,000 ドルで調達.
　資産規模：18,587,865 ドル
　事業内容：銑鉄、コークス
New Jersey Lime Co. McAfee, N.J.
　調達方法：現金 72,837 ドルで調達
　事業内容：石灰
1918-1919 年
Cornwall Iron Ore Co. Cornwall, Pa.
　調達方法：社債 2,341,000 ドルで調達
　事業内容：鉄鉱石
Cornwall Railroad Co. Cornwall, Pa.
　調達方法：不明
　資産規模：13,252,994 ドル
　事業内容：鉄鉱石輸送
1919 年
Elkins Coal & Coke Co. W.Va.
　調達方法：社債 5,000,000 ドルで調達
　事業内容：石炭、コークス
1920 年
Jamison Coal & Coke Co. Jamison, W.Va.
　調達方法：現金 695,769 ドル、社債 4,200,000 ドル、負債 2,256,000 ドル引き受けで調達
　資産規模：8,792,501 ドル
　事業内容：石炭、コークス
1921 年
Baltimore Dry Dock & Shipbuilding Co. Baltimore, Md.
　調達方法：現金 280,000 ドル、社債 2,750,000 ドルで調達
　資産規模：5,109,260 ドル
　事業内容：造船、船舶修理
1922 年
Lackawanna Steel Co. Buffalo, N.Y.
　調達方法：現金 473,509 ドル、株式 35,108,500 ドル、負債 21,237,000 ドル引き受

（つづき）

    けで調達
    資産規模：85,386,329 ドル
    事業内容：鉄鋼
Simpson's Patent Dry Dock Co. Boston, Mass.
    調達方法：社債 182,000 ドルで調達
    事業内容：船舶修理
1923 年
Midvale Steel & Ordnance Co.Coatsville, Mo, Johnstown, Pa.
    調達方法：株式 97,681,400 ドル、負債 50,580,500 ドル引き受けで調達
    資産規模：159,790,698
    事業内容：標準鋼材、鋼材加工品
1924 年
Southwestern Shipbuilding Co. Los Angeles, Cal.
    調達方法：現金 34,072 ドル、社債 900,000 ドルで調達
    事業内容：船舶修理
1928 年
Atlantic Works. Boston, Mass.
    調達方法：現金 477,573 ドル、社債 422,500 ドルで調達
    事業内容：船舶修理
1930 年
Pacific Coast Steel Co. Los Angeles, Cal.
    調達方法：社債 14,793,500 ドルで調達
    事業内容：形鋼、重量鋼材、レール
So. Cal. Iron & Steel Mfg. Co. Vernon, Cal.
    調達方法：社債 7,228,500 ドルで調達
    事業内容：ボルト、ナット、スパイク
Danville Structural Steel Co. Danville, Pa.
    調達方法：負債 546,496 ドル引き受けで調達
    事業内容：形鋼
1931 年
McClintic-Marshall Co. Pa. Ill. N.Y. Cal.
    調達方法：普通株 240,000 株譲渡、社債 8,200,000 ドル、負債全額引き受けで調達
    事業内容：形鋼材加工、重量建設
Levering & Garrigues Co. Newark, N.J.
    調達方法：社債 2,250,000 ドルで調達

（つづき）
 事業内容：形鋼加工
Hay Foundry & Iron Works. Newark, N.J.
 調達方法：社債 2,000,000 ドルで調達
 資産規模：35,899,847 ドル
 事業内容：形鋼加工
Hedden Iron Construction Co. Newark, N.J.
 調達方法：社債 1,250,000 ドルで調達
 事業内容：形鋼加工
Kalman Steel Corp. Boston, Chicago, Phila. St.Paul, Youngstown, Buffalo.
 調達方法：現金 493,398 ドル、負債 336,667 ドル引き受けで調達
 事業内容：補強用棒鋼、建設用特殊鋼材
Eastern Steel Corp. Pottsville, Pa.
 調達方法：現金 512,500 ドルで調達
 事業内容：ブルーミング、ビレット、完成圧延鋼材
1932 年
Seneca Iron & Steel Co. Blasdell, N.Y.
 調達方法：優先株 5,000 株、普通株 10,000 株で調達
 資産規模：2,296,228 ドル
 事業内容：薄板鋼材、棒鋼
1936 年
Taubman Supply Co. Taubman, Michigan
 調達方法：現金と購入した資本との交換で調達
 資産規模：302,938 ドル
 事業内容：製造、石油供給販売
1937 年
Williamsport Wire Rope Co. Williamsport, Pa.
 調達方法：現金 3,300,000 ドルで調達
 資産規模：2,503,539 ドル
 事業内容：線材、ワイアロープ
1938 年
United Shipyards, Inc. New York, N.Y.
 調達方法：現金 9,469,372 ドルで調達
 資産規模：15,252,407 ドル
 事業内容：造船、船舶修理
1939 年
International Supply Co. Oklahoma City, Okla.

(つづき)

調達方法：現金 877,459 ドル、負債引き受けで調達
資産規模：11,615,784 ドル
事業内容：製造、産油発掘・石油販売

(出所：Schroeder, Gertrude G. *The Growth of Major Steel Companies, 1900-1950*, Baltimore, 1953, pp.229-230 から作成。)

1905-1910 年期間は同社の躍進の嚆矢となった。1905 年の固定資本投下額は 299 万ドルであったが、その大半が新型高炉、平炉、形鋼、レール、ビレット等の生産部門に充当された。その資金は内部留保、短期借入、社債から調達する一方、Schwab は強力な指導の下で 1907 年-1913 年間に株式配当の無配を続けつつ利益を設備投資に充当する方針を貫徹する。

主要新規投資をみると、1905-1910 年期間に社債 1,200 万ドル、金証券 750 万ドルを発行して調達した資金で 60 トン平炉 10 基、ブルーミングミル、形鋼ミル各 1 基を備えた形鋼ミル工場を建設した[5]。Schwab は 1908 年には Henry Grey が考案したビーム鋼材生産工法（グレイ工法・構造用 H 形鋼）に着目して 1908 年に特許を得て、グレイ工法を独占することで 1910 年から活況を呈していた高層建設の建設資材部門に強固な地位を築き、ビーム鋼材市場の安定的利益を確保する。また、同年に同社は San Francisco Dry Dock Co. を買収し、西海岸ドック施設を強化する。さらに、同年に Schwab は Bethlehem Iron Co. を新設し、翌年にその資本金を 100 万ドルに増資を行い、同社にキューバの鉄鉱石採掘権を管理させた。1910 年には Bethlehem Steel Corp. は需要拡大を意図して Didier-March Co. と提携して同社のコークス生産能力を 2,000 トン／日から 3,000 トン／日に高めた。だが、Bethlehem Steel Corp. は 1905 年-1910 年期間の資産拡充には短期借入、内部留保資金で賄ったため 1909 年には負債総額が 2.8 百万ドルに膨れあがっていたのである。

景気の回復につれて同社の業績も 1910 年を境に好転し、収入は 2 百万ドル、1913 年には 5.1 百万ドルと前年比で 70% 増を記録するなど[6]、大戦前に同社は業績を好転させ、造船、鋳砲、鉄鋼部門を軸に戦時期間に同社の生産拠点と

なる Pennsylvania Steel Co.の獲得で生産強化を図り、一挙に利益増加を実現して産業的蓄積を進展させていく。

1-2　1911-1917年

　Bethlehem Steel Corp.は1911年-1917年に鉄鉱石資源の確保、造船部門の資産拡大を軸に産業的蓄積を推進する。1912年には40トン平炉6基、10トン電炉1基、ローリングミル1基をLehigh Plant, Bethlehem, Pa.に新設し、75トン平炉6基をSaucan Plantに建設中であった。同年、同社はフランスのSchneiderグループとの締結でTofo Iron Mines, Chileを入手した。同鉱床の鉄鉱石はSuperior湖の鉱床から採掘される鉄鉱石の鉄含有率50～55%に比して67%を示し、チリ産の鉄鉱石3トンがアメリカ産の鉄鉱石4トンに相当する良質の鉄鉱石であった。また、同社は鉱床が臨海地に所在することから輸出港までの輸送が不要であった上に、野天掘りであるため採掘費を抑え競争的優位にたてたのである[7]。

　造船部門では、同社は1913年に経営難に陥っていたFore River Shipbuilding Co. Quincy.Mass.を約75万ドルで買収し、大西洋岸に軍艦用造船所を確保して造船部門の強化を図る。1915年に同社は機械製造部門を拡充するためにDetric & Harvey Machine Co. Baltimore,Md.を買収する。また、同社は子会社を通してUnited Engineering Works, San Francisco,Cal.のAlameda PlantとBaltimore Sheet & Tin Plate Co.を入手した。

　1916年にBethlehem Steel Corp.は鉄鋼部門で競合関係にあり1913年不況で経営難に陥っていたPennsylvania Steel Co. Steelton, Lebanon, Pa.とその関連会社Maryland Steel Co. Sparrows Point, Md.の全資産を3,194万ドルで買収し、統合鉄鋼企業への組織改革を図ったのである。Bethlehem Steel Corp.がこの合同を図った理由は、東部市場の市場支配力を強化し安定的な利益の確保と、戦時下での生産能力の拡張による過剰生産能力形成という危機的状況を見越して、巨大な統合鉄鋼企業実現過程で非効率な老朽設備、過剰人員の整理を行いつつ過剰資本に対処することにあった。同社はこの買収によって製鉄能力

を5割増、製鋼、圧延生産能力を各2割強高めると同時に、多種鋼材生産体制を完成させ、管理・維持・販売費の節約と各部門の統合化による経済性および製品開発能力の向上を実現したのである。また、Bethlehem Steel Corp.はレールの生産拠点も確保し、Sparrows Point Plantを中核とする鉄鋼生産の統合化を一挙に実現すると同時に、Pennsylvania Steel Co.が所有するキューバの鉄鉱石資産をも入手し、原材料部門での競争的優位をも確保したのである[8]。殊に、Bethlehem Steel Corp.はそのキューバの鉄鉱石資産の陸揚げ地がSparrows Point Plantに近く、組織として統合化を実現したのみならず、同社が未所有であった石炭資産も入手したことはPennsylvania Steel Co.とMaryland Steel Co.の買収が同社にとって鉄鋼生産の拠点として要をなすものであったといえよう[9]。

そこで、Bethlehem Steel Corp.の躍進の支柱をなすPennsylvania Steel Co.をみてみよう。

Pennsylvania Steel Co.は南北戦争中にレール市場が錬鉄から鋼鉄へ転換しつつあった事情と鉄道資材、ボイラー用鋼材、造船用鋼材、シャフト、機械用薄板といった需要の拡大の見込みからPennsylvania Steel Railroad Co.によって1862年に設立された。同社は1875年までにローリングミル、ブルーミングミル、年製銑3万トン高炉、平炉を建設し、最新生産能力を有する第一級の製鋼企業に成長していく。1882年には同社の年製鋼能力は25万トンに達し、営業成績は良好を堅持していたので、1893年からの恐慌期間の1896年、1897年で赤字を記録したが、景気が復調すると不況期の1896年の700万ドル弱の売上が1901年には約2,000万ドルへと3倍近くも増大した[10]。

1887年に同社は大西洋岸にSparrows Point Works, Md.を建設する[11]。同工場はキューバからの鉄鉱石の利用を意図した高炉を備え、従来の内陸部から採掘される鉄鉱石の運送費用を不要とすると同時に、同工場で生産される銑鉄を製鋼するためにBessemer Steel Works, Steelton, Pa.（1867年5月操業）へ出荷する費用を抑えることができたのである。1891年にSparrows Pint WorksはPennsylvania Steel Co.が所有するMaryland Steel Co. Baltimore County, Md.

に移管され、翌年には年製銑能力が35.8万トン、年製鋼能力40万トン、年圧延生産能力が30万トンに達した[12]。

1901年4月には新組織として Pennsylvania Steel Co. of New Jersey が自己資本金5,000万ドルで法人化された。その資産は以下の如くである。

① Steelton, Harrisburg. Pennsylvania Steel Co.の全資産
② Maryland Steel Co. Sparrows Point Works の全株式
③ Juragua Iron Co.（Cuba）の株式の半数所有
④ Spanish American Iron Co.の全株式
⑤ Cuban Steel Ore Co.の全株式

1903年には Pennsylvania Steel Co.は更新固定資本投資を行い、年製銑能力を75万トン、年製鋼能力を84万トンへと著増させる。また、造船部門はフル操業状態であった。同社は燃料部門の海外依存体質からの脱却を意図してby-product coke ovens の建設を進めていった[13]。Pennsylvania Steel Co.の資産は Lebanon Furnaces、Lebanon 2基、Lochiel Furnaces,Harrisburg 1基、Steelton Furnaces,Steelton 4基である。各鉄鋼生産部門の年生産能力は製銑43万トン、ベッセマー製鋼30万トン、平炉鋼20万トン、鋳鉄1.8万トン、レール18万トン、ビレット、スラブ20万トン、他圧延鋼材10万トンであった。同社は統合鉄鋼企業として成長を遂げていたが、1901年からの Bethlehem Steel Corp.との競争と1913年不況下での業績悪化により財務を悪化させていた。こうした同社の経営財務の逼迫状態を背景に、Bethlehem Steel Corp.は1915年に Pennsylvania Steel Co.との合同交渉に入り、Pennsylvania-Maryland Steel Co.を新たに組織化して Pennsylvania Steel Co.の全資産を受け継ぐ形で1916年2月に買収を完了したのである。

また、Bethlehem Steel Corp.は統合鉄鋼組織体形成の一環として、1916年にはボルト、ナット、リベットの大手メーカー American Iron & Steel Manufacturing Co. Lebanon ,Reading, Pa.を社債発行で調達した資金6.6百万ドルで買収した結果、造船、橋梁に使用されるリベットの供給拠点を確保し、鉄道関係の付属品生産の施設をも入手する。これと並行して、同社は Lackawanna

Iron & Steel Co. Lebanon, Pa.を購入し、Pennsylvania Steel Co.の Lebanon 工場の生産体制を完成させた。さらに、1917年に同社はLehigh Coke Co.の全株式を確保し、Bethlehem Plant 近郊に巨大 by-product coke oven plant を操業することで Bethlehem Plant へのコークス自給を完成させた[14]。

Bethlehem Steel Corp.は1920年代以前までに原材料資源から鋼材加工までの統合鉄鋼組織体とする産業的蓄積を遂行する。粗固定資産増加率でみると、1905-1910年で24.5%、1911-1915年で17.7%、1916-1920年で121.2%と1916-1920年では鉄鋼企業10社中第2位の増加率を記録した。粗固定資産増加率の首位はSharon Steel Corp.で151.3%であったが、同社が小規模企業であることから、実質的にはBethlehem Steel Corp.の増加率が市場に影響を与えたのである[15]。同社の資産拡大のなかでもPennsylvania Steel Co.の資産獲得は、Bethlehem Steel Corp.の産業的蓄積を進める上での跳躍台となると同時に、組織の巨大化に伴う組織改革と金融策の転換を必要とする契機になった。

組織改革をみると、Bethlehem Steel Corp.は外延的資産拡大を展開しつつ老朽設備の整理を行い、持株会社を本部としてBethlehem Mines Corp.（原材料資源部門の管理）、Bethlehem Shipbuilding Corp.（造船事業部門の管理）、Bethlehem Steel Co.（鉄鋼、軍事関連部門の管理）といった事業会社3社に事業別統括管理を担当させる組織改革を遂行した[16]。

また、Bethlehem Steel Corp.は組織の簡素化と並行して自己金融化策、管理職に対するボーナス制度を採用した。特にボーナス制度はSchwabの経営者としての考え方を反映していた。彼は企業組織とはトップマネジメントに中央集権的権限を付与すべきであると考えた。Schwabは平均的に能力ある者は、その人物が生産に対する十分なる刺激を与えられるならば自己目標を凌駕する能力を発揮すると信じ、そのためには組織内に厳しい昇進制度と役員ボーナス制度を設け、トップマネジメント層を優遇すべきであるとしてBethlehem Steel Corp.の幹部社員から15人を選抜し経営委員会グループを構成する。そのメンバーの大半は、その後に取締役として能力を発揮したことで彼の経営組織の方向性の正しさを裏付けたのであった[17]。

図表 9-3　同社の役員報酬総額と総収入に占める役員ボーナス比率

1911 年	118,512.56 ドル	4.18%	(3.89)
1912 年	130,575.26	4.03	(4.03)
1913 年	524,506.05	7.31	(8.16)
1914 年	603,235.71	7.50	(8.27)
1915 年	1,897,492.71	8.12	(8.13)
1916 年	4,748,043.67	7.57	(7.70)
1917 年	3,113,833.50	7.96	(8.24)
1918 年	3,826,033	8.00	
1919 年	2,059,742	7.76	
1920 年	2,152,133	7.94	
1921 年	1,017,987	7.32	
1922 年	607,290	5.54	
1923 年	1,800,972	7.99	
1924 年	1,477,375	7.37	
1925 年	1,750,498	7.66	
1926 年	1,793,855	6.53	
1927 年	1,489,972	6.41	
1928 年	1,766,199	6.59	
1929 年	3,425,306	6.54	

（出所：*Commercial & Financial Chronicle*, July 26, 1930, p.578.）

　同社の役員ボーナス制度は既に 1902 年 3 月に実施されており、個人業績に対してプレミアムが付与され、役員は個人の仕事の効率を基準に報酬額を決定された。社長 Eugene Grace は 100 万ドル、副社長 Arch Johnson は 60 万ドルの報酬であった。(*New York Times*、Feb. 17, 1918.)

　役員報酬額を総収入比率でみると、1911 年 4.18%、1913 年 7.31%、1917 年 7.96%、1918 年には 18% と 1929 年迄で最高比率を記録した[18]。

　留意点は 1917 年までの比率が 1917 年の改正前の数字を示していることである。（　）内は改正後の基準に基づく 1917 年までの数字を示す。1917 年以前は 1911 年を除いて外的資産拡大が本格化するのと比例して高い報酬比率であったといえる。

もうひとつの組織改革は自己金融化である。Bethlehem Steel Corp.は操業初年の1905年には2.4百万ドルの黒字を記録したが、その後の景気後退に伴い業績も低迷する。1906年には地震でSan Franciscoの造船所が12万ドルの損害を被り、また、Bethlehem Plantが火災で6万ドルの被害を出した事情もあり、1905年14.7百万ドルから1906年には17.5百万ドルと収入は増えたが、純利益は2.4百万ドルから80万ドルへと減益となった。1908年は金融恐慌によって純益が40万ドルまで減少したが、同社は金融ポジションの強化に努め、自己金融化を経営の基調に据える契機となった。

1907-1913年期間で同社は優先株配当支払いを除いて無配当政策を継続し、内部留保資金の蓄積と社債発行による外部資金の導入を図る。1909年に長期債務は2.8百万ドルに達したが、景気の回復につれて利益は増勢に転じ1910年の収入は200万ドル、1913年には510万ドルと前年比で70%増を記録した[19]。Schwabは利益増加に伴い優先株配当を1913年に0.7ドル/株、普通株配当は1916年に4.5ドル/株とそれぞれ再開し、株主への利益還元を果たすのである。Bethlehem Steel Corp.は業績回復基調のなかで1914年8月に勃発した大戦によって一挙に業績を増大させる。

次章では、戦時期における鋼材市場と鉄鋼業の動向みてみよう。

2. 大戦時-1919年期間のBethlehem Steel Corp.

2-1 戦時期の市況

アメリカ鉄鋼業の製鋼能力増加率は1911-1914年までは鈍く1915年第1四半期まで鋼材市場は低迷していた。だが、1914年8月欧州大陸での戦火は不振のアメリカ鉄鋼業に外的刺激を与えることになった。鉄鋼各社は大戦期の戦時需要を与件にして各生産部門の生産力を拡大させ高利潤を獲得する。製銑部門では大型高炉の設置と技術面での製銑原料コークス製造法におけるbee-hive processからby-product processへの転換が進展するとともに合理

化、統合化が進んだ[20]。

　戦争勃発前年は不況下にあり、価格面でみると鋼材価格は1913年1月以降顕著な下落傾向を呈していた。1914年8月の欧州での戦火勃発当初は交戦諸国からの注文により市況が活況を呈するが、戦争による輸送船舶不足の深刻化と世界的金融の混乱で海外需要が伸びず、鋼材生産が頭打ちになっていく。だが、同年11月に入ると、戦争が激化し中立国が鋼材購入先を交戦国からアメリカに切り替えたことで外国からの需要が殺到し、需要の一挙的拡大に伴い鋼材生産が急増をみせる。だが、鋼材価格面は1914年第4四半期-1915年2月まで低迷していた[21]。鋼材価格指数が鉄鋼生産の増大に伴い上昇に転じるのは1915年3月からであるが、同年7月までは1914年の不況時平均を上回ることはなかった。需要の増大で鋼材価格は1917年7月にピークに達したが、政府の価格統制圧力により下落に転じ、同年9月には戦時産業局の基準価格が公表され、アメリカの参戦時よりも低位に釘づけされ、1918年11月の終戦以降までその水準が維持される[22]。

　主要鋼材価格の動向をみると、黒板が1915年7月の88から1917年第3四半期404（44.35ドル/トン→179.17ドル/トン）、構造用形鋼が1914年12月82から1917年8月424（32.70ドル/トン→1138.66ドル/トン）、厚板が同期間83から714（28.22ドル/トン→201.49ドル/トン）と価格急騰がみられた。留意すべきは、これらの鋼材価格は公表基準価格であり、実質的な消費者の購入価格は鉄道運賃の値上げおよび戦時産業局の規制外にある特殊鋼材価格が存在していたため、早期引き渡し、あるいは特殊鋼材として高価格での取引が独立系鉄鋼企業でなされていたことである。

　鋼材総体の価格では1917年には1913年比で約4倍高位水準に達し、前年比では2倍の高位である[23]。それは労働力不足、輸送機関の不備、コークス不足といった需要への供給対応の不全が主因であったが、独立系鉄鋼企業が顧客側の早期引き渡し要請に対して大幅なプレミアムをつけ騰貴を煽り、さらに、在庫投機がブローカーを中心に展開されたことも原因であった。また、独立系鉄鋼企業は戦時期間の予測が不明瞭な理由から出来る限り早く投資資金を回収

するために高値を付ける傾向があった[24]。

　戦時中にプレミアム価格が一般化してくると、政府は1917年に価格統制を実施して鋼材価格の抑制に動いた。U.S. Steel Corp.は政府指導に従い、市場では戦時産業局価格とプレミアム価格の二重価格取引がみられ、基点価格制が一時的にその機能を喪失したのである。そこで戦時産業局は業界との協議を経て銑鉄、棒鋼、形鋼、厚板等の上限価格を決定し、他の鋼材にも逐次適用することで鋼材価格の安定化を図るのであった[25]。

　需要面では交戦諸国からの早期注文に応えるために、鉄鋼業は既存生産能力の増加を推進しつつ更新固定資本投資を追加していく。1915年には鉄道用レール工場が棒鋼生産に転換されたように軍事用生産体制への転換が急がれた。1915年下半期には需要の急増とともに鉄鋼生産は5月には1913年度の月平均指数を84%上回ってピークに達する[26]。1915年単年でも全米鉄鋼業の製鋼能力は450万トン増加し、完成圧延鋼材生産能力は380万トン増を示した。1916年にもそれぞれ380万トン増、200万トン増をみせる。1916年夏には鉄鋼生産は一時的に軽微な増大に止まったが、再び増勢がみられ1917年5月にピークに達し、1917年平均生産水準は1913年比で377%増の最高水準に達したのである[27]。

　鉄鋼業は旺盛な固定資本投資によって生産能力を高めつつ需要増大に対処したが、鉄鋼生産部門の稼働率はフル稼働状態にあり、拡大する需要に生産が追いつかない状況であった。戦時期の固定資本投資による生産能力の拡大は1918年では製銑能力4,070万トン、製鋼能力5,254万トン、圧延生産は3,000万台へと増大を記録したのである[28]。

　生産部門別でみると、製銑はピークの1916年10月には1913年基準での平均比で57%増、1916年平均では同年比27%増の800万トン増を記録した。1917年には船舶不足による輸送上の混乱から生産増勢は鈍化したが、銑鉄価格は1917年にも上昇を示し、同年7月には1913年比で394%も上回った[29]。製鋼はピーク時の1917年では1913年比44%増、1,400万トン増であったが、前年比では5%増にすぎない。完成圧延鋼材生産はピークの1917年では1913

図表 9-4　U.S. Steel Corp.の賃金引上げ率

		引き上げ前との基準比	1915 年基準比
1916 年	2月 1日	10.0%	10.0%
	5月 1日	13.6	25.0
	12月15日	10.0	37.5
1917 年	5月 1日	9.0	50.0
	10月 1日	10.0	65.0
1918 年	4月16日	15.6	90.0
	8月 1日	10.5	110.0
	10月 1日	10.0	131.0

(*TNEC*, Monograph No.13, pp.216-217.から作成。)

年比 33%増、800 万トン増であったが、前年比 2%の微増であった。

　鉄鋼業は高利潤を獲得し、高まる需要に応える供給体制を整備するために既存固定資本を改善しつつ新規固定資本投資を進展させた。製銑部門では大型高炉が新設され、製銑コークスの製造法が bee-hive から by-product へ急転換された。製鋼部門では、Bessemer process から平炉への転換が進む。圧延部門では製品の標準化、規格化が進行し、設備の電化が普及した。

　鉄鋼生産の好調に支えられ鉄鋼業は利益、賃金も上昇をみせる。企業利益では減価償却後の純利益（利子、配当、税金控除後）を総資本（株式、社債、準備金）に対する比率でみると、1915 年 7.5%、1916 年 21.7%、1917 年 28.9%、1918 年 20.1%と高い総資本利益率である。賃金をみると、1917 年平均時給が 33%増（ブルームミル賃金）から 78%増（シートミル賃金）までの範囲での上昇率であった[30]。特に U.S. Steel Corp.は 1917 年の参戦後の 3 年間で 639 百万ドルの利益を博し、8 回も賃金を引き上げている。1918 年 10 月 1 日の 8 回目の同社の賃金引き上げは 1915 年比で 131%増に達した。（図表 9-4 参照）

　企業別では独立系鉄鋼企業の躍進が顕著で、固定資産では、Bethlehem Steel Corp.は 1913 年－1918 年期間に 1.7 億ドル、296.5%も増大した。次いで Youngstown Sheet & Tube Co.が 2,900 万ドル、114%増を示した。一方、戦時産業局価格に従った U.S. Steel Corp.は 2.7 億ドル、27.5%増に止まった。それ

は同社が統制価格に従い、価格騰貴の抑制に努めたことや従来の顧客との取引を尊重した引き渡しを遵守し、設立時の水増し財務の水抜きを基調に社債の償還と内部留保資金の充実化を経営方針として貫徹したためである。だが、同社の純利益は15億ドル余りで第2位のBethlehem Steel Corp.の1.6億ドルを実に10倍も上回り、他企業を圧倒していたことには変わりがなかった[31]。

Bethlehem Steel Corp.をみると、受注競争で先行投資を積極化させていた事情から財務内容はさほど良好とはいえなかったが、同社は戦時需要による膨大な受注を受け、生産能力をフル稼働させ高利益を博して財務も堅調なものに変容した。同社の受注高をみると、1914年69百万ドルであったが、1915年には一挙に3倍増の275百万ドルに達した。1916年には若干の減少を示した後、アメリカが参戦した1917年は559百万ドルと同社の生産能力を凌駕した[32]。

同社の純利益は1913年の5.1百万ドルから1915年は17.8百万ドル、1916年は43.6百万ドルと戦時期の最高値を記録した。1917は27.3百万ドル、1918年は15.9百万ドルであった。同社の高利益を普通株価/1株の動きでみると、1906年の普通株価は8ドルであったものが、1913-1914年には30ドル、1915年は600ドルと驚異的に上昇した[33]。

また、同社は1917年に普通株4,459万ドルもの大幅増資を行い、固定資本投資資金を調達した。それに続いて、同社は1918から1919年にかけても41万ドルの増資を行っている。優先株は1916年の1,491万ドルから1917年には4,463万ドルと2,972万ドルの増資がなされ、1918年には28万ドルの増資も行われた。株式資本総額では1916年2,977万ドルから1917年10,408万ドルと3.5倍の増大を記録する[34]。同社の新規固定資本投資および資産調達投資は1915年13.5百万ドル、1916年70.3百万ドル、1917年76.8百万ドル、1918年30.4百万ドルと戦時需要拡大に対応したものであり、1917年-1919年にかけての同社の追加資産勘定は58.6百万ドルと巨額なものとなったのである。

Bethlehem Steel Corp.は戦時需要よって得た利益の株主への還元を復活させ、1908年から無配としていた優先株配当を1913年から再開し、1913, 1914年は1株0.7ドル、1915年、1916年は1.0ドル、1917年は1.6ドル、1918年と

1919 年は 13.4 ドルを配当した。また、同社は普通株配当では 1905 年から 1915 年まで無配であったが、1916 年に 1 株 4.5 ドル、1917 年 6.5 ドル、1918 年 5.9 ドル、1919 年 4.2 ドルと利益配当を行ったのである[35]。

戦時下で Bethlehem Steel Corp. は造船、鋳砲、これらに資材を提供する鉄鋼部門の生産拡大によって莫大な利益を獲得し、その後の同社の発展の礎を据える。だが、同社は 1918 年 11 月の終戦とその後の経済的混乱下で新たな組織対応を迫られることになった。

2-2　1918 年 11 月終戦－1919 年の市況

1918 年 11 月の終戦は戦時需要の活況を終焉させ、戦時需要の見込生産をしてきた企業に過剰資本を露呈させることになった。鋼材消費産業は軍需の縮減とともに鋼材購入を控えた結果、鋼材市況は終戦の数か月間は生産低下をみせる。だが、市況は自動車、住宅建設、油田開発、農機具、造船等からの鋼材需要と鉄道の更新投資需要を中心にした繰り延べ需要に支えられ、1919 年 6 月から 1920 年秋まで活況を呈する。しかしながら、需要が回復しつつある状況下で 1919 年 9 月に鉄鋼ストライキ、11 月に炭坑ストライキが起こり交通機関の輸送不備と労働力不足も要因となってミルの稼働率が 74.5％ と後退し、鋼材供給不足が深刻化する。鋼材供給不足は鋼材価格を急騰させ、早期引き渡しを求められた鋼材が高プレミアム価格取引となり、1920 年の鋼材市況に価格、需要面で混乱を生起させたのである[36]。

終戦暫く鋼材価格は戦時産業局による価格統制が継続されたが、鉄鋼業は終戦直後の不振からの脱却を図るために 1918 年 12 月 11 日に総合鋼材価格を平均で 4 ドル／ネットトン引き下げて需要創出を試みる。政府は需要減退と過剰資本の顕在化に伴う恐慌発生を予見し、1919 年初頭に鉄道投資需要を底支えとした需要の創出を促すと同時に、同年 2 月に平時経済への転換を促進する意図で商務省内に戦時産業局を産業局に組織替えして市況の安定化を試みた。産業局は鉄鋼業界との協議に基づき、不況予測からの鋼材取引縮減を考慮して 1919 年 3 月 21 日に主要標準鋼材価格を戦時下の独立系鉄鋼企業価格よりも平

図表 9-5　主要鋼材 Pittsburgh 基点価格（1918-1919 年）

	1918 年 戦時局価格	1918 年 12 月 11 日	1919 年 3 月 21 日
ビレット/グロストン	47.50	43.50	38.50
ビーム/百ポンド	3.00	2.80	2.45
厚板/百ポンド	3.25	3.00	2.65
棒鋼/百ポンド	2.90	2.70	2.35
薄板（28 ゲージ）/百ポンド	5.00	4.70	4.35
釘/ケグ	3.50	3.50	3.25

（出所：*TNEC*, Monograph, No.13, pp.358, 362 から作成。）

均 7 ドル/ネットトン低く設定して公表したのである。（図表 9-5 参照）

独立系鉄鋼企業は同年第 2 四半期までそれを下回って販売していたが、6 月以降の繰り延べ需要に牽引された鋼材需要増大に伴い産業局価格に従った。しかし、独立系鉄鋼企業はその後の需要増加を見越して出荷引き延ばしを策し、鋼材の値上がりによる受注価格との利鞘を得る。また、独立系鉄鋼企業は早期引き渡しを求める鋼材消費者にはプレミアム価格で販売して高利益を獲得したのである。

これに対して、U.S. Steel Corp.は産業局価格に従った。その理由は同社が独立系鉄鋼企業に比して工場立地、鋼材の多様性で優位に立ち、特殊鋼材の分野では独占的に高価格で販売できる立場にあった事情から独立系鉄鋼企業の価格の引き上げにも然程の脅威を感じなかったと考えられた。また、同社が係争中のシャーマン法に加え、1919 年に西部の圧延業者団体が Pittsburgh 基点価格制を差別価格として、クレイトン法第 2 項違反で連邦公正取引委員会に提訴したことへ配慮をしたことも一因であろう[37]。しかしながら、1919 年半から1920 年夏にかけての景気上昇に伴いほぼ完全操業状態にある U.S. Steel Corp.は需要拡大に供給が賄え切れなくなると、従来の顧客に対して前年度の購入高に応じた供給配分を余儀なくされた。その結果、U.S. Steel Corp.の顧客のなかには必要鋼材量を同社から確保することが困難をきたし、独立系鉄鋼企業からプレミアム価格で購入するケースも多くみられ、鋼材価格全体の上昇をもたら

す一因にもなった。このように、戦後ブーム時にはプレミアム価格と産業局価格が併存するという二重価格体系の取引が戦時期に引き続いてみられたのである[38]。

　戦後ブーム期には鉄鋼各生産部門の拡大がみられた。製銑部門では1918年に8基の高炉が新設されたのに続いて、1919年には大型高炉2基、1920年には大型高炉6基が新設され、また多くの高炉の生産能力が改善されつつ、旧来の小型高炉が遊休あるいは廃棄された結果、製銑能力は同期間に4,160万トンから4,280万トンと僅増した。製鋼部門でも同能力は5,448万トンから5,564万トンへと僅増をみせた。圧延生産部門では同能力が2,510万トンから3,235万トンへと増大幅が他部門に比して大きかった。圧延生産高では1919-1920年に5％増、約290万トンの増加であったが、1918年水準を下回った。それは軍事用鋼材需要の減少によるものと、1919年前半の不況による鋼材需要の縮小および秋の鉄鋼、炭坑ストライキによって夏以降の景気好転に鋼材供給が対応しきれなったからである。鋼材別では建設、自動車、油田開発等からの需要で構造用形鋼、薄板、線材、スケルプ、棒鋼といった平時産業用鋼材需要が増加する一方、軍事用の鍛造半製品、輸出用半製品需要が終戦によって激減した[39]。

　総体的に戦時・戦後ブーム下で製銑部門では既存高炉の更新、大型高炉の新設がなされ、比較的小規模な多数の高炉が遊休化されると並行して旧設備の廃棄を通しての済し崩し的な過剰資本処理が行われ、銑鉄価格の下落が阻止されたのである。製鋼部門では製鋼能力の増加が鋼材需要を上回り、旧設備の過剰化とともに過剰設備能力が遊休化され、価格維持の下で産業的蓄積が進んだ。圧延生産部門では戦前はレール、厚板、構造用形鋼といった重量鋼材類を中心に市販用鋼材、線材、鋼管を生産する傾向が強かったが、戦後は鋼材市場構造の変容に伴い薄板、黒板、ストリップといった軽量鋼材類が鋼材市場占有率を高めていく。薄板、ストリップは自動車、家電製品、黒板は缶詰、鋼管は石油パイプライン等が主たる用途である。戦後の軽量鋼材需要の拡大につれて、圧延関連設備の更新、新設が多くみられる。特に電化、標準化の進展とともに1920年代後半以降には連続ストリップミルの導入による飛躍的な生産性上昇

がみられるのである。

　戦時期に拡大した鉄鋼業の生産能力は終戦によって各社に潜在的過剰資本を内在化させた。それが1920-21年戦後恐慌期に過剰資本として露呈され、鉄鋼業はその過剰資本処理に直面する。鉄鋼業は商務省の主導の下で励行された産業合理化運動を展開し、その過程で組織改革を伴う無駄排除の実践と合理化投資・資本集中運動を通して過剰資本を済し崩し的に処理せんとする。その主役を担ったのが Bethlehem Steel Corp.による東部市場で展開された資本集中であった。

　同社によって展開された競合企業との合同は戦後恐慌期での価格競争の激化によって基点価格制の機能を喪失させていた価格競争を阻止し、東部市場における Pittsburgh 基点価格制の機能を回復させることで鋼材価格を安定化させた役割を果たした。ここにおいて、鉄鋼企業間での鋼材市場を巡る価格競争が終焉し、鉄鋼業は価格安定化を基礎に1923年末からの鉄道、自動車、建設各部門からの鋼材需要の回復に牽引されつつ高蓄積を展開する。だが、連邦取引委員会によって提訴されていた Pittsburgh Price Plus System と呼ばれる単一基点価格制が独占禁止法に抵触するという連邦裁判決が1924年7月に下された結果[40]、鉄鋼業は Pittsburgh 基点価格制を放棄し複数基点価格制採用に移行することになる。新制度の採用は鉄鋼業に1920年代後半に拡大が著しい新規需要に対応する生産拠点の地理的拡散を促す契機を提供することにもなる。

　そこで、戦後恐慌から回復期において基点価格制の機能回復に大きな役割を果たした Bethlehem Steel Corp.の東部市場での資本集中による産業的蓄積の動向をみてみよう。

3. 戦後恐慌 – 回復期の Bethlehem Steel Corp.

3-1　市況

1919年から1920年にかけての戦後復興ブーム市況下で鋼材価格は、早期引

き渡しを求める需要の高まりのなかでプレミアム価格の一般化によって急騰した結果、鋼材消費者は生産コスト面で生産を阻害され、鋼材消費者の買い控え心理も加わり鋼材需要が収縮に向かうことになる。

1920年前半は1919年受注残高と戦後好景気による鋼材消費者の鋼材購入競争がみられた結果、鉄鋼業は受注を増やしたが、同年後半以降の鋼材市況は鋼材価格の上昇による鋼材消費者の買い控え心理の浸透によって冷え込んでいった。

鉄鋼業は1920年3月まで完全操業状態にあったが、4月の鉄道ストライキで出荷が滞り大量の在庫を抱え、鉄鋼業の在庫量は一時的に200万トンに達するに至った。また、鉄鋼業は鉄道ストライキの影響で鉄鋼生産用燃料資源の輸送面に不全をきたし、鋼材需要に対応できずに鉄鋼生産の縮小を強要され、鋼材在庫費を膨らませ利益を圧迫させられたのである。鉄道ストライキを原因とする鋼材供給不足は工業生産全般を阻害し、鋼材需要の収縮化へ連動させた結果、鋼材需要の収縮化は安定した顧客の少ない独立系鉄鋼企業に大打撃を与えることになった[41]。燃料不足と石炭価格の上昇は1920年の10か月間に及び、全生産分野で生産が収縮していく。殊に、絹、綿、ゴム、羊毛といった消費財生産は1920年初頭から早くも後退をみせ、5月には機械類全般にも生産縮小がみられた。鉄道と並ぶ主要鋼材消費産業である自動車は6月には生産縮小がみられ、9月には鋼材注文を激減させた。鉄鋼生産は10月のピークを境に急減を呈し、鋭角的な戦後恐慌に突入するのである[42]。

1920年夏に始まった景気後退は1921年秋口まで続き、鋼材市場でも1921年の通年で鋼材価格は暴落し続けた。その下落幅は原材料コストの落ち込みを大幅に上回り、戦時・戦後ブーム下で獲得した利益を基礎に設備投資を積極的に展開させていた独立系鉄鋼企業に投下資本の回収を困難にさせた。1920-1921にかけての戦後恐慌が短期間に尖鋭化した要因は、高運賃の鉄道負担、高賃金、高税率、および不景気による需要見込みの不透明性からくる消費者の買い控え心理といった諸要因が考えられる。

1920-1921年の鋼材市場収縮を鋼材別にみるとレール、厚板、形鋼、棒鋼と

いった重量鋼材需要の減退が顕著で、線材、薄板、ブリキといった軽量鋼材需要の減退は軽微に止まった。とはいえ、鋼材需要総体では低下が著しく、製銑、製鋼、圧延鋼材生産は同期間で74.4%減、53.1%減、46.0%減と各部門が激減を示したのである。特に製銑部門は痛手が大きく、1921年6月には全米高炉450基中374基が遊休状態であった[43]。製鋼部門でも稼働率は1920年76%から1921年には35%へ急落した[44]。こうした恐慌が深まるなかで鉄鋼各社は鋼材価格の引き下げによる顧客の確保を競い、鋼材価格は戦前の1913年水準まで下落し各社の利益を圧迫する。

恐慌下で主要鋼材消費者は独立系鉄鋼企業からプレミアム価格での鋼材購入を止め、他企業よりも3～5ドル安く販売するU.S. Steel Corp.へ購入先を切り替え始めた。その結果、U.S. Steel Corp.は1921年初頭まで85～90%での操業を確保したのに対して、独立系鉄鋼企業は顧客を失い、同時期に20～30%操業を余儀なくされた。恐慌が深化した1921年2月以降でもU.S. Steel Corp.は前年の繰り延べ需要に支えられた相当量の受注高を抱えていた事情で、同年第1四半期には圧延生産部門で70%を超える稼働率[45]を維持していたため、鋼材市況は「U.S. Steel Corp.がほぼ市場を支配している」状態であった[46]。

一方、独立系鉄鋼企業は恐慌期間に20～30%という稼働率に低迷しているなかで顧客確保のために価格引き下げを通して事態の改善を図り、市場シェア確保と利益向上を意図して価格引き下げを展開しつつ競争企業間で企業合同を試みる。価格競争面で先陣を切ったのは業績が極度に悪化していたMidvale Steel & Ordnance Co.であった。同社は1921年2月4日にU.S. Steel Corp.価格よりも5ドル/トンも低い価格で鋼材を販売する一方、この引き下げ分を補填する意味で賃金を15～25%削減して利益減少を阻止せんとした[47]。同社の子会社Cambria Steel Co.もU.S. Steel Corp.価格を6ドル/トンも下回って出荷したのを始め、Lackawanna Steel Co. Bethlehem Steel Corp.も価格引き下げに追従した結果、東部市場の価格競争は熾烈を極めた[48]。

Bethlehem Steel Corp.がPittsburgh基点価格よりも低い価格で鋼材を購入していたMidvale Steel & Ordnance Co.–Cambria Steel Co.Lackawanna Steel

Co.の顧客と同水準の価格で顧客に販売するには、変動基点価格を採用するか、もしくは顧客の現地での費用負担相当の出荷価格を採用するしかなかった。事実、Lackawanna Steel Co.の f.o.b 価格（工場渡し価格）は基点価格よりも或る期間 3.90 ドル/トンも安かったのである[49]。

東部市場での Midvale Steel & Ordnance Co.–Cambria Steel Co.,Lackawanna Steel Co.の価格引き下げは Pittsburgh 基点価格制で利益を得ていた Bethlehem Steel Corp.に打撃となった。というのは、同社は価格引き下げ競争によって Pittsburgh から Bethlehem Plant（Bethlehem, Pa.）, Sparrows Point Plant（Bethlehem, Md.）までの鉄道運賃 6 ドル/トン以上の運賃部分を鋼材価格に転嫁して得ていた利鞘（幽霊運賃）を失うからである。また、同社は基点価格によって Bethlehem Plant, Sparrows Point Plant からの鉄道運賃を相当下回る Pennsylvania, New York, New England といった東部大工業地域までの全出荷に対するボーナス部分（Pittsburgh 基点価格＋仕向地までの鉄道運賃－東部工業地域における出荷費用＝差額利得）も失うことになった[50]。

西部市場でも Republic Iron & Steel Co.が鋼材価格を引き下げ U.S. Steel Corp.との競争を激化させた[51]。Pittsburgh 西地区の Midvale Steel & Ordnance Co.その子会社 Cambria Steel Co.の価格引き下げの影響は、運賃＋Pittsburgh 基点価格によって鋼材価格が規定されている以上、Chicago 市場に価格競争が波及するのは不可避であった。

東部市場の製造業と競合している西部市場の製造業者は U.S. Steel Corp. Inland Steel Co.から鋼材を確保していた事情のため、東部市場の割安価格が即座に Chicago 市場に影響を与えることになり、Inland Steel Co.は顧客の値引き要請に応えて東部市場の価格を採用せざる得なかった。その結果、同社と取引をしている製造業者は U.S. Steel Corp.から割高価格の鋼材を購入する競合者よりも価格面で優位を保てることになり、U.S. Steel Corp.から購入する鋼材消費者も U.S. Steel Corp.に価格の引き下げを要請した。それに応えた U.S. Steel Corp.は形鋼、プレート価格を引き下げたことで Chicago 市場では価格競争が尖鋭化し、Pittsburgh 基点価格までの水準まで下落するに至った。

市場価格は価格競争を反映し、半完成圧延鋼材価格が U.S. Steel Corp.価格よりも5ドル/トン下回った[52]。その結果、独立系鉄鋼企業は利益減少阻止を意図した賃金削減効果もなく損失を広げ、利益幅を一層圧迫されたため、更に価格を引き下げて顧客を確保するという悪循環に陥ることになった。これに対して、U.S. Steel Corp.も独立系鉄鋼企業が引き鉄となって始めた東部、西部市場での価格競争に巻き込まれ、中西部市場ではレール、平炉鋼、ベッセマー鋼を除いた全鋼材に及ぶ平均価格で17ドル/トン引き下げると発表した[53]。

1921年4月13日 U.S. Steel Corp.鋼材価格引き下げをみると、ビレット38.50ドル/トン→37ドル/トン、シートバー42ドル/トン→39ドル/トン、ワイア・ロッド52ドル/トン→48ドル/トン、ブリキ7ドル/ボックス→6.25ドル/ボックス、棒鋼2.35セント/ポンド、厚板鋼板2.65セント/ポンド→2.20セント/ポンド、形鋼2.45セント/ポンド、プレイン・ワイア3ドル/トン、ワイヤ・ネイル3.25ドル/トン→変化なしである[54]。

U.S. Steel Corp.の鋼材価格引き下げに直面した独立系鉄鋼企業は価格競争による経営悪化の事態を回避するために U.S. Steel Corp.価格に追従し、価格競争の回避を図る[55]。先ず Republic Iron & Steel Co.は1921年4月18日に厚板、棒鋼、形鋼の価格を2ドル/トン引き上げたのに続いて、Pittsburgh, Youngstown 地域を中心とする Midvale Steel & Ordnance Co. Youngstown Sheet & Tube Co. Jones & Laughlin Steel Corp.が棒鋼1.8ドル/トンから2.1ドル/トン、厚板鋼板1.9ドル/トン～2.1ドル/トンから2.2ドル/トンと小幅ながら引き上げた[56]。Republic Iron & Steel Co.の価格引き上げは1921年4月までの数か月間の独立系鉄鋼企業の市場価格であったが、実質的にはこの市場価格以下で鋼材取引が行われていた価格の一掃を狙ったものである。だが、U.S. Steel Corp.は独立系鉄鋼企業の価格追従の動きとは逆に、価格を一層引き下げたため、独立系鉄鋼企業は再び価格引き下げを強いられ市況の混迷を長期化させた[57]。市場面で絶対的優位に立つ U.S. Steel Corp.は受注残高を抱えていた強さから独立系鉄鋼企業の著しい業況悪化とは対照的に高い稼働率を保っていた。こうした相対的優位に立つ U.S. Steel Corp.の価格引き下げは、同社主導

の下での市場安定化を図ったと考えられる。だが、U.S. Steel Corp.においても1921年の受注高は恐慌による需要縮小を反映して前年のピーク水準に比して500万トンも減少していた。

これに対して市場シェアを相対的に低下させた独立系鉄鋼企業の一部が1921年5月には価格引き下げでU.S. Steel Corp.に対抗を試みるが、U.S. Steel Corp.も棒鋼、形鋼を中心に前回の公表価格よりも6ドル/トン引き下げて応えた[58]。7月にも厚板、形鋼、強化用棒鋼、薄板等で価格の引き下げがみられ、U.S. Steel Corp.対独立系鉄鋼企業間の価格競争は、東部市場、中西部市場のChicago市場を中心に尖鋭化し、市況の回復を遅らせる要因となっていたのである[59]。

東部市場ではBethlehem Steel Corp.が1921年7月5日に価格引き下げを発表すると、U.S. Steel Corp.もBethlehem Steel Corp.の価格まで引き下げて対抗した。すると、Bethlehem Steel Corp.は前回発表価格よりも薄板、厚板、形鋼で3ドル/トンも下げ[60]、中西部市場でも半完成圧延鋼材を3ドル/トン下げて販売した[61]。一方、U.S. Steel Corp.も同年7月4日発表よりも更に3ドル/トン〜10ドル/トン引き下げた価格を発表して対抗した[62]。U.S. Steel Corp.の価格推移をみると、1921年7月21日発表価格は9品目平均で7ドル/トンの引き下げである。U.S. Steel Corp.は1921年7月13日、7月16日、7月21日と順次価格を引き下げた。同社の発表価格（単位：ドル/トン）はブリキ5.25、5.75、8.75（1919年3月21日公示産業局価格7.0）、棒鋼1.75、1.90、2.10（同2.35）、亜鉛板4.25、4.50、5.00、（同5.70）、黒板5.25、5.75、6.25（同7.00）、厚板1.85、2.00、2.20（同2.45）と独立系鉄鋼企業に対抗した発表であった[63]。

東部市場でのU.S. Steel Corp.とBethlehem Steel Corp.との価格競争は市場回復の指導権争いであり、U.S. Steel Corp.がBethlehem Steel Corp.との市場分割よってU.S. Steel Corp.主導の単一基点価格制機能の再建を図ろうとしたのである。こうした一連の価格競争は鋼材消費者の購買控え心理を強め鋼材市場の縮小をもたらし、1921年7月の完成圧延鋼材生産の稼働率はU.S. Steel

Corp.が 30％、独立系鉄鋼企業で 15～25％へと落ち込みをみせた[64]。

激しい価格競争による市況の混乱はようやく 1921 年 7 月に底に達した後、秋口から上昇に転じる。同年 12 月には鉄鋼生産も上向きに転じ、1922 年初頭には鉄道需要に底支えられて急増をみせ、自動車、農機具、合金需要も高まり景気回復が本格化する[65]。

鉄鋼業の市況回復には基点価格制機能の回復を基礎にした蓄積が不可欠であった。そこで、基点価格制の機能回復措置として競争相手との価格競争を回避し、東部市場での独占的価格機構の再建を通した安定した利益を確保する手段として、Bethlehem Steel Corp.は競合する Lackawanna Steel Co.及び Midvale Steel & Ordnance Co.その子会社 Cambria Steel Co.との合同を試みる。また、恐慌期における東部市場での Bethlehem Steel Corp.と U.S. Steel Corp.との価格競争は市場回復の指導力競争の意味合いではあったが、Bethlehem Steel Corp.の東部市場における競合相手との合同を通して基点価格制機能の再建を実現し、U.S. Steel Corp.もその成果を享受するのである。

では、次節で Bethlehem Steel Corp.によるライバル企業との合同をみてみよう。

3-2　Bethelehem Steel Corp.－Lackawanna Steel Co.

Lackawanna Steel Co.の前身は 1840 年に創設され Scranton,Pa.に高炉を設けた後、1843 年に市販用鉄、錬鉄レール生産用の圧延ミル、1885 年に無煙炭炭坑を操業して Lackawanna Iron & Coal Co.として改組された。1881 年に需要が拡大しつつある鋼レール生産のために Scranton Steel Co.が設立され、1891 年に Lackawanna Iron & Coal Co.と合併されて Lackawanna Iron & Steel Co.として再組織された。

1881-1889 年に同社は Scranton, Pa.から Buffalo, N.Y.に生産拠点を移し、東部市場、New England 市場に鋼材を供給する。同社は資本金 375 万ドルから 2,500 万ドルに増資して、その資金で Lake Erie の West Seneca 近郊に新規工場を設けた後、東部市場の拡大する需要に対処するために新たに資本金 4,000

万ドルで組織した Lackawanna Steel Co. N.Y.に全資産を移管させたのである[66]。

　Lackawanna Steel Co.は最新設備と鉱山を所有し 1900 年代初頭から 1910 年までの 8 年間で出荷高を 49.5 万トンから 108 万トンへ倍増させ、1908 年の不況期を除いて 1920 年まで拡大を続けるが、1913 年下半期-1914 年にかけての不況で出荷高が設立以来最低水準をみせ、1914 年には 1908 年比より 32.6 万ドルも多い赤字を呈し業績を悪化させた[67]。だが、同社は 1915 年に入ると戦時需要によって設備稼働率がフル稼働をみせた。1916 年には輸出が出荷高の 22％を占め、出荷鋼材価格では 41.59 ドル／トンと前年比で 35％も増大した。1917 年の米国参戦以降、戦時産業局が鋼材の最高価格を統制した上に、鉄道運賃統制、連邦税、超過利潤税の実施と相俟って、同社は生産能力を高めたにも拘らず、利益の伸びを鈍化させたのである。

　1918 年秋の終戦とその後の戦後不況下で輸出市場が急縮し 1919 年秋の鉄道、炭坑ストライキによって Lackawanna Steel Co.も過剰資本を抱え減産を余儀なくされ、稼働率が 12 月には 50％まで下落した[68]。

　1920 年に入っても市況は 1919 年下半期における鉄鋼の労働力不足と炭坑の労働力不足を原因に鉄鋼生産が制約され低迷していた。鋼材需要は燃料不足、鉄道輸送の不備によって 2 か月間の低迷が続き、4 月の鉄道ストライキ、州際商業委員会による燃料貨車の統制が加わって 8 月上旬まで冷え込んでいく。同年 10-12 月の 3 か月間の鉄鋼生産は急落をみせ、12 月の鋼材生産稼働率は 50％を呈するなかで同社は利益を記録する。それは 1919 年に同社が資本参加した輸出会社 Consolidated Steel Corp.の海外需要の好調に負ったことによる。Lackawanna Steel Co.は 1920 年の利益に基づいて 1.5％の四半期配当を行い、その合計額は同社の発行済株式の 6％に相当する 210.6 万ドルであった[69]。

　1920 年後半に始まった戦後恐慌は 1921 年を通して鋼材価格を急落させた。この下落は原材料コストの低下分を上回り、1921 年当初において同社が得ていた完成圧延鋼材生産からの僅かな利益を消失させる程であった。Lackawanna Steel Co.は戦後から引き続く高賃金による利益圧迫を回避するために

大幅な賃金削減を断行し、在庫価値を再生産コスト、市場価値まで帳簿上削減させたが、同社は1921年に35万ドルの赤字を記録した。恐慌下でも同社は従来からの製品多様化政策を遂行し、Lackawanna Bridge Co.Buffalo, NY.を購入し、その資産をLackawanna Bridge Works Corp.に一元化させた。

　1921年Lackawanna Steel Co.の鋼材出荷高は394,888グロストンと過去最低を示した。同年、原材料部門では鉄鉱石57.1万グロストン、コークス34.1万グロストン、銑鉄34.6万グロストンであった。製鋼部門では42.2万グロストン（ベッセマー鋼11,996トン、平炉鋼410,080トン）であった(70)。

　Bethlehem Steel Corp.は東部市場での競争者Lackawanna Steel Co.の資産および資本を購入し、東部市場における価格競争による市場の混乱を阻止し、未所有分野の市場を確保するのである。その経緯をみてみると、Bethlehem Steel Corp.-Lackawanna Steel Co.の合同はBethlehem Steel Corp.がLackawanna Steel Co.の全負債を引き受け、現金で308,650ドルの支払い、Bethlehem Steel Corp.の普通株とLackawanna Steel Co.の株式交換で合意に達した。

　この合同におけるBethlehem Steel Corp.の利点は以下の如くである。

① 同社が棒鋼、鉄、合金を生産しておらず、レール、市販用棒鋼の量産製造業者であるLackawanna Steel Co.の獲得を通して同社の未開拓市場に参入することで、これらへの新規投資が不要になる経済的利点を得た。

② Bethlehem Steel Corp.は合同によって未参入部門である鋼レール市場での強力な生産拠点を確保するとともに、安定した大口鋼材消費者である鉄道企業6社を顧客として入手し、レール生産をLackawanna Steel Co.に一元化させてレール市場を一挙に拡大したのである(71)。

③ Bethlehem Steel Corp.はPittsburgh, Youngstown, Chicago市場において販売拠点を欠いていたが、合同によって五大湖に所在する生産工場資産を確保することで、中西部、Chicago市場での競争力を強化した。また、Bethlehem Steel Corp.は五大湖近郊の資産を確保することで、基点価格＋鉄道運賃といった基点価格制の下、中西部市場における同社の運賃格差分の不利益を安価な水路を利用することで解消したのである。

④ Bethlehem Steel Corp.は合同によって Lake Superior, Lake Erie 地域の鉄鉱石、石灰、石炭といった鉄鋼生産に必要な原材料資源の安定供給を確保したのである。

Lackawanna Steel Co.からの合同の利点は、戦後恐慌における減益と過剰資本を抱え、過剰資本を処理しつつ、新市場へ対応するための合理的組織再編を必要としていた同社にとって Bethlehem Steel Corp.との合同は組織再編を実現し、新規投資、新商品開発を不要としたのである[72]。

このように両社の利点が合致すると、Daughety 司法長官の許可によって合同がなされた。司法長官の合同許可の基準は1921年恐慌下であったため平常時の業績資料を得るため基準年を1920年に設定し、両社の国内外取引に共通する製品から収入比を算出した。両社の共通品目の取引製品に占める収入比率は、Bethelehem Steel Corp.は 29.48%、Lackawanna Steel Co.は 66.27%、非競争品目は 70.52%と 33.73%である。

主要品目別でみると、標準レール：Bethlehem Steel Corp.5.02%、Lackawanna Steel Co.30.01%、ブルーム・ビレット・スラブ：2.06%と 1.08%、シートバー：2.15%と 7.31%、標準形鋼：8.82%と 10.21%、厚板（78.5インチ以下）：2.23%と 7.82%である。

全米市場シェアでは1920年全米製銑高の36.9百万トンのうち Bethlehem Steel Corp.は 4.69%、Lackawanna Steel Co.は 2.87%を占めていたが、いずれも銑鉄は自家消費用であり市場へ出荷されていなかった。その内の僅少量が市販されたとはいえ、両社間では競合関係はみられなかった。全米粗鋼シェアでは Bethelehem Steel Corp.5%未満、Lackawanna Steel Co. $3\frac{1}{3}$%、レール:Bethlehem Steel Corp. 6.78%、Lackawanna Steel Co. 15.18%であった。全米完成圧延鋼材生産比率では、Bethlehem Steel Corp. 4.9%、Lackawanna Steel Co. 3.79%であった。

鋼材別でみると、レールは両社合計で21.96%と30%近くを占め、市場シェアが高く、Lackawanna Steel Co.は Bethlehem Steel Corp.の倍のレール市場のシェアを占めていたが、両社間では競合関係がみられなかった[73]。構造用形

鋼では Bethlehem Steel Corp.は標準用とベスレヘム形鋼の２種を生産していたが、主にベスレヘム形鋼と呼ばれる軽量で低価格の鋼材を中心に市販していたので両社間では競合関係がみられない。また、Lackawanna Steel Co.の標準形鋼生産能力は Buffalo 市場の需要を満たしていないために市場で競合関係が成立していないのである[74]。Bethlehem Steel Corp.はブルーム、ビレット、シートバーが主要鋼材であるのに対し、Lackawanna Steel Co.の主要鋼材はビレット、シートバー、スラブであった。1920 年に Bethlehem Steel Corp.はブルーム、ビレットを 52,654 トン生産したが、Lackawanna Steel Co.は 7,402 トンに止まった。Bethlehem Steel Corp.はスラブを生産していないが、Lackawanna Steel Co.は 2,008 トン生産している。シートバーでは Bethlehem Steel Corp.49,749 トン、Lackawanna Steel Co.69,879 トンと生産高では接近しているものの、Bethlehem Steel Corp.は非競合製品の重量シートバーを Sparrows Point Plant で圧延し、Lackawanna Steel Co.の市販市場圏の Baltimore で市販していた。

以上の製品比較を基に、司法長官は両社間での製品競合関係が存在しないと判断し、両社間の合併は公正競争の原則に反しないとして合併を許可したのである。司法長官が提出した報告書によれば、Bethlehem Steel Corp.が Lackawanna Steel Co.を獲得する動機は生産、流通面での効率性、経済性の向上を狙いとしていたのであり、合併の結果で生ずる鋼材価格の引き上げによる利益増や東部市場での Bethlehem Steel Corp.の支配強化を意図したものではないと記載されている[75]。

Bethlehem Steel Corp.は 1922 年 10 月 10 日に Lackawanna Steel Co.を購入した。その際に、同社は購入資金調達のために自己資本を総額 107,108,500 ドル、株式数 1,701,005 株へと増資した。同社の株式構成は 8%累積転換優先株 30 万株、7%非累優先株 27.5 万株、普通株 15 万株、B 級普通株 97.6 万株から構成されている。同社は 1 株 100 ドルに固定し、B 級普通株 30 万株を準備金として留保し、負債の回収分を累積転換優先株への株式転換に充当した。合同後、Bethlehem Steel Corp.は株式構造の簡素化に取り組む。同社は従来の優先

株、普通株を 7% の累積優先株 7,700 万ドルと普通株 8,261 万ドルの二種に整理して両株式に議決権を付与した。また、同社は Buffalo Plant、NY. の改善拡張資金調達に 7% 累積優先株 1,500 万ドルを発行した[76]。

この合併の結果、Bethlehem Steel Corp. は全米比率で製銑能力 7.56%、製鋼能力 9.7%、形鋼 21.43%、厚板 4.73%、レール 21.96% を占めたのである[77]。この合同で、同社は線材、鋼管を除く全完成圧延鋼材を生産し、U.S. Steel Corp. に次ぐ地位を確保した。さらに、同社はこの合併直後の 1922 年 11 月 24 日に競合企業である Midvale Steel & Ordnance Co. 及びその子会社 Cambria Steel Co. との合同協定に合意する。

3-3 Bethlehem Steel Corp.－Midvale Steel & Ordnance Co.・Cambria Steel Co.

Bethlehem Steel Corp. は 1922 年 11 月 24 日に Midvale Steel & Ordnance Co. との合同を発表し、Nicetown, Pa. の兵器工廠を除く Midvale Steel & Ordnance Co. の全資産を獲得することになった。合同に先立ち、連邦取引委員会（FTC）は 1923 年 1 月 25 日にこの合同に対して警告を発した。本合同は Potomac 川北部、Johnstown, Pa. 東部、Buffalo, New York 地域の鉄鋼企業の競争を消滅させることになるとして本合同に関する聴聞会を開催した。

1922 年 8 月に司法長官は本合同に関する調査を行い、司法省内で異論が起こらなかったため上院に本合同の合法報告書を提出した。だが、FTC は本合同がクレイトン法、FTC 法違反に触れるとして関連企業 46 社を提訴した。Bethlehem 集団 11 社、Lackawanna 集団 13 社、Midvale 集団 22 社の 3 集団は統合企業集団を構成しており、各集団は鉄鉱石、石炭、石灰、輸送機関、原材料から完成圧延鋼材に至る統合生産体制を構築していた。これら企業集団は Potomac 川北部から Buffalo, N.Y., Johnstown, Pa. に至る南北に結ぶ地域での鉄鋼生産全般にわたる事業活動を展開していた[78]。しかし、本合同は市場の寡占化へ導くものではないと判断され、本合同は 3 月 18 日に協定が締結された。その合意では Midvale Steel & Ordnance Co. の Nicetown Plant を除く全資産

がBethlehem Steel Corp.に譲渡される。新会社は無額面株20万株で組織されMidvale Steel & Ordnance Co.の資産を管理し、Midvale Steel & Ordnance Co.の株主に新会社株を配分する内容である。Bethlehem Steel Corp.の株主はMidvale Steel & Ordnance Co.の購入費用として199,500,000ドル相当の普通株発行を承認し、またMidvale Steel & Ordnance Co.の子会社Cambria Steel Co.の資産購入も承認したのである[79]。

Bethlehem Steel Corp.はMidvale Steel & Ordnance Co.とCambria Steel Co.の全負債、社債引き受けを考慮して、Cambria Steel Co.の全資産(Nicetown Plantを除く)、Midvale Steel & Ordnance Co.の20年期限5%転換減債金証券とBethlehem Steel Corp.の普通株額面97,681,400ドルを発行し、交換引き渡しをすることに合意する。Midvale Steel & Ordnance Co.の調達時のBethlehem Steel Corp.の資本構成は、長期社債213,500,000ドル、7%累積優先株62,000,000ドル、普通株180,250,000ドルである。総資産投資は減価償却分、減耗分を差し引くと465.5百万ドル、当座勘定は133.7百万ドルである[80]。

合同の成果をみると、Midvale Steel & Ordnance Co.は1852年8月にJohnstown, Pa.において操業を開始し、1854年7月に30フィートレール圧延ミルを全米で最初に操業する。1862年にはCambria Iron Co.に社名変更して技術開発の先頭に立った。1898年8月に同社はCambria Steel Co.として資本金850万ドルで組織化され、1901-1913年間に155%という急成長を遂げる。鉄鋼生産高も467,000トンから1,193,000トンへと約2.5倍も増大した[81]。戦時の1914年10月にMidvale Steel & Ordnance Co. Nicetown, Pa.が新組織化され、授権資本100百万ドルの内75百万ドルを発行した。Cambria Steel Co.はMidvale Steel & Ordnance Co.の99%を所有し、その持株を通してWorth Brothers Co. Coatsville, Pa.の全株を支配した。また、同社は同年12月にBuena Vista Iron Co. NJ.の全株支配を通してキューバの鉄鉱石を獲得した。

1916年2月、Midvale Steel & Ordnance Co.はCambria Steel Co.の株式の支配権を得るために株式額面で2,500万ドルを20%のプレミアムを付けて売却し、5,000万ドルの社債を発行した。その内4,574万ドルをプレミアムで売却

し、残りの社債を発行してCambria Steel Co.の株式購入資金を調達した[82]。Midvale Steel & Ordnance Co.は1916年5月にWilmington State Steel Co.11月にはUnion Coal and Coke Co.を相次いで買収し、Wilmington County、De.に隣接する石炭会社の資産購入協定に入る。

獲得した原材料資産はMidvale Steel & Ordnance Co.に莫大な準備金を提供することになる。同社は五大湖に立地する船舶会社の株式の過半を所有していたことから、船舶を利用してMichigan, Minnesota両州の原材料を水路で運送し、そこから鉄道利用でJohnstown, Coatsville, Pa.の高炉へ安く運送できたのである[83]。Midvale Steel & Ordnance Co.-Cambria Steel Co.はNew York、Minnesota、Michiganの州の他にキューバ、メキシコの鉱山権益を入手していた[84]。このように両社は戦時需要に対応する組織体制を強化していったのである。

Bethlehem Steel Corp.は合同によって以下の点で利益となった。

① 同社は年製鋼能力を760万トン、全米15%まで高めたことと、鋼材生産の多様化と工場立地に近い原材料資産の確保によって経済的集荷によるコスト面での優位性を保持し、設備運営の統一化による有利な受注割り当てを可能となり、組織の運営を合理化できたのである。

② 同社は物流経路の一元化、人的資源の合理的配分、間接費の削減を実現し、東部市場で競争的優位を築いたのである[85]。同社はCambria Steel Co.のJohnstown Plant, Pa.を入手することでPittsburghと西部市場においても競争的優位に立ち、最大の鋼材市場の中部諸州の需要に対応するアクセスを確保した[86]。同社はこれによって大手競合企業に対抗する戦力を有することになったのである。

③ 同社はMidvale Steel & Ordnance Co.の原材料資源の獲得を通してMinnesota, Michigan両州の鉄鉱石資源（埋蔵量53.5百万トン）と水路利用を確保した。これは同社の原材料資源としてのキューバ、チリの鉄鉱石運送が途絶えたとしても、国内で安定した資源供給を可能にしたことになる。

合同の結果、Bethlehem Steel Corp.は利用できる鉄鉱石は2億28百万トン

を抱え、U.S. Steel Corp.所有の鉄鉱石12億トンに次ぐ埋蔵量を保有することになる。但し、これらの資産評価にはMidvale Steel & Ordnance Co.所有のMesabi Iron Co.が保有する鉄鉱石の部分的権益を除いてある。概算では、Bethlehem Steel Corp.はMidvale Steel & Ordnance Co.を獲得することで100万トンの鉄鉱石を入手したのである[87]。

次に、Midvale Steel & Ordnance Co.からの合同の動機をみてみると以下の点が挙げられる。

① 同社は合同によって規模の経済性、製品多様化、経済的流通を確保でき、生産・販売・管理維持費を大幅に削減できる。
② 同社は原材料コストの経済性という観点でBethlehem Steel Corp.に資産売却に合意したのである[88]。

Midvale Steel & Ordnance Co.はBethlehem Steel Corp.との合同に必要な資金調達のために、社債の80％、2,200万ドルを処分して充当した。その際、社債代理委員会を設置し、Federic W. Allen（Lee Higginson & Co.）,William E. Corey（Midvale Steel & Ordnance Co.会長）,Charles E. Mitchell（National City Bank of N.Y.社長）,William C. Potter（Guaranty Trust Co.社長）,Percy A. Rockefeller（Midvale Steel & Ordnance Co.経営執行役員）といった代表者によって資金調達支援がなされた[89]。本合同はGuaranty Trust Co. Lee Higginson & Co. National City Bank of N.Y.といった強力な金融資本が社債引き受けシンジケート団として支えることで実現したのであった。

このようにして本合同の必要な諸問題が1923年3月3日をもって完了した[90]。Bethlehem Steel Corp.は1923年の合同を最後に内部資金の充実化を図りつつ設備の整理、拡大を推進し、重量鋼材から軽量鋼材へと市場構造の変容に伴う生産構造の転換と経営の合理化を促進する。

戦後恐慌期の鋼材市場の混乱を回避するために東部市場でのBethlehem Steel Corp.の資本集中は、Pittsburgh基点価格制の機能回復を通して鋼材市場の独占的再編を実現させたのである。事実、Bethlehem Steel Corp.の一連の合同後には鋼材価格の引き上げがみられ、Ohio東部とPotomac川北部で仕切ら

れる最大鋼材消費市場に単一基点価格機構の再建によって価格機能が回復された。それは同時に U.S. Steel Corp.の価格指導力を復活させ、Pittsburgh 基点価格制による安定的な利益確保機能を実現させることにもなったのである。

　ライバルの U.S. Steel Corp.は一連の合同を支持してきた。というのは、東部市場での Midvale Steel & Ordnance Co.による価格引き下げを契機とする Lackawanna Steel Co.と Bethlehem Steel Corp.の価格競争は中西部の Chicago 市場に影響を与え、同地域の Inland Steel Co.が価格引き下げに追従した結果、同市場で競合関係にある U.S. Steel Corp.も価格引き下げを余儀なくされた。Chicago 市場での価格競争によって U.S. Steel Corp.は同社が中西部市場で得ていた利益を失ったばかりか、Pittsburgh から Chicago、あるいは Duluth（Mn.）までの鉄道運賃分で得ていた幽霊運賃の甘味さえも消失したのである。しかし、Bethlehem Steel Corp.が Pittsburgh 北部、東部市場で U.S. Steel Corp.のプラントに近い Buffalo, Johnstown に所在する工場を一連の合同で獲得したことは、U.S. Steel Corp.にとって同社が然程支配力を有していない Pittsburgh 東部、同西部市場で Bethlehem Steel Corp.の価格に追従することで自己の利益が守られることを意味した。したがって、Bethlehem Steel Corp.が東部市場で価格を引き上げたことは、U.S. Steel Corp.にとっては Pittsburgh 価格を引き上げて単一基点価格制機能を回復させる機会を得たことになったのである。

　結びでは Bethlehem Steel Corp.の蓄積行動を明らかにして擱筆としよう。

結びに代えて – Bethlehem Steel Corp.の蓄積行動

　アメリカ鉄鋼業は 1914 年の大戦の勃発によって戦時需要に支えられ生産を飛躍的に増大させ、前年の不況から脱した。鉄鋼業は戦時の労働力不足、輸送船舶不足といった生産制約要因を抱えたが、完全操業を維持しつつ固定資本投資を積極化させる。独立系鉄鋼企業は顧客の早期引き渡しに応え戦時産業局公示価格を上回るプレミアム価格で高利益を獲得し、政府価格を守った U.S. Steel Corp.の価格指導力に挑み鋼材価格の二重取引を一般化した。その結果、

U.S. Steel Corp.の市場支配の基盤を提供していた基点価格制は機能不全となり、企業間の価格競争が先鋭化したのである。

　1918年秋の終戦によって鉄鋼業は戦時に拡張した生産能力の過剰を露呈させ、過剰資本問題に苦悩する。殊に、独立系鉄鋼企業は自己資本の脆弱性から借り入れを梃子とした資産拡張を進めて戦時需要に対応してきた経緯から、需要の急縮によって生産縮小を強いられ利益を圧迫されるとともに借入金返済と過剰資本処理といった重荷を背負い込み財務を一挙に悪化させた。

　1920-1921の戦後恐慌は企業各社に内在化している過剰資本を一挙に顕在化させることになった。しかも、その恐慌は未だ経験したことのない鋭角的な恐慌であった故に、鉄鋼各社は徹底的な合理化と大規模な業界再編成による市況の安定化に向けた組織再編を通した不況脱却を図った。それには、鉄鋼業が市場の安定化を確保するためには資本蓄積の基礎を提供する基点価格制機能の再建を通しての競争排除を急務とした。

　かかる1920-1921年恐慌からの脱却と市場の安定化に大きな役割を果たしたのが東部市場で展開されたBethlehem Steel Corp.による一連の企業合同であった。同社は合同を通して価格競争を終焉させ、基点価格制機能の回復と市場安定化に貢献したのである。

　そこで、市場安定化に貢献した経緯を踏まえ、Bethlehem Steel Corp.の産業的蓄積を資本蓄積から裏付けてみよう。終戦の鋼材需要の収縮はBethlehem Steel Corp.にも生産の大幅減少を強いた。1919年の集荷高をみると、1918年比で62.8%減の282百万ドルであったが、収入は前年とほぼ同額の1,536百万ドルである。出荷高は1919年による政府注文が激減したことによる。1919年の事業状況をみると、同社は鉄鋼、造船部門で石炭の一時的供給不足の影響があったが、完全操業状態であった。同社は資産拡張に25.8百万ドル投下したが、その大半はMaryland Plantに充当し厚板、薄板の生産能力を高めた。輸出は同社が資本参加しているConsolidated Steel Corp.を通して欧州向け鋼材が完売という好調を示した[91]。

　1920-1921年をみると、Bethlehem Steel Corp.は1919年後半の復興需要お

よび一時的後退期には輸出を中心に生産を維持していたが、1920-1921年にかけての恐慌期に大きな打撃を蒙る。総売上高は1921年147.8百万ドルと前年比で126.7百万ドルと激減する。製造コスト、管理販売一般経費、減価償却引当金では1921年130.9百万ドルと前年比で120.5百万ドルも売上高と同様に大幅減少をみせた。利子配当その他の雑収入は1921年3.6百万ドルと前年比で2.7百万ドル増えたが、1921年の総資本利益は10.3百万ドルと前年比で4.1百万ドルも減少した。1920年からの繰り越し利益80.8百万ドルを加えれば1921年の当期純利益は9.1百万ドルと前年比で3.9百万ドルの増加であった[92]。受注高は需要動向を反映して1920年は168.3百万ドルであったが、1921年には52.7百万ドルと3分の1に激減、鉄鋼生産も1920年47.2百万トンから1921年には22.2百万トンと半減し、恐慌の厳しさを反映していた。

　好況の1920年にBethlehem Steel Corp.は原材料部門でCornwall Ore Banks and Mine Hills Ct.の公募未配当利権の残り分19.78%を購入する。また、同社は造船事業の好調に支えられ、子会社のBethlehem Shipbuilding Corp. を通してBethlehem Dry Docksの資産を購入した。同時に、同社は太平洋岸の船舶修理施設を拡張する目的でSouthwest Shipbuilding Co. Los Angeles. Cal.の施設を15年期限で借り受け、Boston, Wilmington, Baltimore, San Francisco, Los Angelsといった主要港湾地に造船拠点を有し、造船事業の支配を強めたのである[93]。

　1921年のBethlehem Steel Corp.の動向をみると、新規投資はチリの鉄鉱石運搬用船舶2万トン級5隻に止まった。だが、造船事業は戦時、戦後ブーム期からの繰り延べ需要に支えられ、船舶修理部門の好調が1921年の同社の事業を支えたともいえる。同社の鋼材生産は、市販用鋼材生産でみると稼働率が25%と低かったが、軽量鋼材稼働率は高かった[94]。同年には戦時・戦後に高いコストで建設された工場、設備等の評価調整がなされ、1916-1921年の6年間の累積減価償却項目は収入から引き当てられた金額が96.3百万ドルに達する。純資産勘定283.3百万ドルの内、兵器生産用の建物、設備投資比率は3%以下となり、同社の軍事生産依存体質からの脱却が成功したことを証明したと

いえる。当座勘定項目では、当座勘定額は 1921 年 12 月 31 日現在の当座負債を 87.7 百万ドルも上回った。同年の当座資産は 54.9 百万ドルの内、現金、市場性有価証券、財務省証券から成り立っている[95]。

1922 年の 6 月までに市況が好転し、6-9 月にかけて軽い後退を挟んで 10 月に景気が再上昇し 1923 年 2 月を除いて 5 月まで好況を呈し、恐慌から脱却した。1922 年 2 月末からの鉄道需要に牽引され自動車、農機具といた大口鋼材消費者からの需要も加わって鋼材市況が底上げされた[96]。1923 年の製銑高は前年の 2,722 万トンに比して 4,036 万トンと初めて 4,000 万トン台を記録した。これは 1921 年比の 2.5 倍増に相当し、しかも、その水準は戦時期の 1916 年 3,944 万トン、1917 年 3,862 万トン、1918 年 3,906 万トンをも凌駕した。製鋼高は 1922 年比で 934 万トンも上回り、完成圧延鋼材生産高は前年比で 683 万トン、25.8%の増大を記録したのである[97]。

1922-1923 年に Bethlehem Steel Corp.は Lackawanna steel Co、Midvale Steel & Ordnance Co.-Cambria Steel Co.を獲得し、1924 年には Southwestern Shipbuilding Co. Los Angeles, Cal.を現金 34,072 ドル、社債 90 万ドルで購入した後に、1925 年以降は 1928 年に Atlantic Works, Boston, Mass.を購入したに過ぎない[98]。Bethlehem Steel Corp.は 1924-1929 年に関連企業の吸収、新設を含む新規投資として株式 2,700 万ドル、社債 3,000 万ドルを発行し資金調達したが、1923 年以降の同社は合同を梃子とする外延的拡大策から方向転換し、1924 年, 1928 年と固定資本再評価を行い、水抜き財務体質へ舵を取った。同社の粗固定資本増加率をみると、1916-1920 年 121.2%、1921-1925 年 20.1%、1926-1930 年 2.5%と急速に鈍化している[99]。それは Bethlehem Steel Corp.も U.S. Steel Corp.の財務健全化路線を追従することにより、1920 年代鋼材市場の軸が耐久消費財へ移行するにつれて同社の生産構造を変容させつつ市場占有への再編化に対応する経営路線を遂行した証左であろう。

Bethlehem Steel Corp.は 1923 年以降、資産整理、統合化を進展させた結果、同社の従業員は 1920 年 65,105 人から 1929 年 64,316 人の若干の減少を示す。その結果、同社の製鋼能力/1 人は 1920 年 52.2 千グロストンから 1929 年 140

千グロストンへと2倍強の生産性上昇をみせた(100)。

総売上高は1920-1929年では275,800千ドルから350,100千ドルへと74,300千ドル、26.9%増であった。当期利益（利子、税含む）は同期間34,878千ドル14.4%の増大であった。同社が未だに重量鋼材生産偏重体質であるが、U.S. Steel Corp.とは異なり総売上を伸ばした要因は鉄鋼事業以外の事業の好調を実現させた多角的生産構造にあったのである。

最後に、Bethlehem Steel Corp.の資本、金融構造をみると、優先株は1916年の14,903千ドルから1917年に44,632千ドル、1918年に44,908千ドル以降、1922年には57,408千ドルと1919年比で12,500千ドルの増資を行い、1926年97,000ドルまで増勢をみせる。1928年には1億ドル台に達し、1928年には3,000千ドル増資した。普通株は1922年の企業合同資金調達のために82,471千ドルまで増資された以降、1929年315,900千ドルの増資されるまで減少がみられる。株式資本合計では1922年39,879千ドルから1929年には415,900千ドルと376,021千ドルの増資がなされたが、その大半は前半の合同資金調達捻出であった。同社は他企業に比して株式発行による資金調達比率が高いのが特徴であった。剰余積立金は1920年99,493千ドルから1929年147,000千ドルと47.7%も増やした。（当時は法人積立金も含めていた。）

同社の全投資資金構成を投資利益率でみると、1920-1929年投資総額は5,075,460千ドルである。株主投資額が3,194,261千ドル、62.9%（普通株株主投資額78.3%、優先株株主投資額13.6%）、社債37.1%の資金構成であった。全投資利益率では10社平均7.6%を下回る5.7%であった。負債をみると、長期負債は1920年141,620千ドル、1925年226,490千ドル、1929年184,340千ドルである。同社は1925年まで資産調達で社債を利用し増大を示したが、その後は社債償還で1935年までに半減させた。それは同社が1925年以降内包的拡大を中心に軽量鋼材市場への生産対応とした高炉、平炉の大型化と熱延鋼材設備の改善、同設備の新規投資を行い、1930-1932年に10件の鋼材加工企業を中心とする合同までは目立った外延的拡大をみせていない結果である(101)。

資金面では内部留保資金は1920年118百万ドル、1925年142.4百万ドル、

1930年168.0百万ドルと増大をみせた。減価償却積立金は1920年13.9百万ドル、1925年12.0百万ドル、1930年14.2百万ドルと僅増をみせた。資金調達に関する自己金融化率（内部資金/総資産÷粗投資/総資産＝内部資金/粗投資）は1920年65.9％、1925年57.8％、1930年57.3％であった。総資産に占める外部長期資金残高（株式＋長期債）比率は1920年63.2％、1925年75.5％、1929年74.9％と僅増である。剰余金/総資産比率は1920年25.5％、1925年18.4％、1929年18.3％と減少をした。同社は外部資金依存が強く、自己金融化はまだ不十分であった。これは1929年製造業平均27.7％を下回り、外部長期資産残高比率の全製造業平均55％よりも同比率は低いことは1920年代前半の合同の外部資金依存比率を高めたことを反映している。自己資本比率（自己資本/総資本）は1920年52.4％、1925年57.2％、1929年70.2％と上昇しつつあるが、1929年製造業平均75％に比して若干低い。

以上の資本構成比率変化からBethlehem Steel Corp.は1920年代恐慌期の合同を通して基点価格制機能回復に伴う安定的な鋼材市場再建を果たす役割を担うと一転して、1920年代後半には財務健全化路線を遂行していった。市場の安定化が財務健全経営に向かう独占的企業の蓄積を辿る端緒をみせたのである。

[註]
(1) Hogan, W.T, *Economic History of the Iron and Steel Industry in the United States*, Toronto and London, 1971, pp.537-538.
(2) *Ibid*, pp.537-538
(3) *Ibid*, pp.537-541.
(4) *Ibid*, p.540.
(5) *Ibid*, pp.540-541.
(6) *Ibid*, pp.556-557.
(7) *Ibid*, p.543.
(8) *Ibid*, pp.544-547, p.554. *TNEC*, Pt. 31, p.17749.
(9) Hogan. *ibid*, p.545.
(10) *Ibid*, pp.550-552.

(11) *Ibid*, p.550. 同施設は 1893 年に最後の高炉を完成させた。
(12) *Ibid*, pp.551-552.
(13) *Ibid*, pp.552-553.
(14) *Iron Trade Review*, Feb. 24, 1916, p.422.
(15) Schroeder, G. G. *The Growth of Major Steel Companies*, 1900-1950, Baltimore, 1952, p.207.
(16) Hogan, W. T, *Economic History of the Iron and Steel Industry in the United States,* Toronto and London, 1971, pp.548-549.
(17) Schroeder, *ibid*, p.50.
(18) Hogan, W.T, *Economic History of the Iron and Steel Industry in the United States,* Toronto and London, 1971, p.555.
(19) *Ibid*, pp.556-557.
(20) *TNEC*, Pt. 26, p.1301.by-product process とは、コークス炉がガスと副産物を有効的に処理する機能を備え、コークスの量産化によって生産費を下げ、製銑費用を引き下げる。コークス炉のガスと副産物の一部は製鋼用燃料として使用されることで銑鋼一貫体制の合理化が進行し、生産費用を引き下げる効果をもつ。
(21) *TNEC*, Pt.19, pp.10456-10457.
(22) *Ibid*, p.10459.
(23) *Ibid*, pp.10456-10460.
(24) *Ibid*, pp.10464-10465.
(25) *Ibid*, p.10460.
(26) *Ibid*, p.10459.
(27) *Ibid*, 10458.
(28) *TNEC*, Pt.1, p.207. *Ibid*, Pt. 26, p.13848.
(29) *TNEC*, Pt. 19, p.10460.
(30) Schroeder, G. G. *The Growth of Major Steel Companies, 1900-1950*, Baltimore, 1952, pp.216-222.
(31) *Ibid*, pp.216-217.
(32) *Commercial & Financial Chronicle*, March 27, 1920, p.1285.
(33) Hogan, W. T, *Economic History of the Iron and Steel Industry in the United States,* Toronto and London, 1971, pp.557-558.
(34) *TNEC*, Pt.31, pp.17854-17855.
(35) Hogan, *ibid*. p.557.
(36) *Commercial & Financial Chronicle*, March 12, 1921. p.1041.
(37) *TNEC*, Monograph, No.13, pp.235, 356.
(38) *Commercial & Financial Chronicle*, April 19, 1921. pp.1457-1458.

(39) *Ibid*, April 19, 1921, p.1460.
(40) *Ibid*, July 26, 1924. pp.389-392.
(41) *Ibid*, April 19, 1921, p.1458.
(42) *Ibid*, p.1459.
(43) *Mineral Resources of the U. S.* Pt. 1,1921, p.589. Pt. 1, 1922, p.368.
(44) *TNEC*, Pt. 26, p.13848-13854.
(45) *Iron Age*, Feb. 10, 1921, p.400.
(46) *TNEC*, Monograph No.13, pp.590-591.
(47) *Commercial & Financial Chronicle*, Feb. 12. 1921, p.654.
(48) *Iron Age*, March 3, 1921, pp.590-591.
(49) *TNEC*, Monograph No.13, pp.367-371.
(50) *Ibid*, pp.305-307.
(51) *Commercial & Financial Chronicle*, April 16, 1921, p.1579.
(52) *Iron Age*, Feb. 17, 1921. p.468.
(53) *Commercial & Financial Chronicle*, April 19, 1921. p.1537. April 16, 1921. p.1579.
(54) *Iron Age*, April 14, 1921, p.998.
(55) *Commercial & Financial Chronicle*, April 14, 1921, p.998.
(56) *Ibid*, April 16, 1921, p.1579.
(57) *Ibid*, April 16, 1921, p.1645.
(58) *Ibid*, June 23, 1921, p.1709.
(59) *Ibid*, July 21, 1921, pp.158. 1645.
(60) *Ibid*, July 9, 1921, pp.168-186.
(61) *Ibid*, July 16, 1921, p.294. *Ibid*, July 30, 1921, p.p.536.
(62) *Ibid*, April 16, 1921, pp.1579, 1645.
(63) *Ibid*, Aug.6, 1921, p.594.
(64) *Ibid*, July21, 1921, pp.72-73.
(65) *Ibid*, Jan. 7, 1922, p.412, Feb. 4, 1922 ,p.534, Feb. 11, 1922, p.628, Feb. 25, 1922, p.855, March 2, 1922, p.949.
(66) Hogan, W. T, *Economic History of the Iron and Steel Industry in the United States*, Toronto and London, 1971, pp.925-926.
(67) *Ibid*, p.930.
(68) *Commercial & Financial Chronicle*, March 13, 1920, pp.1098-1099.
(69) *Ibid*, March 12, 1921, pp.1041-1042.
(70) *Ibid*, March 7, 1922, p.1082.
(71) Hogan, W. T, *Economic History of the Iron and Steel Industry in the United States,* Toronto and London, 1971, p.903. 入手した鉄道顧客は Pennsylvania Rail-

road, Lehigh Valley Railroad, Central Railroad of New Jersey,Philadelphia & Reading Railroad, New Heaven Railroad,Baltimore & Ohio Railroadである。
(72) *Ibid*, p.906.
(73) *TNEC*, Monograph No.13, p.257, Hogan, *ibid*, pp.904-905.
(74) Hogan, *ibid*, p.905.
(75) *Ibid*, p.906.
(76) *Ibid*.
(77) *TNEC*, Monograph No.13, p.261.
(78) *Commercial & Financial Chronicle*, Feb. 23, 192, pp.519-520.
(79) *Ibid*, March 17, 1923 p.1181.
(80) *Ibid*, Feb. 23, pp.520.
(81) Hogan, W. T, *Economic History of the Iron and Steel Industry in the United States*, Toronto and London, 1971, pp.933-937.
(82) *Ibid*, p.911.
(83) *Ibid*, p.937.
(84) *Ibid*,p.912.
(85) *Commercial & Financial Chronicle*, March 24, 1923, pp.1308-1309. Bethlehem Steel Corp. 第18回年次報告書、1922年12月31日。
(86) *Ibid*, Feb. 17, 1923, p.724.
(87) Hogan, *ibid*, p.916.
(88) *Commercial & Financial Chronicle*, March 10, 1923, p.1059.
(89) *Ibid*, Jan. 20, 1923, pp.303-304, *Ibid*. Jan. 13, 1923, p.1151.
(90) *TNEC*, Monograph No.13, p.261.
(91) *Commercial & Financial Chronicle*, March 27, 1920. p.1285.
(92) *TNEC*, Pt. 31, pp.17854-17855.
(93) *Commercial & Financial Chronicle*, March 25, 1922, p.1282.
(94) *Ibid*.
(95) *Ibid*., March 25, 1922, p.1283.
(96) *Ibid*, Feb. 25, 1922, p.855. *Ibid*, March 4, 1922, p.949.
(97) *Ibid*, April 15, 1924, p.1593.
(98) Schroeder, G. G. *The Growth of Major Steel Companies, 1900-1950*, Baltimore, 1952, p.229.
(99) *Ibid*, p.207.
(100) *Ibid*, p.117.
(101) *Ibid*, pp.229-230.

索　引

ア行

アクティビティ・ベースト・パースペクティブ　23
アコム　109
圧延生産部門　180
アドモ　65
天の邪鬼　34
安全神話　4
意思決定支援ツール　33
意思決定特殊要因　35
一般化最小2乗法　130
因子　123
因子数　123
因子スコア　125
因子得点　123, 125
因子の回転　129
因子負荷　125
因子分析　122
オープン価格制度　93
親子会社型企業グループ　41
オリコ　109

カ行

解釈学的パーススペクティブ　27
解釈上の妥当性　23
改正貸金業法　105
外部長期資金残高　201
開放的社会的関係　44
乖離度関数　129
家父長的リーダーシップ　67
貨幣数量説　12
管理価格　160

救貧法　145
共通因子　124
共通性　125
協働体系　42
協働の組織理論　46
議論の場　33
金　15
銀行　108
グレイ工法　167
クレジットカードショッピング枠の現金化　115
クレディセゾン　109
グワンシ　68
ケイ・シャトルワース　139
計画型モデル　18
決定ルール　33
権威受容説　62
権威的パーソナリティー　65
減価償却　176
権限と責任　33
鋼材価格　174
工場制度　138
構造上の妥当性　23
合理的アクション　32
固定資本　167
個別組織　42
固有値　128
コンティンジェンシー・パースペクティブ　17
コンビニエンスストア　85
コンフィギュレーション　19

サ行

最小2乗法　130
財閥　41
最尤推定法　130
沢田　42
産業局　178
産業合理化運動　181
産業的蓄積　159
三要素モデル　67
シーリン　66
CPM 理論　63, 64
事業部制組織　51
自己金融化　171
自己金融化率　201
自己資本比率　201
自己破産者　107
自首制（autokepfel）・他首制（heterokepfel）　45
実践としての戦略　25
「実践としての」戦略的意思決定プロセス　16
実践パースペクティブ　26
支配の組織理論　46
社会的関係　44
社会的行為　44
社会的相互作用パースペクティブ　19
社債　162
社長会　49
ジャックス　109
消費者金融　108
消費者金融会社　105
初期解　128
職位の権威　72
職能部制組織　50
自律性（autonom）・他律性（heteronom）　45
シンプル・ルール　34

スーパーマーケット　85
スクリープロット　132
スタンレー・ミルグラム　60
製鋼部門　180
生産・販売・管理維持費　195
政治／権力アクション　32
製銑部門　180
製販提携　94
政府紙幣　11
説明率　125
セディナ　109
戦時産業局　160
戦略化　23
戦略家　23
戦略的アクション　18
戦略的選択パースペクティブ　18
相関関係　122
相関係数　123
総合スーパー　85
総資本　176
創発型モデル　18
総量規制　107
粗固定資産　171
組織　41
組織デザイン　19
組織の境界　43
即興スキル　27

タ行

代理状態　60
代理人　60
多重債務者　107
多変量解析　123
短期借入　167
団体　41
団体群組織　49
チェーン・オペレーション　87

知覚マップ　127
中国式資本主義　67
ツーボス（two bosses）制　52
ディスカウントストア　90
鄭伯壎　67
鉄道ストライキ　182
投資利益率　200
独自因子　124
独自係数　125
独自性　125
特性　122
独占禁止法　181
特約店制度　83

ナ行

内部留保　167
内部留保資金　173
中條　42
ナショナル・ブランド　96
ニクソン・ショック　8

ハ行

バーナード　61
バイイング・パワー　87
バラエティ・シーキング　90
パワー・シフト　83
非累優先株　191
PM理論　63
複数基点価格制　159
普通株　162, 177
不定性　131
部門　43, 50
プライス・リーダーシップ　160
プライベート・ブランド　83
プレミアム価格　175
プロミス　109
閉鎖的社会的関係　44

平炉鋼　170
ベッセマー製鋼　170
ボーナス制度　171

マ行

マトリックス組織　51
三隅二不二　63

ヤ行

ヤミ金融　115
有機的職能　50
優先株　162, 173
尤度　130
尺度構成　132
幽霊運賃　160

ラ行

リーダーシップの権威　72
利益計算単位（profit center）　51
流通系列化　83
流通チャネル　83
凌文輇　63, 64
累積転換優先株　191
非累優先株 ※
レディング　67
連邦取引委員会　181
六大企業集団　41

欧文

Barnard　41
bee-hive process　173
Bethlehem Steel Corp.　160
Brown & Eisenhardt　28
by-product process　173
Cambria Steel Co.　183
Chacravarthy & White　27
Chakravarthy & White　35
Charles M. Schwab　162

207

Child　18

Daft　43

Eisenhardt　18

Eisenhardt & Sull　33

Eugene Grace　172

Fredrickson　18

Grant　33

Gray　32

Greiner　50

Hickson, Butler, Cray, Mallory, & Wilson　35

Hofer & Schendel　20

Inland Steel Co.　184

J.P. Morgan　162

Jarzabkowski　23

Jones & Laughlin Steel Corp.　185

Lackawanna Iron & Steel Co.　170

Lackawanna Steel Co.　183

Langley　20

Mangham & Pye　27

Mankins & Steele　33

Maryland Steel Co.　168

Midvale Steel & Ordnance Co.　183

Miller & Friesen　18

Mintzberg, et al　20

Papadakis, Lioukas, & Chambers　35

Pennsylvania Steel Co.　168

Pittsburgh 単一価格制　159

POS　87

Rajagopalan, et al　32

Rajagopalan, Rasheed, Datta, & Spreitzer　35

Republic Iron & Steel Co.　185

Rojers & Blenko　33

Schroeder, Gertrude G.　167

Schwenk　34

Simon　20, 50

U.S. Steel Corp.　159

United States Shipbuilding Co.　162

Weber　42

Weick　28

Wilson　33

Wittington　26

Youngstown Sheet & Tube Co.　185

編著者紹介（執筆順）

奥山忠信（おくやま・ただのぶ）
東北大学大学院経済学研究科博士後期課程単位取得、博士（経済学）
現　　　職　埼玉学園大学経営学部教授
専攻分野　経済原論、経済学史
主要著書・論文
『貨幣理論の形成と展開』（社会評論社、1990年）
『富としての貨幣』（名著出版、1999年）
『ジェームズ・ステュアートの貨幣論草稿』（社会評論社、2004年）

張　英莉（ちょう・えいり）
一橋大学大学院経済学研究科博士課程単位修了、博士（経済学）
現　　　職　埼玉学園大学経営学部教授
専攻分野　比較経営論
主要著書・論文
『「傾斜生産方式」と戦後統制期の石炭鉱業』（雄松堂、2006年）
『現代社会の課題と経営学のアプローチ』（共編著、八千代出版、2009年）
『インドネシアとベトナムにおける人材育成の研究』（共著、八千代出版、2010年）
『現代社会における企業と市場』（共編著、八千代出版、2011年）
訳書『日本戦後史』（中村政則著、中国人民大学出版社、2008年）

執筆者紹介（執筆順）

文　智彦（ぶん・ともひこ）
明治大学大学院経営学研究科博士後期課程単位取得、博士（経営学）
現　　　職　埼玉学園大学経営学部教授
専攻分野　経営戦略論
主要著書・論文
『組織と戦略』（共著、文眞堂、2004年）
『現代社会の課題と経営学のアプローチ』（共著、八千代出版、2009年）
『現代社会における市場と企業』（共著、八千代出版、2011年）
「戦略的意思決定プロセス研究における二分法とその統合可能性」（『埼玉学園大学紀要』経営学部篇第9号、2009年）
「戦略的意思決定プロセスと環境要因の適合に関する諸仮説の検討」（『埼玉学園大学紀要』経営学部篇第10号、2010年）

磯山　優（いそやま・まさる）
明治大学大学院経営学研究科博士後期課程単位取得
現　　職　埼玉学園大学経営学部教授
専攻分野　経営組織論、医療社会学
主要著書・論文
『日本の中小企業の海外展開―成長戦略の側面から―』（日韓産業技術振興財団、2007年）
『現代組織の構造と戦略―社会的関係アプローチと団体群組織―』（創成社、2009年）
「地域医療の人的ネットワークに関する経営学的分析－訪問看護ステーションを中心に－」（共著、『埼玉学園大学紀要』経営学部篇第8号、2008年12月）
「医療機関の組織構造－訪問看護ステーションを中心に－」（共著、『埼玉学園大学紀要』経営学部篇第9号、2009年12月）
「同一法人下の医療機関の経営－訪問看護ステーションを中心に－」（共著、『明海大学経済学論集』第23巻第2号、2011年2月）

堂野崎衛（どうのさき・まもる）
中央大学大学院商学研究科博士課程後期課程単位取得退学
現　　職　埼玉学園大学経営学部准教授
専攻分野　マーケティング論、流通論、流通経済論
主要著書・論文
『流通の理論・歴史・現状分析』（共著、中央大学出版部、2006年）
『現代社会の課題と経営学のアプローチ』（共著、八千代出版、2009年）
『商業と市場・都市の歴史的変遷と現状』（共著、中央大学出版部、2010年）
『現代社会における企業と市場』（共著、八千代出版、2011年）
『現代流通事典』（共著、白桃書房、2006年）

相馬　敦（そうま・あつし）
早稲田大学大学院商学研究科博士後期課程単位取得満期退学
現　　職　埼玉学園大学経営学部教授
専攻分野　経済学、金融論
主要著書・論文
『基礎から学ぶ教養の経済学』（共著、八千代出版、2003年）
『経済学の基本原理と諸問題』（共著、八千代出版、2009年）
『現代社会の課題と経営学のアプローチ』（共著、八千代出版、2009年）

中村健太郎（なかむら・けんたろう）
早稲田大学大学院文学研究科博士後期課程退学、博士（文学）
現　　職　埼玉学園大学経営学部准教授
専攻分野　心理統計学、行動計量学、教育測定学
主要著書・論文
『マルコフ連鎖モンテカルロ法』（共著、朝倉書店、2008 年）
『共分散構造分析[実践編]』（共著、朝倉書店、2009 年）
『因子分析入門』（共著、東京書籍、2012 年）

村田和博（むらた・かずひろ）
広島大学大学院社会科学研究科博士後期課程単位取得満期退学。九州産業大学大学院経済学研究科博士後期課程修了、博士（経済学）
現　　職　埼玉学園大学経営学部教授
専攻分野　経営学史、経営管理論、経済学史
主要著書・論文
『経営学―学説、理論、制度、そして歴史―』（五絃舎、2005 年）
『基礎から学ぶ経営学』（五絃舎、2009 年）
『19 世紀イギリス経営思想史研究―C. バベッジ、J. モントゴメリー、A. ユア、および J.S.ミルの経営学説とその歴史的背景―』（五絃舎、2010 年）

三浦庸男（みうら・つねお）
明治大学大学院経営学研究科博士後期課程単位取得満期退学
現　　職　埼玉学園大学経営学部教授
専攻分野　企業論、経営史
主要著書・論文
『現代経営学要論』（共著、創成社、2007 年）
『改訂版　現代経営学』（共著、学文社、2008 年）
『現代社会の課題と経営学のアプローチ』（共編著、八千代出版、2009 年）
『現代社会における市場と企業』（共著、八千代出版、2011 年）
『現代企業要論』（共著、創成社、2011 年）

現代社会における組織と企業行動
埼玉学園大学研究叢書　第 7 巻

2012 年 11 月 30 日　初版第 1 刷発行

編著者＊奥山忠信・張　英莉
発行人＊松田健二
装　幀＊桑谷速人
発行所＊株式会社社会評論社
　　　　東京都文京区本郷 2-3-10　tel.03-3814-3861/fax.03-3818-2808
　　　　http://www.shahyo.com
印刷・製本＊倉敷印刷株式会社